关 怀 现 实 ， 沟 通 学 术 与 大 众

海洋女王
Queen of the Sea

里斯本的历史
A History of Lisbon

□ [英]巴里·哈顿 ——— 著
　　Barry Hatton

□ 马雅、张崇静 ——— 译

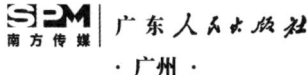

广东人民出版社
· 广州 ·

图书在版编目（CIP）数据

海洋女王：里斯本的历史 /（英）巴里·哈顿著；马雅，张崇静译. —广州：广东人民出版社，2024.8
（万有引力书系）
ISBN 978-7-218-17497-6

Ⅰ.①海… Ⅱ.①巴… ②马… ③张… Ⅲ.①里斯本—概况 Ⅳ.①K955.2

中国国家版本馆CIP数据核字（2024）第072013号

The Work was published by the Proprietors in English in the year 2018 and copyrighted in the name of Barry Hatton.

HAIYANG NVWANG: LISIBEN DE LISHI

海洋女王：里斯本的历史
［英］巴里·哈顿（Barry Hatton） 著
马 雅 张崇静 译

版权所有 翻印必究

出 版 人：肖风华

丛书主编：施 勇 钱 丰
责任编辑：陈畅涌 龚文豪
营销编辑：张静智
责任技编：吴彦斌

出版发行：广东人民出版社
地　　址：广州市越秀区大沙头四马路10号（邮政编码：510199）
电　　话：（020）85716809（总编室）
传　　真：（020）83289585
网　　址：http://www.gdpph.com
印　　刷：广州市岭美文化科技有限公司
开　　本：889毫米×1194毫米　1/32
印　　张：9.625　字　数：180千
版　　次：2024年8月第1版
印　　次：2024年8月第1次印刷
著作权合同登记号：图字19-2024-125号
定　　价：78.00元

如发现印装质量问题，影响阅读，请与出版社（020-85716849）联系调换。
售书热线：（020）87716172

献给卡尔莫(Carmo),她令这一切成为可能。

我们都知道,每一种文化都是由城市组成的。[①]

——德里克·沃尔科特(Derek Walcott)[②]

[①] 中文译文引自德里克·沃尔科特:《安的列斯群岛:史诗记忆的片段》,王永年译,王家新、沈睿选编:《钟的秘密心脏:二十家诺贝尔文学奖获奖作家随笔精选》,解放军文艺出版社1997年版,第7页。——编者注(本书后文注释除特别标注外,均为译者注。)

[②] 圣卢西亚诗人、剧作家、画家,1992年获诺贝尔文学奖。代表作有《奥麦罗斯》《白鹭》等。——编者注

目　录

前　言 … 1

第一章　三重吸引 … 7

第二章　不同的国家，不同的首都 … 29

第三章　黄金年代 … 57

第四章　与非洲的联结 … 107

第五章　灾　难 … 139

第六章　外国统治、动荡和诱惑 … 175

第七章　双桥记 … 231

致　谢 … 298

前　言

　　让·塔科昂（Jan Taccoen）被迷住了。1514 年，这位佛兰德斯[①]贵族在前往耶路撒冷的航程中曾于里斯本停留。在葡萄牙首都的 9 天时间里，3 头大象和它们的驯兽师在城市里穿行而过——这样的场面对这位贵族来说是几次三番上演的好戏。对于能在里斯本的街道上目睹如此丰富多样的生命体，塔科昂感到震惊——街道上不仅有来自其他欧洲国家的人，还有来自遥远的异域非洲、亚洲等地的人。他在一封家书中写道："在里斯本，你可以看到许多动物和奇怪的人。"

　　当时，葡萄牙国王的随从队伍是一道引人注目的风景线。领头的是 1 头犀牛，后面跟着 5 头披着金色锦缎的大象，然后是 1 匹阿拉伯马、1 头豹子，最后是国王和他的朝臣们。在塔科昂登陆里斯本的同一年，曼努埃尔一世（Manuel Ⅰ）[②]将一头象作为礼物送给了教皇。王室向来乐于炫耀自己国家的财富和开拓之功。根据 15 世纪葡萄牙编年史学家戈梅斯·埃亚内斯·德祖拉拉（Gomes

---

　　① 佛兰德斯是西欧的一个历史地名，泛指位于西欧低地西南部、北海沿岸的古代尼德兰南部地区，包括今比利时西部、法国西北部及荷兰南部。
　　② 葡萄牙和阿尔加维国王（1495—1521 年在位）。——编者注

Eanes de Zurara）①的记载，在曼努埃尔一世之前，亨利〔航海家〕（Henry the Navigator）②曾将一头非洲狮送给他在爱尔兰戈尔韦（Galway）的代表，"因为（国王）知道，这些地方的人从来没有见过这种狮子"。

这些外来的动物是国家征战的战利品。16世纪初，葡萄牙的势力跨越了两大洋，投向三大洲。在葡萄牙人花了几十年时间探索非洲西海岸之后，迪亚士（Bartolomeu Dias）③于1488年成为第一个绕过非洲最南端并进入印度洋的欧洲人。18世纪的政治经济学家亚当·斯密认为，这一里程碑式的事件与美洲的发现一样，是"人类历史上最伟大、最重要的两个事件"之一。瓦斯科·达·伽马（Vasco da Gama，后文简称达·伽马）追随迪亚士的脚步，于1498年找到了前往印度和香料群岛的道路。两年后，佩德罗·阿尔瓦雷斯·卡布拉尔（Pedro Álvares Cabral）④在后来被称为"巴西"之处的海岸线上为葡萄牙竖立了一块"发现碑"（padrão）——一块石头标记物。在亚洲，葡萄牙人向中国南海挺进，他们是日本人遇到的第一批欧洲人。技术上的独创性、地缘政治上的盘算和大胆的野心推动着这个帝国前进。葡萄牙人充满激情与活力。他们是世界舞台上引人注目的行动者，在开创近代早期历史方面发挥

---

① 葡萄牙古代著名编年史学家。其《发现与征服几内亚编年史》是有关葡萄牙地理发现史的专著。——编者注
② 葡萄牙亲王，若奥一世第三子。他是葡萄牙帝国早期以及15世纪欧洲海上发现和海上扩张的核心人物，被认为是欧洲地理大发现的开启者。——编者注
③ 葡萄牙航海者，1488年绕过好望角。——编者注
④ 葡萄牙航海者，若奥二世的侍从。——编者注

了突出作用。

葡萄牙在其帝国辉煌时期所积累的巨大财富几乎全部集中在里斯本。这个帝国的权力中心成长为欧洲最繁忙的港口之一，也是欧洲大陆最庞大、最富有、最著名的城市之一。里斯本是藏有丰厚"异域"商品的"阿拉丁的洞窟"。返程船只的货舱里装着奴隶、黄金、丝绸、珠宝、糖和香料。这些商品吸引了来自中世纪欧洲各地的买家来到葡萄牙首都。在里斯本的街头，你可以买到中国瓷器，印度花丝、丝绸和其他高级布料，熏香，没药①，珍贵的宝石和珍珠，胡椒、生姜、丁香、肉桂、肉豆蔻、藏红花、辣椒、象牙、檀香、乌木、樟脑、琥珀、波斯地毯和装订精美的书籍。

然而，这些辉煌的日子已经屈指可数了。里斯本历史上的黑暗篇章即将开启。在18世纪的一次灾难性事件后，这座城市几乎被迁移至他处。

1755年，葡萄牙首都遭遇了一场地震。据称，那是现代欧洲有史以来最强烈的一场地震。在那之后仅一个月，里斯本又迎来了一次浪高堪比双层巴士的海啸，以及长达6天、能将沙子熔化成玻璃的火灾炼狱。国王的首席工程师草拟了一些关于重建这座城市的方案。这位首席工程师名叫曼努埃尔·达马亚（Manuel da Maia），他是一位杰出的军事工程师，有宽厚的下巴。他出生于1677年，地震发生时已经78岁了。他在一份著名的官方报告中阐述了他所能预见的各种情况，该报告被称为他的"论文"（*Dissertação*）。

---

① 一种来自中东和非洲的香料和树脂，香气浓烈，常被用于制作香水、药物和祭品等，具有散瘀定痛、消肿生肌之功效。在古代，它被广泛用于宗教仪式和葬礼等场合。

其中一个方案是舍弃这座古老的城市，并将里斯本迁至往西10千米、更靠近海洋的地方。在那里，由坚实的石灰岩建造的地基使得大部分建筑物在地震中被留存下来。对遭遇这块大陆最致命的灾难之一、深受世纪创痛的人来说，这是个合理的方案。并且，考虑到地震所造成破坏的规模和随之而来的必要的重建工作，这个建议也是合理的。

但达马亚也在这场灾难中看到了机会，可以为这个伤痕累累的中世纪城市在一定程度上打造新的建筑风格，即采用18世纪的城市重建风格①。若泽一世（José Ⅰ）②此前就曾表达过对拥有一座现代化都市的热情。这位君主因努力使葡萄牙适应不断变化的时代而被称为"改革者"。国王和他颇有权势的首相塞巴斯蒂昂·若泽·德卡瓦略·梅洛（Sebastião José de Carvalho e Melo）③最终采纳了达马亚的建议，将保留里斯本这座城市，但在重建中加入一些新元素。重建工作在获得批准后展开，新建筑一扫里斯本市中心原本的中世纪风格，转而使用更典型的北欧和中欧风格。从前蜿蜒曲折的街道现在采取更通风的方格网络设计。两个时代的特色都被融

---

① 指庞巴尔风格。庞巴尔侯爵是若泽一世统治时期的首相，他的铁腕统治成功推动里斯本进入现代纪元。他与军事工程师欧热尼奥·多斯桑托斯、建筑师曼努埃尔·达马亚，以造型简单、造价低廉、抗震性能优良为原则重建了这座城市。这一模式打造了现在城市的雏形。庞巴尔风格就此诞生，与洛可可风格截然不同，庞巴尔风格的建筑讲究实用性和朴素感：很少运用瓷砖画（手绘瓷砖）和其他装饰性元素，全部采用预制构件，偏好宽阔的街道和广场。

② 若奥五世之子。在位期间（1750—1777年）懒于政治，将朝政交给首相庞巴尔侯爵，并大肆迫害反对派贵族、驱逐耶稣会士。——编者注

③ 即庞巴尔侯爵。——编者注

入里斯本18世纪的城市格局。中世纪时期的特点是有机的、无政府主义的、混乱的，而18世纪重建则体现出科学、理性、统一和正式的特点，这种反差感使这座城市显得很有意思。

在葡萄牙里斯本的历史上，在形容某个地方或建筑时经常出现"在地震之前，这里曾是……"这种话。因为在里斯本的生活中，这场地震总被当作时间节点的分水岭事件。这场地震夺走了里斯本在"扩张时代"（Age of Expansion）积累下的许多财富。但仍有一些具有象征意义的国家财富留存了下来，如圣若热城堡（St Jorge's Castle）和热罗尼莫斯修道院（Jerónimos Monastery），不过，人们还是针对这些建筑的局部进行了不得已而为之的重建。总之，在里斯本，游客难以像在欧洲大陆其他城市那样欣赏到丰富多彩的旅游风光。毕竟，里斯本可不是罗马。

里斯本的魅力存在于别处。它的独特在于融合。里斯本仍然闪耀着帝国历史的余晖。在帝国时代，这座城市是葡萄牙在非洲、南美和亚洲广阔的殖民领地的神经中枢。这种世界性的遗产赋予了里斯本一种耐人寻味的异国情调——这在欧洲可是独一无二的。里斯本，尽管经历了种种冲击，仍然激发着游客的想象。

在欧盟国家的首都中，里斯本属于面积较小的一类，葡萄牙在整个欧盟内部也处于边缘的位置，默默无闻。比起欧盟的总部布鲁塞尔，里斯本更具非洲风情——不止是地理意义上的近。其他国家的大学生称葡萄牙是"欧洲的摩洛哥"——这是一种赞美。就规模而言，里斯本接地气、讨人喜欢、让人觉得亲近。著名的城市常故作姿态，但质朴谦逊的里斯本"敞开"大门，这是里斯本城市魅力的一部分。在里斯本古老的街头信步，感觉就像在北非城市高地的城堡周边闲逛一般。有一种心情叫作里斯本,它可不是翻阅旅游手册或是浏览某个网站的图片就能领略到的。

这座多山的城市是漫游者们的天堂。当你穿行其间,突然,眼前迷人的景色令你驻足,勾住你流连的目光,你为发现这一美景而骄傲,不管这景色已经在这里存在了多久。里斯本的葡萄牙语名称"Lisboa"有3个音节,比更为简短的"Lisbon"更有韵律感。而这座城市的韵律存在于淡黄色有轨电车在山林间行驶时悠闲而优雅的节奏中,存在于橙白相间的渡船划过塔古斯河(Tagus River)[①]时漫不经心谱写的浪花曲谱中。

谨以此书献给所有和我一样热爱里斯本,或是所有心甘情愿被其吸引的人。而且,说真的,海洋女王里斯本要"吸引"你,可并非什么难事。

[①] 伊比利亚半岛最长的河流,西班牙境内称塔霍河,葡萄牙境内称特茹河。——编者注

第一章
三重吸引

第一章　三重吸引

你可能会认为里斯本阿尔法马区（Alfama）的居民都像滑雪运动员一样有着结实的下肢，有这种想法也无可厚非。

在中世纪街区陡峭细长的街道上徒步旅行，到达山顶的城堡，这并不仅仅是一次穿越里斯本历史的旅程，它本身也是一种对身体素质要求高、令人愉悦的间接性锻炼。不仅如此，登上圣若热城堡、置身于乌利塞斯①塔（Ulysses Tower）塔顶是理解里斯本为何如此、何以如此的最佳方式。从城垛上望见的景色令人为之屏息，人们在这里可以切身体味到一座城市在这里扎根的理由。

此地符合筑城的3条重要的标准：一是有座高而陡峭的山用于防御；二是有条宽阔的大河，带来丰富的物产；三是在大西洋海岸上有座大型天然海港。这座山的山顶，就像乌鸦的巢一样，是塔古斯河北岸的王牌，与地势开阔、一望无际的南岸相对。考古学家说，这座山"接收"了里斯本的第一批定居者。公元前7世纪，腓尼基人在这里建立了定居点，那时，这里已经是一个热闹的港口了，在接下来的几个世纪里，罗马人、野蛮人、摩尔人（北非血统的穆斯林）和新确立地位的葡萄牙人紧随其后。

在相当长的一段时间里，人们对当地腓尼基人的人口规模存有

---

① 即尤利西斯，乌利塞斯是葡语译法。——编者注

疑虑。考古学家在里斯本只发现了带有腓尼基文字的陶器碎片,这意味着腓尼基人可能只是恰好经过这里。但是2014年的一次考古活动发掘出了令人信服的证据,证明曾有大量腓尼基人定居在这里。人们发现了一块高70多厘米、来自铁器时代的笨重墓碑。这块墓碑上刻有公元前7世纪腓尼基文字的铭文,表明这块墓碑属于某位腓尼基人,这也进一步说明,这里曾是腓尼基人的一个永久定居点。这是21世纪早期在里斯本最为惊人的考古发现之一。考古挖掘位置在市中心的河边,那里曾经是一个码头,现在是圣塔伦码头街(Rua do Cais de Santarém)。

里斯本更后来的历史特征则集中彰显于阿尔法马区。在摩尔人时代,里斯本形成了其独特的迷宫式布局,在那时,朝南的山坡是一片贵族聚集的区域。这里有观赏河景的绝佳视野,还有坚固的城墙保卫着。阿尔法马区,这个里斯本最为古老的街区,几个世纪以来一直保持着自己独特的氛围,直到1755年的大地震之后,有钱人离开了这里,剩下的穷人则用我们更为熟悉的风格在原来的基础上重建了阿尔法马区。美国作家玛丽·麦卡锡(Mary McCarthy)[①]在1954年写给她的友人、政治理论家汉娜·阿伦特(Hannah Arendt)的信中就她的葡萄牙之行写道,在城堡下面的阿尔法马街区,"到处可见中世纪的贫穷……像非洲"[②]。

[①] 美国当代最重要的女作家之一,其作品以政治、情感和道德问题为关注点,代表作有《她们》《朋友之间》。——编者注
[②] 中文译文引自[美]汉娜·阿伦特、[美]玛丽·麦卡锡著,[美]卡罗尔·布莱曼编辑作序:《朋友之间:汉娜·阿伦特、玛丽·麦卡锡书信集,1949—1975》,章艳译,中信出版社2016年版,第63页。——编者注

第一章 三重吸引

阿尔法马区现在已经摆脱贫困了，事实上，它越来越像个贵族化的街区了。但即便如此，阿尔法马区仍然是粗糙的、"土气"的，处于城市的边缘位置，是里斯本低收入者的主要聚居地。这里的小巷和屋顶低矮，几乎可以直接触摸得到，能让人想象出里斯本18世纪中期之前的样貌。《里斯本全景》（Panoramic View of Lisbon）这部16世纪的著作作者不详，现藏于荷兰莱顿大学（Leiden University）的图书馆。《里斯本全景》指出，里斯本整座城市完全就是一个街道错综复杂的迷宫。阿尔法马区就是那个时期的一处遗迹，是中世纪城市里斯本的小小缩影。

阿尔法马区的小巷由鹅卵石铺就，曲折而密集，有时昏暗且肮脏。这里挤满了门扉低矮、窗户狭小的小房子，其间点缀着些许菜贩小店、酒吧、小食摊和餐馆，让人感觉像是个阿拉伯国家的露天市场（souk）。人行道两侧挂满了晾晒的衣物，路过的行人不得不像拂开长长的刘海一样拨开这些衣物。就像麦卡锡指出的那样，这里每天都像是洗衣日。这样的场景经常出现在20世纪有关里斯本的葡萄牙黑白电影中。在20世纪萨拉查（António Salazar）[①]独裁统治时期，人们并不觉得这种做法穷酸，反而认为这是健康卫生的表现。如今，里斯本是为数不多的、可以在市中心附近看到晾晒衣物的首都之一了。

漫步在阿尔法马区街头，随处能听到网眼窗帘后传来的谈笑声或电视机发出的声响。游客流连于小窗前时，当地人也正透过小窗

---

① 1932—1968年任葡萄牙总理。在任期间建立了带有法西斯性质的新国家体制，颁布《国民劳动条例》，在葡萄牙国内建立了法西斯职工会，禁止罢工，并镇压反动派。——编者注

闲看人来人往、静观众生百态。门外有无人照看的烧烤摊，烧烤的烟气和香味一起缓缓地向街道上飘去。热苏斯（Jesús）来自葡萄牙在印度的前殖民地果阿（Goa）。他就曾从这些无人照看的烧烤摊上偷走过一条烤沙丁鱼——那时他是个饥肠辘辘的小男孩，刚刚来到里斯本。他想带着烤鱼赶快逃走，但是鱼肉滚烫，他失手把烤鱼掉在了地上。正当他笨手笨脚地捡起热气腾腾的烤鱼时，烤鱼的女主人出现在门前，向他大喊。其实女主人是想知道他是不是太饿了，如果是这样，她会给他点儿吃的。热苏斯小心翼翼地走到烤鱼的主人身旁，以为会被扇一记耳光，但女主人却让他坐下，还请他吃东西。热苏斯说道："就是那时我意识到，我会一辈子生活在里斯本了。"女主人的这种行为恰是让阿尔法马区引以为傲的。

许多小巷从阿尔法马区的圣米格尔街（Rua de São Miguel）铺展开来，包括那条只有几英尺[①]宽的比沙巷（Beco da Bicha）。一座有着典型的16世纪风格，有凸出的绿色百叶窗，顶层突出的建筑"俯瞰"着圣米格尔小广场（Largo de São Miguel）。在圣拉斐尔小广场（Largo de São Rafael），部分古城墙与现代建筑比肩而立。屋顶几乎在卡内罗巷（Beco do Carneiro）头顶"牵手"。在这个阳光充足的城市，有一些深邃的窗洞为暗影所笼罩，从未直面过阳光。街道两旁树木掩映，树上的花朵争芳吐艳，紫色和橙色的篱杜鹃在其间十分惹眼，惊艳着行人。这样一来就产生了一种魔法般的迷幻感，在这里，失去方向感虽是家常便饭，但却是让人称心的。

多娜·费尔南达（Dona Fernanda）就住在一座阿尔法马区典

[①] 1英尺约为0.3米。——编者注

型的小巧温馨风格的房子里,她的房子只有3米宽,看起来就像是被旁边略高的建筑挤成这样的。但她的房子非常漂亮,窗户有深绿色的花窗装饰,窗外的花圃里种着红色的玫瑰、紫色的绣球花和粉红色的天竺葵。不过,对这位孀妇来说,生活是艰难的。这栋房子虽然古朴典雅,但却没有一间盥洗室(浴室和厕所)。因此,她得使用夜壶,洗澡则要去当地的日托中心。多娜·费尔南达已94岁高龄,她的人生中有70年都是在这栋房子里度过的。圣地亚哥教堂(Santiago Church)就在她的房子对面,教堂门前有棵柏树,上面挂着一块指示牌,指示牌上写着"Aqui começa o caminho"(由此前往),还有一个红色箭头指向北边的"Santiago de Compostela"(圣地亚哥–德孔波斯特拉,地名是用西班牙语书写),此外,树上还挂着一块小牌匾,小牌匾上写着"610千米"。多娜·费尔南达曾经是当地一家手提包工厂的女工,现在每月有28欧元的租金支出。随着越来越多的游客和管理人员选择下榻阿尔法马区,她认为阿尔法马区越来越没有家的感觉了,对此感到非常遗憾。她说:"所有的老习惯——向邻居道早安,送面包和牛奶到家门口等场景都已经消失了。"

  从多娜·费尔南达的房子步行没多远就可以到达里斯本大教堂(Lisbon Cathedral)。它建在摩尔人曾经使用的一座清真寺的旧址上,于1337年、1344年、1347年和1755年的多次地震中遭到严重破坏,历经多次修复和重建。里斯本大教堂由国王阿方索一世(Alfonso Henriques)[1]在1147年率军攻占里斯本后下令修建,是葡

---

[1] 葡萄牙勃艮艮第王朝第一代国王(1139—1185年在位)。——编者注

萄牙国家级代表性名胜古迹，也是葡萄牙中世纪建筑最重要的几处典范之一。不过，这座教堂建筑现在并不起眼。《葡萄牙指南》（Guia de Portugal）是一本无可指摘的指导性书籍，出版于20世纪，书中以悲伤的口吻讲述了里斯本大教堂"令人叹惋的修复"和"建筑风格之混杂"。发生在里斯本大教堂最为著名的事件可能就是在1383年12月6日，愤怒的当地人将马蒂纽·阿内斯主教（Bishop Martinho Anes）从教堂的北塔扔了下去，因为他支持西班牙对葡萄牙王位的争夺。

这片区域位于中世纪的古城墙内，这些古城墙现在被称为"老城墙"（Cerca Velha）或"摩尔人城墙"（Cerca Moura）。古城墙现为国家名胜，部分城墙仍留存于阿尔法马区杂乱无章的建筑中。历史学家们认为，古城墙的原始地基最早建于罗马时期，也就是大约4世纪；在714年摩尔人来到里斯本后，对它做了进一步拓展。奥古斯托·维埃拉·达席尔瓦（Augusto Vieira da Silva）是一位工程师，曾在1899年就摩尔人城墙的主题出版过一本著作。他通过计算得出，该城墙大约有1250米长，2.5米厚。这表明，在11世纪末最为繁华的时候，由城墙围起来的里斯本占地面积约30公顷，也就是说，大概有30个橄榄球场那么大。还有另外15公顷的居住区散落在城墙之外。那时里斯本的人口估计在5000～20000人。

"中世纪里斯本的地形格局首先是伊斯兰式的。"葡萄牙历史学家安东尼奥·奥利韦拉·马克斯（António Oliveira Marques）写道：

> 古城墙在罗马时期的式样我们无从知晓，因为其整体框架已经随着时间的推移被湮没了。里斯本最初可能位于城堡山的

南坡上，山顶有一个军营（castrum），往下直到塔古斯河还有一系列的建筑。结果就是形成了一个近乎三角形的区域，具有典型的地中海城市以及伊斯兰城市特征。

即使葡萄牙人收复了里斯本，也无法完全消除摩尔人留下的影响。在今天的阿尔法马区仍能感受到彼时摩尔人存在的痕迹。事实上，摩尔人确实在葡萄牙文化中留下了独特的印迹——它们有时候极其微妙、不易察觉。以"al"开头的葡萄牙语词汇——例如"阿尔法马"这个词，就源自阿拉伯语的"洗澡""饮水"——都是在伊斯兰占领时期留下的。葡萄牙手绘瓷砖艺术（azulejos）是另一大遗产。葡萄牙第二大城市，同时也是首都里斯本"劲敌"的波尔图（Porto），位于里斯本北方约 300 千米处，波尔图人嘲笑里斯本人是"摩尔人"，好像他们并不是"纯正的"欧洲人。

圣若热城堡可能是里斯本最具象征性的地标，从这里俯瞰阿尔法马区和里斯本的其他地区，景象令人惊叹。[①] 太阳沉入大西洋的时分，天空的颜色像万花筒般变幻——如果你朝这个方向航行，那么第一个迎接你的将是北美大陆。阳光的热度退去，天空被抹上杏黄色，接着是更为淡雅的糖果粉和丁香紫，最后紫罗兰、洋红和绯红一齐登场狂欢，霸气闭幕。

里斯本的如此魅力引得众诗人诗兴大发。塞万提斯（Miguel de Cervantes）在 17 世纪创作的《贝尔西雷斯和西希斯蒙达历险记》（Works of Persiles and Sigismunda）中描述了一群朝圣者抵达里斯本

---

① 圣若热城堡是里斯本最古老的建筑之一，建在阿尔法马区的最高处，城堡内的观景台是俯瞰里斯本市区及特茹河的绝佳地点，更是观赏日落的极佳选择。

的情景，其中一名船上侍者感叹道："是陆地、陆地……尽管现在可能更适合对着天空高谈阔论一番，因为我们无疑已经来到了里斯本，这个有名的锚地。"拜伦在他19世纪的《恰尔德·哈洛尔德游记》（Childe Harold's Pilgrimage）中写道："乍看里斯本的外貌，多么堂皇……远望这城市光辉灿烂，像座天堂……"①

这座城堡与葡萄牙的早期历史密切相关。12世纪，葡萄牙人在里斯本围城战中将其从摩尔人手中夺回后，它成为葡萄牙的政治和军事中心。2个世纪后，在一次具有里程碑意义的战役胜利后，若奥一世（João Ⅰ）②受到启发，以骑士、早期基督教殉道者圣若热的名字来给这座城堡命名。在1385年发生在里斯本以北130千米处的阿尔茹巴罗塔战役（Battle of Aljubarrota）中，若奥一世取得史诗般的军事胜利，当时约6000名葡萄牙士兵在英国长弓手的帮助下，击败了约3万人的入侵军队，这一壮举令他尤为振奋。这一战后，葡萄牙王国得以免受强大的邻国卡斯提尔的控制，而卡斯提尔王国日后构成了西班牙的核心。葡萄牙人在阿尔茹巴罗塔战役中使用的战斗口号是"为了葡萄牙和圣若热！"，事实上，7个世纪后的现在，葡萄牙军队仍然沿用这一口号，而军队的守护神则是圣若热。

摩尔人从8世纪开始就统治着伊比利亚半岛的大部分地区，圣若热城堡的前身就是摩尔人在1050年前后建造的一个堡垒。葡萄

---

① 中文译文引自[英]拜伦：《恰尔德·哈洛尔德游记》，杨熙龄译，上海译文出版社1990年版，第14页。
② 葡萄牙阿维斯王朝第一代国王（1385—1433年在位），佩德罗一世非婚生子。——编者注

牙人改进了摩尔人的防御工事,在这里新建了一座宽敞的皇家宫殿、一处主教住所和皇家档案馆。1455 年,若奥二世(João Ⅱ)[①]就出生在这座宫殿里,他后来成为扩张时代的推动者之一。1502 年,这里又迎来了若奥三世(João Ⅲ)[②]的降生。若奥三世在 19 岁时加冕为国王,在位 36 年,其统治为人称道之处有二:一是在位时间长;二是在其治下,葡萄牙夺取了包括孟买在内的印度西部地区,"Bombay"的名字正是来源于古葡萄牙语"Bom Bahia"一词,意为"好的海湾"。圣若热城堡也是葡萄牙戏剧的发源地,1502 年,维森特(Gil Vicente)[③]的《牧人的独白》(Monólogo do Vaqueiro)就在这里首演。这里还是 1499 年达·伽马从印度航行归来时接受招待的地方,他的这次航行可是掀开了世界历史的新篇章。那些年真是圣若热城堡的光辉岁月。

尽管几个世纪以来的多次地震对城堡造成了相当大的破坏,并将其后来增建的部分夷为平地,但这座国家名胜在葡萄牙人民心中仍然有着强烈的存在感。城堡有 10 座方形塔楼,坐落在护城河内。城堡主体大致呈正方形,各边长约 50 米,淡黄色的砖石在晨光和余晖下会散发出柔和的光芒。城墙高达 10 米,厚达 5 米。如果要在这里拍一场中世纪主题电影的话,它可以应付裕如。

直到 14 世纪末,从城堡的塔楼上都可以俯瞰整座城市,房屋

[①] 阿方索五世之子。1494 年与西班牙签订划分殖民势力范围的《托德西利亚斯条约》。死后无嗣,由堂兄弟曼努埃尔一世继位。——编者注

[②] 曼努埃尔之子。在位期间(1521—1557 年)设立宗教裁判所,建立耶稣会,竭力扩张葡萄牙在海外的殖民势力。——编者注

[③] 葡萄牙著名诗人、剧作家,对创立葡萄牙民族戏剧起了一定作用,有"葡萄牙的普劳图斯"之称,《牧人的独白》是其代表作之一。

错落有致，屋顶重重叠叠，从山上一直蔓延到河边。现在这里仍然风景如画，尽管缺少遮蔽，但也正因如此，即使是夏日里，吹起北风时也十分凉爽。一路爬坡上来，有弯弯曲曲的橄榄树和被茂密的石松遮阴的草坪，都是落脚休息的好地方。这里会上演中世纪的比武，导游还会带着游客在夜间参观一次——那时可以瞥见那些把城堡当家的蝙蝠。据热心组织者称，被目击到的有宽耳犬吻蝠、普通伏翼蝙蝠和水鼠耳蝠。

虽然现在每年有超过100万名游客成群地涌来，但回望历史，圣若热城堡并不总是里斯本关注的重点，它常常疏于维护。更夸张的是，在19世纪，城堡之上建起一座军营和一些相关行政建筑，几乎将城堡掩藏起来。不管是从建筑还是文化的角度看，这个做法都极其粗鲁。直到20世纪40年代，政府对城堡进行了整修，使其中世纪风貌更加突出，这些"疗疮"才被拿掉。

从里斯本市中心仰望城堡，葡萄牙国旗和代表里斯本的、黑白相间的城市徽章图案的旗帜在城垛上并排飘扬。站在山顶往下看，市中心是如此之近，甚至让你觉得，随手抛出一块石头，它就会落在一个繁华的广场上。这些山坡十分陡峭，中世纪的攻城武器，如攻城塔和弩炮，是够不到城堡的。此外，圣若热城堡的防御设计也很高明。就像俄罗斯套娃，城堡的内墙和外墙之间是狭窄的锯齿形通道，把入侵者赶到交火区，通道内的角落十分狭窄，以防止入侵者携攻城槌进入。圣若热城堡保持着所有要塞都羡慕的纪录：它从未被攻破。

一直以来，里斯本的安全威胁主要来自海上。自17世纪以来，当从大西洋驶近里斯本时，首先映入眼帘的就是布日乌灯塔（Bugio

第一章 三重吸引

Tower），它就像一名哨兵，以挑衅的姿态兀自矗立在塔古斯河河口。从城市看去，它就像地平线上凸起的一个按钮，任由海浪无声地拍打，其圆形的堡垒设计是很典型的文艺复兴时期风格。但从 15 世纪开始，保卫进入里斯本的道路变得尤为紧迫。众人觊觎着葡萄牙在海外征服中收获的战利品。为了应对这一威胁，葡萄牙最初的做法是在河口停泊一艘大型战舰，并像后来利用布日乌灯塔一样，用它来与陆地上的堡垒一同构成交叉火力。令人生畏的大帆船"圣若昂巴普蒂斯塔"号（*São João Baptista*）是"守门人"之一。据估计，在 1534 年建成时，它是当时世界上最强大的战舰。战舰上的数百门青铜大炮为它赢得了绰号"*Botafogo*"，意为"开火"。

布日乌灯塔于 1945 年被宣布过时，并被移交给海军，为其提供灯塔服务。布日乌岛大致位于塔古斯河河口南侧一片沙洲的尽头，岛周围涌动着泡沫状的波浪。在退潮时可以看到沙洲，游船也可以驶向沙洲，但这对发展航运来说就不太牢靠了。布日乌灯塔虽然并不是原始纪念碑的一部分，但如今 14 米高的它每 5 秒钟闪烁一次绿光，向船只指示从哪一侧通过，让人不禁联想到一个葡萄牙人"盖茨比"在河岸看着绿光的场景。

塔古斯河河口宽阔，宽达 10 千米，是欧洲最长的河流之一，也是与世界第二大洋大西洋交汇的地方。从那种敞开式的交汇处开始，河口形状就像漏斗一样迅速变细，最窄处只有 2.3 千米宽。1966 年，第一座横跨塔古斯河的大桥①就建在这里。它与旧金山的金门大桥有着不可思议的相似之处。

在那之后，河面又变得宽阔起来。稻草海（Mar da Palha）河

---

① 即塔古斯河大桥。

口最宽处有 20 多千米，最深处达 46 米。里斯本俯瞰着这个巨大的湖泊，注视着湖面出现的各种状况。稻草海有时是鲜艳的钴蓝色，波浪像鱼鳞一样闪闪发光，有时又呈泥沙淤积的赭色，在风中波涛汹涌。河口名称的出处尚不确定。有人说它指的是过去从更北边的农田漂流下来的稻草。也有人说，叫这个名字是因为在曾经的里斯本，装载到德国船只上的稻草通常会掉入水中。而其他人则认为它指的是阳光以窄小的角度反射到水面时的颜色。

尽管里斯本人民非常喜欢他们的"特茹河"（Rio Tejo）[①]，但他们并没有一直好好照顾它。根据 2013 年的统计数据，超过 10 万名里斯本居民产生的污水未经处理就被排入塔古斯河。这与 16 世纪污水总量大致相同。[1989 年，在里斯本市长竞选期间，社会民主党候选人、20 多年后当上葡萄牙总统的马塞洛·雷贝洛·德索萨（Marcelo Rebelo de Sousa）为了搞个噱头、提升自己的知名度，在塔古斯河中游泳。大家的普遍反应是"真恶心！"]

从河口处一直到 40 千米外的希拉自由镇（Vila Franca de Xira），河水是咸的。继续往上游走，塔古斯河河谷变得更为宽阔，肥沃的冲积平原长期以来供养着里斯本。塔古斯河一直延伸到西班牙内陆。其发源地是西班牙阿拉贡自治区的谢拉德阿尔瓦拉辛（Sierra de Albarracín），就在马德里以东几百千米处。

当卡斯提尔王国的腓力二世（Felipe Ⅱ）[②]于 1580 年成为葡

[①] 即塔古斯河。——编者注
[②] 西班牙文名为费利佩二世（1527—1598 年）。西班牙哈布斯堡王朝第二位国王（1556—1598 年在位）和葡萄牙哈布斯堡王朝首位国王（称费利佩一世，Filipe Ⅰ，1580—1598 年在位）。

第一章 三重吸引

萄牙国王时,他注视着塔古斯河,想知道它逆流而上能够航行多远——说不定他可以沿这条水路回家呢。他责成皇家工程师若昂·巴普蒂斯塔·安东内利(João Baptista Antonelli)找出答案。结论是,这条河从里斯本到阿兰胡埃斯(Aranjuez,位于马德里以南约 40 千米处)一段是可以通航的。在对河道稍加修缮后,这两地之间开始有船只往来。事实上,建造埃尔埃斯科里亚尔(El Escorial)王宫宅邸的大部分大理石都来自葡萄牙小镇埃斯特雷莫什(Estremoz)的采石场,这些大理石通过塔古斯河被运往上游。

塔古斯河是伊比利亚半岛上最长的河流,全长 1000 千米多一点,其中一半以上在葡萄牙境内,它一直是里斯本的母亲河。古希腊地理学家斯特拉波(Strabo)[①] 曾指出,塔古斯河"有很多鱼,而且盛产牡蛎"。中世纪的里斯本人常说,塔古斯河里,一半是水,一半是鱼。如今,在清晨时分,河口处时常停满小渔船,随浪摇摆。这些小渔船根据里斯本海洋水文研究所(Instituto Hidrográfico)提供的潮汐表决定出船时间。但也会有变数。渔民说,当下大雨,或上游的水坝打开闸门时,河口的水文情况就会变得相当复杂棘手,水面上的水朝某个方向流动,而河床上的水流向相反的方向。渔业一直发展良好,直到 20 世纪末,过度捕捞和非法捕鱼开始产生负面影响。塔古斯河不仅滋养了这座城市,还守护着它。用 19 世纪著名历史学家奥利韦拉·马丁斯(Oliveira Martins)[②] 的话来说,

---

① 古希腊地理学家,著有《地理学》《历史学》,试图以自然因素的影响解释人文现象。——编者注

② 葡萄牙历史学家、社会活动家。1878 年成为葡萄牙科学院院士。著有《社会主义理论》《葡萄牙史》等。——编者注

塔古斯河是"一条雄伟的护城河"。

和许多历史悠久的欧洲古地一样，关于里斯本名字的由来，有一种说法认为，其名可以追溯到古罗马时代。传说尤利西斯在特洛伊战争后在地中海迷了路，随后建立了里斯本城。这种猜测与其说是神话，倒不如说是异想天开。"Alis Ubbo"这个广为流传的名字应该是腓尼基人取的，意思是"温柔的小海湾"。但颇受人推崇的《葡萄牙和巴西大百科全书》（*Grande Enciclopédia Portuguesa e Brasileira*）认为这是胡说八道，称"这番捏造有诗意但毫无意义"。

罗马人使用"Olisipo"（奥利希波）称呼里斯本；在摩尔人统治下，它的名字又变为"Al-Uxbuna"。而基督教的征服最终带来了"Lixboa"这个名字。①

***

里斯本日光的特殊质感从何而来？这是人们经常会问的问题，而且问了这么久，已经差不多成为一种猜谜游戏了。

里斯本的光线令人叹为观止，即使是在冬日的云层下也是如此。这与其说是里斯本的城市特色，倒不如说是它的标志。② 里斯本的光线呈现一种有质感的亮度、一种奶油般的光泽，既耀眼又

---

① 据《简明牛津世界地名词典》等，里斯本名字的词源有 Olisipo 和 Al-Uxbuna 及各自相应的变体。Olisipo 可能来自前罗马时期伊比利亚地区用腓尼基语 Lisso、Lucio 称呼的塔古斯河地区。由于一些民间词源传说将城市名称与荷马史诗中的希腊英雄奥德修斯［Odysseus，拉丁语称尤利西斯（Ulixēs、Ulyssēs）］联系起来，Olisipo 出现了一些拼写变体，如 Ulyssipo、Lisopo 等。

② 里斯本又被称作"白光之城"（City of Light）。

丝滑。

有些人认为,里斯本肆意的光照要归功于其广阔的河口、塔古斯河或大西洋,或者是三者兼而有之的结果。其他人要么将其归因于里斯本密集的白色建筑和赤陶屋顶,要么把它归结为所在纬度的恩赐。也有人说这是罗马人留下的遗产。

传统的葡式碎石路,即"calçada portuguesa"(意为葡萄牙人行道),风格独一无二。它们由拳头大小的石灰石和玄武岩石块铺砌而成,路面大体为白色,黑色石头用于在白色的路面上绘出图案,就像马赛克一样。这项技术是在19世纪40年代由军事工程师欧塞比奥·富尔塔多中将(Lieutenant General Eusébio Furtado)构想出来的。他很熟悉罗马铺路技术,并深受其启发。里斯本市议会培训工人铺设路面的部门负责人路易莎·多内拉斯(Luisa Dornellas)毫不怀疑这些葡式碎石路的重要性:"与其他城市相比,里斯本的光彩正是来自地面,这一点与众不同。"与昔日帝国的其他地方一样,罗马统治的遗迹大多深埋在城市街道的表面之下。而在里斯本,你的脚下就是旧日遗产之一。

富尔塔多中将在1840—1846年担任圣若热城堡总督。第五轻步兵营的阅兵场就在城堡墙内,那是一块光秃秃的土地。总督于1842年决定改变泥土路面裸露在外的状况,在其上铺好路或打造以树木作点缀的花境。他提出了受罗马铺路技术启发的方案,并找到一些廉价劳动力——囚犯——来完成铺路的繁重工作。囚犯们被锁链牵着,一队队地出现,他们也因为铐着他们的"grilhões"(意为锁链、镣铐)而被称为"grilhetas"。

根据当时里斯本的报纸的报道,这种黑白相间的铺路图案引起了很大轰动。人们纷纷涌向圣若热城堡来亲眼见证这一新奇事物。里斯本市议会也注意到了这一点，并于1848年批准了富尔塔多关于在里斯本市中心的罗西乌广场（Rossio Square）[①]铺设这种罗马风格路面的提议。罗西乌广场的路面铺设在323天内完成，人们将其波浪图案称为"Mar Largo"（意为宽阔的海）。今天还可以看到它。

葡萄牙人将这种葡式碎石路带到了葡萄牙当时分散在世界各地的殖民地，也许是为了让这些殖民地也有"家乡"的感觉吧。你在非洲热带西海岸的罗安达（Luanda）、巴西的里约热内卢都可以找到它，里约热内卢科帕卡瓦纳区（Copacabana）的葡式碎石路相当有名。无论你是在哪里看到葡式碎石路，都请感恩铺设它的人。铺路工（calceteiro）每天都得窝在一张小凳子上，弯下腰拿锤子敲打石块以确保石块形状规整，然后将它们嵌置在砂砾基层中。这种辛劳程度值得竖起一尊雕像以示表彰，2007年里斯本市中心就竖起了一尊雕像。

葡萄牙人为他们的葡式碎石路感到无比自豪。但是，长久以来，人们从不谈及一个"可怕"的事实：它在天气潮湿时的表现是"致命"的，在上面行走一段时间后，脚底会感到异常疼痛。2014年，里斯本市长安东尼奥·科斯塔（António Costa）就公开说明了上述情况，以证明削减铺设昂贵的葡式碎石路工程的合理性。他指出，他没有可供随意使用的罪犯作为免费劳动力，更何况"老实说，这

[①] 即佩德罗四世广场（Praça de Dom Pedro Ⅳ），当地人习惯简称其为"罗西乌"。

条路看起来很不错，但走起来很糟糕。太滑，让人头疼"。里斯本市议会最终决定在旅游区保留葡式碎石路，但在旅游区以外的地方逐步淘汰它。

若完全淘汰葡式碎石路的话，罗马在里斯本长达 6 个世纪的存在，就很难有迹可循了。甚至需要一场地震和一台巨大的地下钻掘机才能发掘出我们如今就能看到的大部分路面。

里斯本的罗马时期一直从公元前 2 世纪延续到公元 5 世纪。公元前 195 年，大加图（Cato the Elder）[①]领导的罗马人镇压了西班牙的起义，圣若热城堡中的一块石刻表明他是从里斯本（当时被称作奥利希波）过来的。公元前 138 年，里斯本被并入罗马帝国。军事执政官德西默斯·尤尼乌斯·布鲁图·卡利库斯（Decimus Junius Brutus Callaicus）在圣若热城堡现在所在的山顶上增修了防御工事，并将该地用作罗马征服半岛部落的基地。公元前 60 年左右，尤利乌斯·恺撒才完全征服了位于帝国西部边缘的卢西塔尼亚省。

在奥古斯都大帝的统治下，里斯本的政治和行政地位得到提升。它被重新命名为"Felicitas Julia Olisipo"，管辖着从南岸延伸到约 50 千米外可见的阿拉比迪山（Arrábida）山区的区域。里斯本主要被分为三大区域：山顶上的设防定居点（罗马人称其为 oppidum），建在城堡山南坡上的城镇区，以及渔船和商船靠岸的河滨海滩区。

---

① 古罗马政治家、作家。他维护罗马传统，系保守派代表人物，被称作"监察官加图"。——编者注

罗马征服不列颠后，里斯本的地位再次飙升，因为它是从地中海到北欧的大西洋航线上的中转站。里斯本成为罗马贸易和工业中心。肥沃的上游平原出产农产品，而正如斯特拉波所说，这条河里"鱼"头攒动。这使得里斯本成为酿造和出口"garum"（罗马鱼酱）的理想场所。garum 是罗马人的调味品，味道很刺鼻，被装在双耳细颈瓶中运往帝国各地，其中一些是在塔古斯河南岸生产的。时至今日，里斯本的大西洋沿岸仍然盛产沙丁鱼、西鲱或鲭鱼等富含脂肪的鱼。这些鱼，包括它们的内脏和鱼卵，是制作 garum 的理想材料。将鱼与盐、香草混合，放在阳光下发酵，然后搅拌，直至变成液体，garum 就制成了。里斯本的河岸地区有一片宏伟的工业区，用于发酵 garum，一直延伸到市中心的拜沙区（Baixa）。在鞍匠街（Rua dos Corrieiros）的一家现代银行下方发掘出的一座罗马墓地，这座墓地直到 1 世纪才迁到鞍匠街所在的区域，以便为存放更多的发酵罐腾出空间。

里斯本用新积累的财富建造了多处温泉浴场、地下长廊以及一处剧院、一处竞技场。这些蓬勃发展的城市地标又让里斯本展现出别样的帝国威望。这些千年高龄的遗迹一直长眠在地下，直到 1755 年的地震将地表打开，考古发掘揭开了它们的秘密。那些公共浴场建于 44 年。墙壁上有一行漆成红色的拉丁语铭文，意为纪念 336 年此处对原来的罗马浴场（Thermae Cassiorium）的翻新。卡西亚浴场（Cassian Baths）是以该市的某个显赫家族的名称命名的，直到 20 世纪 90 年代初才被妥善挖掘。它们如今都位于佩德拉斯-内格拉斯街（Rua Das Pedras Negras），不过这条街上还没有建起博物馆。

第一章 三重吸引

1771年,随着地震后重建工作的开展,人们在里斯本市中心区域发掘出了多条古罗马长廊,但关于这些长廊的用途,人们一直争论不休。最说得通的解释是,这些地下长廊的拱顶可以为地表上的建筑提供坚固的支撑,其中可能包括一处古罗马公共集会广场。流经这片老城区的河流和溪流有着砂质河床,在15世纪前一直汇入塔古斯河。从地质构造来看,该地区是地势陡峭的山谷,而这些地下长廊有助于地下水的排出。这些地下长廊内部常年有大约1米深的积水,每年的4月和9月积水会被抽掉,以方便公众参观。在银街(Rua da Prata)的一边,不断有私家汽车和公共汽车驶过,在另一边,游客们排起长龙、鱼贯通过街道中间的人孔,轻手轻脚地走下陡峭的台阶,踏入里斯本遥远的过去。

罗马剧院位于圣若热城堡的山脚下,古时候,对任何从河边进入里斯本的人来说,这里都是难以忽视的地标。为此,这座剧院是朝南修建的,这对罗马剧院来说并非寻常选择。剧院建筑宏伟壮观,为三层梯田式圆形剧场,可容纳约3000人观看数小时的表演,彰显着里斯本城市统治者的权力和特权。它建于奥古斯都时代,后来在尼禄统治时期重建。

这个剧院在1798年才被发现。意大利建筑师弗兰奇斯科·沙维尔·法布里(Francisco Xavier Fabri)画下了他当时的所见,并发起保护这些遗迹的运动。然而,人们对他的呼吁置若罔闻。尽管法布里的画被留存了下来,但新的房屋还是照样建在遗迹之上。20世纪60年代,第一次科学发掘才开始,发掘现场的7栋建筑被买下,其中4栋被拆除,以便考古学家可以进入现位于阿尔法马区圣马梅迪街(Rua de São Mamede)地下9米的剧院。除了在其上建造房屋之外，人们还拆除了剧院中的重石和柱子，用于在原址上建造新建筑物。尽管这座罗马剧院的建筑状况日渐恶化，但是当局已经为重建这处历史遗迹付出了值得称道的努力。罗马剧院博物馆中还陈列着被发掘出的铁器时代的文物。

在这次发掘后大约200年，里斯本正将自己收拾一新，准备举办20世纪最后一届世界博览会[①]，巨大的隧道掘进机拓展着城市的地铁系统，"翻出"了遗失多年的珍宝。在市中心区域又有一处激动人心的发现——古罗马竞技场，这里曾上演过如经典电影《宾虚》（*Ben Hur*）[②]中所描绘的马车追逐大战。这个竞技场是在里斯本商业区中心的罗西乌广场地下6米处被发现的。这个竞技场的赛马跑道至少有190米长，是罗马帝国建造的规模最大的赛马场之一。里斯本同时拥有两个规模宏大的罗马娱乐设施——剧院和竞技场——竞技场的发现使这座城市又呈现出特别的历史风貌。"过去，我们认为里斯本在罗马帝国中的地位相对不那么重要，就是个贸易站点，"监督隧道工程的考古学家安娜·瓦莱（Ana Vale）说，"但实际上它是一座备受关注的城市。"

只是这样的辉煌并不长久。罗马衰落、离开，让位于野蛮人，后者在3个世纪里统治着里斯本，直到另一个先进的文明到来：摩尔人。

---

① 即1998年葡萄牙里斯本世博会，彼时正值葡萄牙航海家达·伽马发现印度航线500周年之际，该届世博会的主题是"海洋，未来的财富"。

② 古罗马题材经典史诗电影，于1960年获得11项奥斯卡金像奖和4项金球奖。

第二章
不同的国家，不同的首都

第二章　不同的国家，不同的首都

1147年，一支欧洲联军在里斯本城外集结，准备从摩尔人——他们已经在此安家5个世纪——手中夺走这座城市，但联军内部的争吵让这场战争在开始前几乎就注定折戟。这些十字军聚集在一起，在如何对抗异教徒的问题上发生了激烈争吵。他们的"东道主"葡萄牙国王阿方索一世，为了满足他们的要求、调和他们的利益，甚至不惜弯下腰。

联军的进攻部队最终达成了一致，后来著名的里斯本围城战也于7月1日开始。然而，在征服里斯本，也就是差不多17个星期后，争吵又开始了。即便如此，攻占里斯本并将其变为基督教教区，使得第二次十字军东征有了一项可以书写下来的华丽功绩。不然，这场征战就徒有悲惨可言了。

现存关于中世纪里斯本从夏季到初秋的最完整的历史记录是一封英国十字军战士的家信。原稿保存在剑桥大学的基督圣体学院（Corpus Christi College）。对于这封信的作者身份到底如何，学界一直争论不休。最广为接受的解释是，这封信由一名叫劳尔（Raol）的盎格鲁-诺曼神父寄出，他只在信上简单签了一个字母"R"，收信人是英格兰东部萨福克（Suffolk）鲍德西（Bawdsey）的奥斯伯特（Osbert）。不过，作者的身份也还有其他可能，例如，也可能是罗伯特，一位盎格鲁-诺曼牧师，他后来成为里斯本大教堂的坐堂主任牧师。

这封信用拉丁文书写，于1861年首次由里斯本科学院（Lisbon Academy of Sciences）出版，并由查尔斯·温德尔·戴维（Charles Wendell David）在其1936年的著作《征服里斯本》（*The Conquest of Lisbon*）中翻译成英文。19世纪著名的葡萄牙作家亚历山德雷·埃尔库拉诺（Alexandre Herculano，后文简称埃尔库拉诺）①的《葡萄牙史》（*História de Portugal*）是一部开创性作品，因为它从原始资料中搜集证据，并打破了一些民族神话。这本书也大量引用了这封信。

这封信被称作"De expugnatione Lyxbonensi"，即《攻占里斯本》。其巨大吸引力在于，这封信相对详细地从里斯本围城战目击者的视角描述了整场战争，而且该目击者是能够接触到围城战领袖核心圈子的人。此外，还需要指出的是，这也是由胜利者书写的历史。

一支前往圣地（Holy Land）②的十字军舰队在葡萄牙北部的波尔图停留，当地主教用雄辩的口才说服了这支舰队在前往中东之前帮助葡萄牙国王击败里斯本的撒拉逊人。给奥斯伯特的信中写道，里斯本"非常富裕和繁荣"。这让一心收集战利品和传播信仰的勇

---

① 葡萄牙浪漫主义文学理论的奠基人，也是葡萄牙第一位创作历史小说的作家。——编者注

② 指在约旦河与地中海之间的一片区域，包括约旦河的东岸。"圣地"这个词传统上是"圣经以色列地"以及历史上的"巴勒斯坦地区"的同义词，如今通常指现代以色列、巴勒斯坦领土、西约旦、南黎巴嫩部分地区和西南叙利亚，犹太人、基督徒、穆斯林均视此处为神圣之地。

士们眼前一亮。

与此同时，阿方索一世的军队也正春风得意。3月，该军队在一次果敢的夜间突袭中迅速攻破了位于里斯本东北80千米处肥沃平原上的摩尔人重要城市圣塔伦（Santarém）的城堡。这位君主此时非常迫切地想要巩固自己的优势。但里斯本占据了天然有利的防御位置，是摩尔人在伊比利亚西部最强大的城市。它与北非的贸易网络紧密相连，可获得大量谷物、橄榄油和葡萄酒。再实施一次突袭显然是不可能的，里斯本的山顶堡垒可以很快发现逼近的部队。

这是阿方索一世第二次陈兵对垒Al-Uxbuna（摩尔人对里斯本的称呼）。12世纪40年代初期，他就尝过败果。在十字军的帮助下，其军队仍未能突破里斯本坚固的防线，只好撤退。但在撤退之前，他们还毁坏了里斯本城墙外的庄稼，夷平了那里的房屋。

这一次，他可以调动更大的力量了。劳尔在信中称，Al-Uxbuna是"非常坚固的堡垒"，有一座圆形堡垒和一直延伸到塔古斯河的城墙，保护着这座呈三角形的城市。而阿方索一世需要的是纯粹的力量，第二次东征的十字军军队为他提供了当时最好的机会。这支十字军大约有1.2万名战士，他们主要是英格兰人、苏格兰人、法国人、德国人和佛兰芒人，分布在大约170艘船上。而阿方索一世大约拥有5000名将士，他只需要确保他的盟友能坚持到最后即可。

阿方索一世率领军队行军至Al-Uxbuna，在那里与从波尔图经海路抵达的十字军会合。这群异邦人之间的争执很快就波及阿方索一世。一些人争论着是否、如何以及在什么条件下继续前进。在那封给奥斯伯特的信中写道，他们"不愿承担长期围城战的代价"，并希望迅速前往地中海，在那里他们可以从非洲和西班牙的商船上"轻松勒索大量金钱"。另一些人则不同意，信中说"周围的每个人都在大喊大叫"。在阿方索一世承诺让十字军获得这座城市的战利品（包括囚犯赎金）之后，紧张的局面才缓和下来。随后，阿方索在这座城市升起了自己的旗帜。众领袖宣誓遵守该协定。

联军在3个俯瞰城市的山头安营扎寨。Al-Uxbuna 的东西两侧各有一座城门，另外还有一座城门在河边。从攻击者和防御者之间的大量辱骂可以清楚地判断出，战斗是近距离进行的。从我们如今的后巨蟒剧团（Monty Python）①视角看，这种嘲讽看起来有点滑稽，不过，至少这场围城战的"编年史记录者"并没有回避，而是详细记录摩尔人所说的话：

> 当我们在他们的城墙下日夜守望时，他们不停地嘲笑和侮辱我们。说什么我们不在家的时候家里会有许多小崽子出生，说什么我们的妻子才不会担心我们是死了还是活着，因为家里有太多小杂种了。
>
> 此外，他们还极恶劣地玩弄了我们的标志十字架……就像对待一些卑劣可鄙的玩意儿一样，然后再把十字架扔向我们……

---

① 英国六人喜剧团体，对欧美喜剧界的影响就像披头士之于摇滚，英国现代文化的标志之一，以独特的幽默方式开创了一种至今仍被全世界（尤其是好莱坞）广泛效仿和套用的喜剧类型，对当代大众文化有着现象级的影响力，如编程语言 Python 的得名、许多俚语等。

第二章　不同的国家，不同的首都

战斗初期，攻城者通过佯攻和小规模袭击来测试城市的防御能力，随后才开始正式发动攻击。他们建造了两座巨大的攻城塔，分别高 30 米和 25 米，由柳条、兽皮以及攻城锤和投石器保护。这两个投石器，各有 100 人轮班操作，据说每小时可以向这座城市投下 5000 块石头。不出所料，城内的守城一方"因这一行动受到极大骚扰"。但是不久后，几乎所有的机器都被烧毁了，仅剩的一座攻城塔又陷在沙子里，被上涨的塔古斯河河水困住。[①]

僵局随之形成，联军的士气消沉。一些人心灰意冷，提出按东征路线继续前进，准备放弃攻夺里斯本，将其留给摩尔人。携带信件的摩尔人在试图逃离里斯本时被捕，信件中是向更南边的摩尔人领袖求助的内容，就这样，转折点出现了。信中讲述了城墙内经历的严重食物短缺与惨状，葡萄牙人和十字军正在扼杀这座城市。他们不知道的是，这一消息的泄露使联军的决心更加坚定了。他们把船搁浅在一旁，释放出明确的信号，向守城者表明在即将到来的冬天他们准备拉长战线。

围攻强度更上一层楼。攻城部队在城墙下挖的矿井中点火，部分城墙因此而坍塌。守军惊慌失措，冲向缺口。攻城士兵一拥而上，对着缺口朝里射箭，一时万箭齐发，以至于摩尔人的盾牌竟"像刺猬一样竖着刺"。接着，余下的那座攻城塔也从泥浆中解脱出来、

---

① 那个时候，就像罗马时代一样，塔古斯河经常淹没里斯本地势较为低洼的区域。如今从地下流经里斯本拜沙区的塔古斯河支流就起源于两条现代里斯本城市主干道——自由大道（Avenida da Liberdade）和雷斯上将大道（Avenida Almirante Reis）——下方的另外两条支流的交汇处。若遇倾盆大雨，该河偶尔仍会淹没河边地区。

移动到更加逼近城墙的位置，与此同时，军事主动权决定性地倒向了攻城一方。绝望的守军急忙加固另一处城墙，并投下燃烧着的沥青、油和石块。攻城士兵挤在塔后，向城垛发射弓箭和弩箭。这是一场死亡之舞。摩尔人英勇地保卫他们的城市，并为自己的生命而战。攻城军队也不依不饶、毫不退缩，围城战开始4个多月后，胜利终于降临。

信中对这场中世纪围城战的描述扣人心弦，尤其是高潮部分：眼看着余下的攻城塔一寸寸逼近，来到距离城墙不到1米的位置，即将伸到城垛上，摩尔人举起双臂投降。

摩尔人在10月23日或24日（目前还不清楚到底是哪一天）这天向基督徒打开了里斯本的大门。10月25日，星期六，过往的占领者们收拾行装，离开"家园"。征服者在要塞最高的塔楼上竖起十字架，阿方索一世在城垛上迈步。不难想象，当他俯瞰城市、河流和海洋时，心中是何等的志得意满。

英国人黑斯廷斯的吉尔伯特（Gilbert of Hastings）在此次征服里斯本后被选为里斯本的第一任主教，一直在这个位置上待到1162年。不过，一些十字军战士并不是很虔诚。收获成功的同时，矛盾也开始萌芽，就如何分配战利品一事，争论爆发。那封写给奥斯伯特的信中表示，一位来自布里斯托尔（Bristol）的"叛教牧师"煽动了一些人。一些莱茵兰人和佛兰德人急不可耐地要分享战利品，他们背弃战前的誓言，冲进城市，无情地洗劫了里斯本。

撇开中世纪凶残暴戾的一面不谈，一些十字军战士认为在与异教徒的战斗中牺牲不仅是英勇的表现，更是一种殉道。毋庸置疑，纪念和礼敬死去的骑士对普通民众来说意义重大。以死于里斯本围城战的波恩的亨利（Henry of Bonn）为例，民间传说埋葬他的里斯本墓地中长出的一棵棕榈树有治愈疾病的奇效，于是便兴起一股崇拜潮。在 16 世纪的葡萄牙诗人路易斯·德·卡蒙斯（Luis de Camões）于文艺复兴时期创作的史诗《卢济塔尼亚人之歌》（"Os Lusíadas"）中，就有一节是献给亨利的，这部史诗是葡萄牙文化的标志性作品之一。① 路易斯·德·卡蒙斯将棕榈树的治疗功效归功于奇迹，并称亨利为"基督的殉道者"。

里斯本的圣维森特教堂（São Vicente de Fora Church）与这种在中世纪后逐渐消失的异端崇拜有着密切的联系。这座教堂及其附属的修道院是里斯本最庄严的建筑之一，矗立于阿方索一世的军队在围城战期间安营扎寨的高地上。这位君主在占领这座城市后下令建造了这些宗教建筑。几个世纪以来，它们一直是里斯本最大的建筑群和城市地标。1582 年，旧建筑被拆除，在原处重建了一座文艺复兴风格的教堂，并于 1629 年完工。教堂在 1724 年 11 月 19 日

---

① 《卢济塔尼亚人之歌》，又译为《葡国魂》，由路易斯·德·卡蒙斯以荷马诗风写成，创作历时 30 年，于 1572 年出版。内容讲述葡萄牙在大航海时代建立帝国的事迹，融入希腊神话和罗马神话创作，是葡萄牙文学史上最优秀和最重要的作品之一，在葡萄牙具有开国史诗的地位。

路易斯·德·卡蒙斯是葡萄牙民族诗人，也是 16 世纪和文艺复兴时期最伟大的诗人之一。他约 1524 年生于里斯本的一个破落贵族家庭，在科英布拉大学接受人文教育，并成为军人参与葡萄牙的海洋事业，在战争中失去右眼，之后赴亚洲度过 17 年。回到里斯本后，1580 年在潦倒中去世。相传，《卢济塔尼亚人之歌》的部分诗歌是其被流放中国澳门时在白鸽巢公园石洞吟咏创作而成。路易斯·德·卡蒙斯是葡萄牙最伟大的诗人，也是大航海时代的象征之一。他写作史诗、十四行诗、戏剧，深刻地塑造了葡萄牙的语言、民族和身份认同，被公认为葡萄牙的精神国父。

的大风暴和 1755 年的大地震中遭到严重破坏。它明亮的白色石灰岩外立面，就像大理石一样，在拥挤的现代建筑中仍然给人一种威严奢华之感。在教堂内部，瓷砖描绘了占领里斯本和圣塔伦的故事。而且，在教堂中殿外的分堂里，一块不起眼的大理石牌匾表明，德国人亨利的遗骨（os ossos do cavaleiro Henrique Alemao）就埋葬在修道院内。

除了阿方索一世之外，参与里斯本围城战中最为葡萄牙家喻户晓的人物，是一位名叫马蒂姆·莫尼斯（Martim Moniz）的骑士。只是关于他的故事是一个传说。传说，他率领部下设法攻破其中一座城门，虽然已经身负重伤，但他还是奋力扑向城门缺口，这样城门就无法关闭，其他基督徒就可以进入这座城市。里斯本市中心的一个广场就以他的名字命名，地铁站的墙上是描绘他这一壮举的大理石雕饰，不过它们基本入不了步履匆忙的通勤者的眼。

葡萄牙诺贝尔文学奖得主若泽·萨拉马戈（José Saramago）[①]在其 1989 年出版的《里斯本围城史》（The History of the Siege of Lisbon）一书中就表现了事实与夸张（或者说与明显的中世纪虚构故事）之间的微妙差别。以荒诞的笔法表现历史是萨拉马戈写作的标志性风格。在这本小说中，里斯本的一位校对员顽皮地在一段描写围城战的文字中插入了"不"字，从而大笔一挥，改变了欧洲虚构历史的进程。故事穿梭于过去与现在、真实与想象之间。

1998 年，萨拉马戈成为继安东尼奥·埃加斯·莫尼斯（António Egas Moniz）之后葡萄牙第二位诺贝尔奖获得者。后者在里斯本大

---

① 葡萄牙作家，1998 年获诺贝尔文学奖。代表作有《修道院纪事》《失明症漫记》《复明症漫记》等。——编者注

学神经学研究所开创了前脑叶白质切除术，并获得 1949 年的诺贝尔生理学或医学奖。萨拉马戈在孩提时代就和他一贫如洗的家庭从圣塔伦附近的农业区搬到了里斯本。他书中许多令人难忘的场景都取材自首都里斯本，包括他的代表作《修道院纪事》（*Baltasar and Blimunda*），这是又一部奇幻历史小说。在《修道院纪事》中，18 世纪的里斯本污秽不堪，市民为宗教裁判所的篝火所蛊惑。

萨拉马戈最终与葡萄牙的政治精英不欢而散，并在 20 世纪 90 年代移居西班牙。对于里斯本 20 世纪后期的现代化进程，萨拉马戈甚感遗憾，房地产投机生意和公共工程的建设毁坏了一些风景如画的老城区。即便如此，萨拉马戈仍然为自己所目睹的这座城市的文化包容性而欣慰，几个世纪以来，里斯本包容着基督徒和穆斯林、非洲人和犹太人、印度人和中国人。萨拉马戈写道："里斯本精神永存，正是这种精神使城市永恒。"

萨拉马戈的骨灰被安葬在里斯本一家以他的名字命名的基金会场地外的一棵橄榄树旁。该基金会的会址在河畔的尖石宫（Casa dos Bicos）上层。如今的尖石宫与原来相比已经大变样，但却是里斯本为数不多的 16 世纪遗迹之一，是里斯本的特色建筑。外立面上对称分布的、尖尖的石雕使它看起来像是外部嵌着一层钻石。事实上，它的灵感来自意大利费拉拉（Ferrara）一座类似的建筑钻石宫（Diamond Palace）。里斯本的尖石宫由阿丰索·德阿尔布开克（Afonso de Albuquerque）[①]之子布朗斯·德阿尔布开克（Brās

---

[①] 葡萄牙海军将领，葡属印度殖民地总督，果阿和马六甲的征服者。被葡萄牙国王曼努埃尔一世授予第一位"果阿公爵"的称号，也是第一位非王室出身的葡萄牙公爵。——编者注

de Albuquerque）建造，阿丰索·德阿尔布开克是一位伟大的军事首领，他巩固并扩大了葡萄牙在亚洲的事业版图。以前有一句流行语"ter a Casa dos Bicos"（意为"拥有尖石宫"），用来表示手握财富的人。

对刚刚成立仅4年的新生的葡萄牙王国来说，攻占里斯本是一个关键性事件。里斯本是葡萄牙这艘大船前行的压舱石，让这个国家的发展变得可行。历史学家奥利韦拉·马丁斯说，占领这座城市"即书写了这个国家的出生证明"。这一事件也是伊比利亚收复失地运动的重要里程碑。

对阿方索一世和他的继任者来说，征服里斯本打开了通往南方的大门，这至关重要。葡萄牙人还要约100年才能将摩尔人完全赶出阿尔加维（Algarve）南部地区。这一事业完成之时，葡萄牙的地理和经济重心也会随之转移，此时再将首都保留在北部的内陆城市科英布拉（Coimbra）是没有道理的。里斯本围城战缔造了一个新的国家。里斯本作为港口城市十分重要，随着发展，它最终使其他城市黯然失色，1256年，阿方索三世（Afonso Ⅲ）[①]将他的宫廷迁至里斯本，是为新都。

***

葡萄牙传统而独特的法多（fado）音乐的第一位偶像，你绝对不想错过。

19世纪早期的里斯本歌手玛丽亚·塞维拉（Maria Severa）貌

---

① 阿方索三世，1248—1279年在位。——编者注

视传统。她抽烟、喝酒，总是挽起衣裙的袖子。她的眼神火辣，脾气暴躁，美貌名声在外。后来儒利奥·德索萨·科斯塔（Júlio de Sousa e Costa）在 1936 年出版的《塞维拉》（*Severa*）中曾引用诗人雷蒙多·布良·帕托（Raimundo Bulhão Pato）[①] 对她的评价，说她：

> 目中无人、浮躁冲动，如果有人不怀好意，她随时准备"慷慨地"赏人几记耳光！她很勇敢，对她所珍爱的人有多体贴，对她的敌人就有多粗鲁。她不是一般女人，这一点你不用怀疑。

塞维拉在里斯本各处以醉酒、暴力和卖淫而臭名昭著的肮脏的地方表演。在那些地方，新的音乐形式"法多"诞生并蓬勃发展。塞维拉的母亲经营着一家小酒馆，她有个外号叫"A Barbuda"，意思是"长胡子的女人"，不过我们或许可以更具善意地想，她只是肤色黝黑。塞维拉住的房子位于狭窄阴暗的牧师街（Rua do Capelão），那条街的墙上现在挂着一块纪念她的牌匾。牧师街在城堡山脚下的莫拉里亚（Mouraria）区。这是阿方索一世取得战役胜利后允许战败的摩尔人在里斯本城墙外定居的区域。在人们心中，莫拉里亚街区一直是贫穷、邋遢的代表，也是一个恶名在外的"饭桶聚集地"。

[①] 19 世纪葡萄牙诗人、散文家和回忆录作家，里斯本皇家科学院院士。其作品为浪漫主义风格，兼具民俗元素，语言通俗活泼，代表作为《山之书》。

阿方索一世并没有因为让自己的对手睡在家门口就失去理智。对葡萄牙人来说，摩尔人可是至少有4个世纪交往史的"熟客"了。在进攻里斯本之前，阿方索一世曾和伊比利亚半岛上其他的一些摩尔人领导人谈判休战，从而确保被围困的里斯本不会得到救援。基督徒（用阿拉伯语称为"Mozarabs"）和犹太人都曾居住在这座由摩尔人控制的城市内。这种包容经久不衰，成为里斯本的标志。历史学家雅伊梅·科尔特桑（Jaime Cortesão）写道，在这个半岛上，葡萄牙是"一个文化过渡和混杂的地带，世上再没有一个地方像这里，基督教和伊斯兰教的影响相交织"。

"Mouraria"一词源自"Mouros"，后者在葡萄牙语中是摩尔人的意思。莫拉里亚区也许是将里斯本文化流动、交融的特点体现得最为淋漓尽致的街区。如今，它也仍然是里斯本最具民族特色的街区，在鹅卵石铺就的街道上，基督徒、摩尔人、印度教徒并肩生活，就像在阿尔法马区一样，让人想到中世纪时期这里的情形。2014年，有50多个不同国籍的人生活在莫拉里亚这个大熔炉中。仁爱街（Rua do Benformoso）在经历了3年的经济衰退后变得十分萧条。2014年，许多孟加拉国商人让这里重获生机，开始强力发展。在一家可以俯瞰马蒂姆·莫尼斯广场（Martim Moniz Square）的购物中心，中国店主们正拖着鼓鼓囊囊的黑色塑料袋和装满各种廉价商品的纸板箱进入他们的商店。这些中国商店有着诸如"Grande Mundo"（大世界）之类的名字，他们的店员在当地的小餐馆里吃饭——那些餐馆只提供全中文的菜单。其他餐馆提供来自佛得角（Cape Verde）和几内亚比绍（Guinea-Bissau）的极易饱腹的西非美食。杂货店里出售着不知名的异域水果和蔬菜，地铁站里传出印度香料的诱人香气。马蒂姆·莫尼斯广场是夏季举办户外音乐会的热门场所，这些音乐会上经常有来自世界各地的小众乐队登台表演。

19世纪初，法多音乐诞生在有着丰富文化底蕴的莫拉里亚街区以及阿尔法马区、码头。这种音乐风格尚无确切的起源，它融合了葡萄牙帝国治下从拉丁美洲到非洲再到遥远亚洲的音律，又有无数途经里斯本的外国水手将他们自己的海岛小调和民间曲调融入其中。就像它的诞生地是民族的熔炉一般，法多音乐融合了各种音乐形式。

法多音乐通常是在里斯本乌烟瘴气的小酒吧里演奏，莫拉里亚是其灵魂地带。这是法多音乐诞生初期的一个显著特征。法多音乐也与下层阶级关系密切，通常是由处境艰难的倒霉鬼们表演，唱的也大多是他们的故事。这种音乐表演起来也不费事——只需要一把木吉他、一位歌者。人们经常谈到法多音乐与布鲁斯音乐的相似之处，这种相似显而易"听"。"法多"一词意为命运或宿命，它诉说着生活的考验和折磨，不过是以热情的方式。法多音乐在很多人听来像是痛苦的哀乎哀哉，但就像布鲁斯音乐一样，法多音乐是抒情的、发自内心的，有时还带点滑稽。

《葡萄牙和巴西大百科全书》中解释说，音乐学院里无法教授法多，因为法多发自内心。书里写道，"法多音乐极其个人化、富于个人表达。你会明白表演者个性的重要性"，"一名真正的法多歌手从不以同样的方式唱同样的歌词两次。每当他们唱起法多，都会赋予它特别的生命"。关于法多的底线是：你要么领悟其灵魂，要么没有这种能力。毫无疑问，塞维拉拥有这种能力。

塞维拉驻唱的红灯酒馆们都极其简陋。著名的葡萄牙艺术家若泽·马略阿（José Malhoa）在他1909年的画作《法多》（O Fado）中捕捉了早期法多音乐肮脏、破烂的一面。这幅画现挂在里斯本的城市博物馆（Museu da Cidade），偶尔也会在法多音乐博物馆（Museu do Fado）展出。对这位艺术家来说，这件作品的创作有时让他抓狂。

画面中，一个男人坐在椅子上漫不经心地拨弄着吉他，旁边还有一个女人，也是坐着，指间夹着烟，但脸背对着观众。二人的穿着打扮之破烂难分伯仲。他们的桌子上放着一个几乎空了的酒瓶。画上的男人就是莫拉里亚有名的罪犯阿曼西奥（Amâncio）。他多次因行为不检而入狱，导致马略阿不得不一再推迟绘画计划。画上的女人是阿德莱德（Adelaide），在莫拉里亚也是臭名昭著，人称"刀花的阿德莱德"（Adelaide da Facada），画面中她扭头遮掩的左脸颊上有一道长长的刀疤。《法多》这件作品因画面色彩鲜艳、非传统而未引起反响，仅于1917年在里斯本展出。但在此之前的国外展出中，它都受到赞赏，在巴黎它被命名为《在爱中》（Sous le charme），在利物浦它被命名为《民歌》（The Native Song）。

里斯本艳俗的法多音乐演奏地点也吸引着都城的贵族。据说塞维拉与维苗苏伯爵（Count Vimioso）有染，坊间传得沸沸扬扬。不过，除了可以确定她在26岁去世时为单身外，关于塞维拉的传闻中几乎没有什么可信的。甚至在1939年9月1日里斯本的法多音乐杂志《南方之歌》（Canção do Sul）第234期的封面上刊登的塞维拉照片也被证明是假的。儒利奥·丹塔斯（Júlio Dantas）于1901年出版的小说《塞维拉》（A Severa）中的描述让塞维拉的形象更加扑朔迷离，毕竟一本小说再怎么说也没有义务准确无误地描述人物历史形象。不过，这本小说轰动一时，后来又被改编成戏剧，大受欢迎，至今仍在上演，1930年以该小说改编的故事片也是葡萄牙导演的第一部有声电影。

戏剧《塞维拉》于1955年首演，主演是一位名叫阿马利娅·罗德里格斯（Amália Rodrigues）的年轻女子。后来，她成为第一代法多歌后。她将法多音乐从葡萄牙首都带到世界舞台，并且成为历史上最卖座的葡萄牙音乐家。她的星光令所有对手黯淡。

尽管她们都出身贫穷的里斯本家庭，但塞维拉和阿马利娅几乎没有什么共同之处。塞维拉下流、粗鲁，毫不畏惧暴力，而1999年去世的阿马利娅优雅、世故，讨厌咒骂。阿马利娅——人们通常叫她的名而不是姓——除了小学以外并没有接受过正规教育，很早就开始打工来养家糊口，一边做裁缝学徒，一边在里斯本街头卖水果。

阿马利娅于1939年在"走吧塞维拉"（Retiro da Severa）首次亮相，这是里斯本市中心一家颇受欢迎的法多音乐餐厅，她在那里待了6个月，拿到了作为法多表演者史无前例的薪水。阿马利娅在舞台上的形象大气、端庄，极具魅力。她还给法多音乐表演带来了一项经久不衰的传统：穿着黑色连衣裙和披肩表演，并且站在伴奏吉他手之前。

阿马利娅空灵、清澈的声音与她充盈着感情的肢体表演深深俘获了观众。从20世纪50年代开始，她在路上度过了漫长的一月又一月，将里斯本音乐带到了阿尔及利亚、日本、澳大利亚等国家和加拉加斯（Caracas）、列宁格勒[①]等地。1952年，她一连在纽约

[①] 圣彼得堡的旧称。

的玫瑰人生酒馆（La Vie en Rose）演出了 14 周。次年，她成为第一位出现在美国电视上的葡萄牙艺术家。夏尔·阿兹纳武尔（Charles Aznavour）[1]和安东尼·奎恩（Anthony Quinn）[2]都是她的粉丝和朋友。奎恩在 1996 年接受葡萄牙 SIC 电视台采访，谈到阿马利娅时说："她充满女性气质。就像树干——她精致秀美而迷人，很有女人味……她是一个值得了解的伟大人物。"

全球巡回演出数十年，阿马利娅的下一场独唱演出要到 1985 年才会在里斯本举行。尽管如此，她还是抽出时间到牧师街为纪念塞维拉的牌匾揭了幕。2001 年，阿马利娅的遗体被转移到里斯本的国家先贤祠（National Pantheon）[3]，那里安葬着葡萄牙历史上的杰出人物。

尽管法多在葡萄牙文化中占有核心地位，但它忧郁感伤的调性，还是让很多人望而却步。多少年来，法多——无论就葡萄牙国内看还是就法多自身历史看——一直处于陈旧的环境中。但是，玛丽扎（Mariza）的出现吹走了尘封的蜘蛛网。玛丽扎的母亲来自莫桑比克，父亲来自葡萄牙，她于 20 世纪八九十年代在莫拉里亚街区长大。在有些不羁、随意散漫的天性的驱使下，她用朗朗上口的旋律演唱法多歌曲，而她那苗条的身材、蜂蜜色的皮肤和白金色的

---

[1] 法国人，后归化亚美尼亚。歌手、编曲家、演员、公众活动家以及外交家。阿兹纳武尔以其独特的男高音嗓音而闻名于世，他的声音在高音部分清澈、嘹亮，低音部分深沉、悠远。

[2] 墨西哥男演员，获第 25、29 届奥斯卡金像奖最佳男配角奖，获第 30、37 届奥斯卡金像奖最佳男主角奖提名，代表作为《萨帕塔传》等。

[3] 国家先贤祠为典型的巴洛克风格建筑，位于里斯本格拉萨的圣克拉拉广场，达·伽马也葬于此处。

头发更让她受到无限关注。她充满节奏感的轻快曲调拓宽了法多音乐的受众范围，引领着新一代的法多歌者从陈旧的传统中突围出来。传统、保守的法多音乐圈子对玛丽扎的现代风格蹙眉摇头、不屑一顾。用他们的话来说，她这是"平庸版法多"（fado lite）。不过，玛丽扎也可以这样捍卫自己的风格：法多自诞生之初就是一种适应性强、具有强韧生命力的音乐形式。最后，玛丽扎创纪录的唱片销量和国际赞誉远比里斯本法多圈子里所谓的抱怨声要响亮得多。

星光落在顶级女歌手们的身上，但弹吉他的男人们也绝不仅仅是伴奏而已。他们也可以单独进行表演。马略阿画中的阿曼西奥，即使没有接受过正规的音乐教育，甚至都没有上过一堂音乐课，也能弹奏得很好。不久后，卡洛斯·帕雷德斯（Carlos Paredes）抢走了镁光灯。他的成名作是《千指之人》（*o homem dos mil dedos*），他的独奏表演彰显了葡萄牙十二弦吉他令人着迷的魅力。他1983年的现场专辑《法兰克福演奏会》（*Concert in Frankfurt*）卖得很好，若你去听，保准会让你起一身鸡皮疙瘩。音乐似乎就在他的血液中流淌——他的父亲和祖父也是法多吉他手。尽管音乐事业如此成功，但帕雷德斯一生中大部分时间都花在里斯本圣若泽医院的X射线档案室里。他出生在科英布拉，弹的是科英布拉风格的吉他，但他一生中大部分时间都在首都里斯本度过。"它契合我的想象，我的诗意。"他谈到里斯本时这样说。

✳✳✳

葡萄牙历史上最有权势的领袖，甚至可以号令欧洲加冕的诸王并发动洲际战争。不过，其在位时间仅8个月。

佩德罗·胡里昂（Pedro Julião）于13世纪初出生于里斯本。1276年9月20日，他被选为教皇[①]。他更为葡萄牙人所熟知的名字是佩德罗·伊斯帕诺（Pedro Hispano），不过，历史上对他的生活细节语焉不详，连出生日期也不甚明了。佩德罗·胡里昂于1277年5月在意大利中部的前教皇城维泰博（Viterbo）不幸去世，这一信息则在历史上有明确的记录：教皇宫殿屋顶坍塌，他被压死了。

据信，这位历史上唯一的葡萄牙教皇是在里斯本的圣茹利昂教堂（Igreja de São Julião）受洗的，该教堂是13世纪葡萄牙教会领袖的官邸，它像传说中一般富丽堂皇。这座建筑也是1755年地震的又一"受害者"。地震后，在毗邻市政厅广场（Praça do Município）处建起一座同名教堂。这位未来的教皇在进入巴黎大学之前曾在里斯本大教堂学习。他学识渊博、精于写作，尤其在哲学和医学方面颇有建树，让他有了最博学的教皇之一的美名。领导教会期间，他还试图修复与君士坦丁堡的关系，并且坚定地抵御着伊斯兰教的敌人。

佩德罗·胡里昂起初担任教皇格雷戈里十世（Pope Gregory X）[②]的私人医生，后来意外在选举中胜出。可能是那些投票者试图避免破坏维泰博的政治权力平衡吧。尽管葡萄牙国王阿方索三世由于税收问题与教会发生争执、接连几次被驱逐出教会，但佩德

[①] 亦被称为"约翰二十一世"，他是天主教历任教皇中唯一的葡萄牙人。——编者注

[②] 于1271—1276年担任教皇，意大利籍。——编者注

罗·胡里昂仍然当选了教皇。从另一方面说，胡里昂的当选也反映了葡萄牙地位的提高。

阿方索一世击败摩尔人后，里斯本迎来新的发展高潮，城市人口从12世纪的约5000人增加到13世纪的约1.4万人。然而，征服里斯本并不意味着将威胁消弭于无形。除了密切关注卡斯提尔王国的野心，里斯本仍须击退一再骚扰这座新兴城市的摩尔人海盗。"Anda Mouro na costa"这句话在今日的葡萄牙仍被使用，字面意思是"海岸边有摩尔人"。一般用这句话表明麻烦就要找上门了。父亲怀疑小女儿在自己不知情的情况下被人追求时，可能会说这句话。1249年，阿方索三世占领了摩尔人最后的阿尔加维据点法鲁（Faro），最终将摩尔人清除出境。

下一任君主迪尼斯（Dinis）[①]仍然非常关心保卫祖先们积累的财富，因此在13世纪末之前，他在河边修建了一堵1.6米宽的新城墙，加强了里斯本的防御工事。与其他许多事物一样，这堵城墙湮灭在1755年。但在2010年，由于葡萄牙银行在其金库周围施工挖掘，这堵古城墙有31米长的一部分得以重见天日。随后，这里建起了一座展览中心，将这一国家历史遗迹保护起来。

由于海盗和卡斯提尔王国经常来犯，里斯本居民总是处于戒备状态。莫拉里亚街64号坐落的一座孤儿院，由阿方索三世的妻子、来自英国的王后布里特斯（Brites）于1273年创立。尽管也在1755年后得以重建，但这座6层楼的建筑是里斯本经常隐藏起来的一颗

[①] 阿方索三世之子，1279—1325年在位。1297年与卡斯提尔王国签订《阿尔卡尼塞斯条约》，改善了双方关系。——编者注

宝石，只有你肆无忌惮地倚在门上时，它才会为人所察觉。这座孤儿院石梯的墙壁上铺着洛可可风格的手绘葡萄牙蓝白瓷砖，描绘着圣经中的场景，其中有32个来自《旧约》，9个来自《新约》。每天都有无数人路过这座建筑，却不知道它是多么令人惊叹的艺术品。塞尼奥·卡洛斯（Senhor Carlos）是这里的看门人，同时也是这座建筑历史记忆的临时保管人。他有时会带游客到屋顶看看。屋顶上有一块厚金属板，上面放着一个花盆，而被金属板掩盖的就是逃生隧道的入口，它通往城堡，与城堡仅一箭之遥。不过，塞尼奥·卡洛斯不会让任何人走进隧道。里面的气味难闻得很，他说，老鼠的体型有猫那么大。

迪尼斯是一位现代化推动者，他的政策为里斯本的日益繁荣增添了动力。他修缮了街道，修建了新商贾大街（Rua Nova dos Mercadores）——这是里斯本最长、最直的街道，全长约200米，在扩张时代，这条街道还将成为华美的国际商业街。迪尼斯还发展了葡萄牙的农业，获"农夫国王"（O Lavrador）[①]的称号，并通过扩大当地市场，以及1308年与英国签订商业条约，为葡萄牙的国内和国际贸易注入了活力。为了守卫国土及其漫长的海岸线，迪尼斯还需要重组葡萄牙舰队。为实现这一目标，他提拔了技术娴熟的热那亚海员曼努埃尔·帕萨尼亚（Manuel Pessanha）。帕萨尼亚于1317年建立了世界上最早的为王室服务的永久性海军舰队之一，为葡萄牙后来的海军实力奠定了基础。帕萨尼亚成为舰队的总司令，也是君主信任的得力助手。作为回报，他获得了佩德雷拉

---

① 或称"耕耘者"。

（Pedreira）的封地，外加可观的年俸。佩德雷拉位于现在里斯本市中心，是罗西乌和希亚多（Chiado）之间的一个地区。

然而，在接下来的一个世纪里，里斯本还将迎来规模更大的城墙和另一场围攻。

***

14世纪的卡尔莫修道院（Carmo Church）的石柱饱经风吹雨打、拱梁光秃而高耸，就像一具骷髅的肋骨一样矗立在里斯本市中心区，十分显眼。这座没有屋顶的废墟，在繁华喧嚣的现代城市中非常安静，内里透着一股阴森诡异，就像风暴眼。那个或许称得上葡萄牙历史上最伟大的军事领袖、富可敌国的男人，就是在这个宁静的地方，挂起佩剑、捐出财产，退隐到修道院的小房间里，这一时刻令人震惊，影响重大。

不过，再怎么夸大努诺·阿尔瓦雷斯·佩雷拉（Nuno Álvares Pereira，后文简称佩雷拉）在葡萄牙民族叙事中的重要地位也不为过。费尔南多·佩索阿（Fernando Pessoa）[①]在他1934年出版的著名诗集《使命》（Mensagem）中说过，佩雷拉的宝剑为他的国家"照亮了道路"，而当时他的国家或许正处于至暗时刻。佩索阿称佩雷拉为"葡萄牙圣人"。事实上，佩雷拉确实最终成为圣人。

《葡萄牙和巴西大百科全书》称佩雷拉是"葡萄牙历史上最出色、最刚毅的人物之一"。他的功绩广为人知，其中难免有虚

[①] 葡萄牙诗人、作家，葡萄牙后期象征主义代表人物，被认为是继路易斯·德·卡蒙斯之后最伟大的葡萄牙作家，生前以诗集《使命》闻名于世。

构和夸张成分。剧作家加雷特（João Almeida Garrett）[①]将佩雷拉的事迹改编成戏剧，这部剧作于1842年在里斯本的孔德斯剧院（Condes Theatre）首次演出。

1383—1385年的空位危机让葡萄牙的独立事业看起来像是要面临失败。正是在这场内乱期间，佩雷拉登上了伊比利亚政局的舞台。尽管成功夺取了里斯本，但作为民族政治实体的葡萄牙气数将尽。佩雷拉帮助若奥一世登上王位，才使它重获新生。这位君主随后将带领葡萄牙走上通往全球豪强之路。

在斐迪南一世（Fernando Ⅰ）[②]统治期间，佩雷拉最终不得不面对产生的问题。随着里斯本在14世纪的扩张，居民人数激增为约3.5万人，斐迪南一世下令建造更大规模的城墙，城墙包围的面积比摩尔人统治时期大了6倍。这座城墙现被称为"斐迪南城墙"（Cerca Fernandina），其中一座塔楼竖立在马蒂姆·莫尼斯广场旁边，无人问津。附近的波塔斯圣安唐街（Rua das Portas de Santo Antão）得名于斐迪南城墙的一座城门。

与卡斯提尔王国断断续续的战争贯穿了葡萄牙的早期历史。在斐迪南一世统治期间就发生了3场冲突，国王步履沉重。他的担心不无道理。没有男嗣的斐迪南一世死后，伊比利亚半岛的紧张局势达到顶峰，寡居的莱昂诺尔·特莱斯（Leonor Teles）王后支持他

[①] 葡萄牙作家、政治活动家。曾参加葡萄牙一八二〇年革命，出任外交大臣，其作品多颂扬爱国主义精神，富有民族性，是葡萄牙浪漫主义文学运动的代表人物。著有《圣安娜之弓》等。——编者注

[②] 葡萄牙勃艮第王朝末代国王（1367—1383年在位），佩德罗一世之子。死后因无男嗣，勃艮第王朝告终，发生王位之争。——编者注

们唯一的女儿比阿特丽斯（Beatriz）和来自卡斯提尔王国的女婿胡安一世（Juan Ⅰ）①的继承王位要求。从本质上讲，这等于把王国让给了强大的邻国，而葡萄牙人民牺牲了多少生命才得以一直保有这块土地、在这里创造那么悠久的历史。

这一决定既分裂了贵族阶层，也激怒了人民。佩雷拉赌了一把，他将自己的命运交给了国王佩德罗一世（Pedro Ⅰ）②的私生子若奥。佩雷拉的父亲是修道院院长，母亲是宫廷女仆，因此佩雷拉打小就认识若奥。根据历史学家奥利韦拉·马丁斯的估算，佩雷拉的父亲共有32个孩子，佩雷拉是第13个。

支持若奥继承王位的法律论据很单薄，因为他只是已故国王斐迪南一世同父异母的兄弟。但他是土生土长的葡萄牙人，因此胜过了胡安。不过，若奥顾虑很多、举棋不定。佩雷拉和其他支持者不得不鼓动他，向他保证人民与他同在，以此来打消他深深的疑虑。与此同时，诡计多端、被许多人憎恨，被怀疑是莱昂诺尔王后的姘头的若昂·安代罗伯爵（Count João Andeiro）③，正竭力将葡萄牙交到卡斯提尔王国手中。

1383年12月6日，在阴谋和国家命运的不确定性中，阿尔法

---

① 卡斯提尔王国国王（1379—1390年在位），比阿特丽斯是其第二任妻子。他在斐迪南一世去世后起兵争夺葡萄牙王位，并于1384年自立为葡萄牙国王，但未被葡萄牙贵族承认，葡萄牙于次年另立若奥一世为葡萄牙国王。——编者注

② 葡萄牙勃艮第王朝国王（1357—1367年在位）。阿方索四世之子。在位期间实行改革，摆脱教皇对王权、葡萄牙教会的干预，有"正义者"之称。——编者注

③ 即João Fernandes Andeiro, conde de Ourém, 奥雷姆伯爵。他是莱昂诺尔王后的心腹。本书以原行文译为"安代罗伯爵"。

马区著名的柠檬树广场（Largo do Limoeiro）上的一座宫殿见证了这一决一死战的时刻。在那里，未来的若奥一世拔剑击倒了安代罗伯爵，虽然他还需要另外两人的协助才能真正让安代罗毙命。结果可见分晓：在斐迪南一世去世后的两个月内，若奥在里斯本被宣布为王国的保护者，入主圣若热城堡。

　　葡萄牙的邻国对此不为所动。1384年5月，卡斯提尔的军队从陆路和海路围攻里斯本。它的军队驻扎在一座小山上，这座小山就在如今里斯本的上城区（Bairro Alto），那里的时尚酒吧和餐馆深受游客欢迎。这里也是围攻军队们选择的热门地点：1589年，一支进犯的英格兰军队也在这里扎营。佩雷拉被派往边境，源源不断的卡斯提尔军队正从那里进入葡萄牙。在阿托莱罗斯战役（Battle of Atoleiros）中，佩雷拉一战成名。佩雷拉在前线带领士兵，戴着没有面罩的头盔，鼓舞着军队士气，最终以少胜多，这场胜利对葡萄牙来说是一个转折点。佩雷拉战术高明，将士兵部署在防御方阵中，令他们以长矛对付马匹。在伊比利亚半岛历史上，这是第一次以步兵为主的军队击败了拥有重骑兵的军队。胜利鼓舞了葡萄牙人民，也坚定了这样的信念：上帝与葡萄牙同在。这场胜利也向葡萄牙人表明，他们有足够的勇气和智慧击败更强大的对手。

　　心理上的影响是持久的。葡萄牙军队在佩雷拉高明的战术领导下，再次以少胜多，在阿尔茹巴罗塔（Aljubarrota）取得了另一场重大战役的胜利。① 时间回到1384年，由于瘟疫暴发，卡斯提尔入

---

① 1385年8月，葡萄牙取得阿尔茹巴罗塔战役胜利，维护了国家独立。

第二章　不同的国家，不同的首都

侵葡萄牙仅4个月[①]就解除了对里斯本的围困。佩雷拉在军事上是仅次于若奥一世的二把手，拥有"王室总管"（condestável）的正式头衔，王室总管是当时的一类高级官员。与卡斯提尔王国的战役胜利增强了葡萄牙的民族认同感，也为本有争议的王冠佩戴者带来了声誉。心存感激的国王赐予佩雷拉大量财产，使他成为葡萄牙最大的地主。佩雷拉也是伊比利亚半岛上最富有的人之一。

佩雷拉的祖父是大主教，父亲是修道院院长，与此相称，他对自己的宗教信仰非常虔诚。为了感谢自己的好运，他下令在从海军上将帕萨尼亚处购得的土地上修建了卡尔莫修道院和加尔默罗会隐修院（Carmelite Monastery）。这两栋建筑"俯瞰"着罗西乌广场，也令罗西乌广场黯然失色。这项工程始建于1389年，是里斯本有史以来最大的建筑项目之一，在施工期间甚至发生过两次局部倒塌。佩雷拉说，如果再发生第三次，他会用青铜铸造地基。工程直到1423年才完工。修道院恢宏气派，有3座中殿，装饰华丽。

修道院落成时，佩雷拉的妻子、两个儿子和一个女儿已经身故。这位杰出的爱国者、中世纪军事天才将他的巨额财富分享给了他的家族和加尔默罗会教徒，并于1423年8月15日卸下戎装，换上僧袍。8年后，他在修道院的一个小房间中瞑目，享年70岁。

教皇本笃十六世（Pope Benedict XVI）于2009年批准册封佩雷拉为圣徒。葡萄牙主教会议（Portuguese Episcopal Conference）从佩雷拉的经历中获得了启示，并评论说——其中暗含对现代政治家的讽刺——他的榜样鼓励"更清醒、仁爱的生活方式，这更有利

[①] 即1384年9月，卡斯提尔军队因疫病流行被迫撤退。

于分享我们所拥有的。(佩雷拉的一生)也是对模范公民的呼吁，以及对有尊严的政治生活的有力恳求，是服务于共同利益的人道主义的表达"。

教堂和修道院的重建工作在1758年，即1755年地震发生后3年开始，但一直未完成。不过，废墟也拥有别样的优雅美感。里面的博物馆"博采众长"，收藏着各种风格、流派的藏品，包括一对15世纪的秘鲁木乃伊。这里也是斐迪南一世的陵墓所在——该陵墓以其规模和石雕细节而闻名。

击败摩尔人、战胜卡斯提尔王国，葡萄牙正欲展翅高飞。它变成了捕食者，而不再是猎物。若奥一世与英国兰开斯特公爵冈特的约翰（John of Gaunt）[①]的女儿菲利帕（Philippa）结婚，他们的孩子后来在葡萄牙被称为"光辉一代"（ínclita geração）。这代人为这个世界上最崭新、最不可能的帝国奠定了基础。亨利〔航海家〕就是其一。

[①] 英国国王爱德华三世之子，因父体弱多病，自1371年起成为英格兰的实际统治者，理查二世继位后仍由其掌权。——编者注

第三章

黄金年代

第三章 黄金年代

在里斯本河畔的贝伦（Belém）区，贝伦老点心坊（Antiga Confeitaria de Belém）的蓝色大门外总是会排起长队。这家店铺以蛋挞而闻名，在旅游旺季平均每天能卖出4万个蛋挞。然而，自1837年以来，店里只有3个人掌握着制作蛋挞的独门秘方。蛋挞在葡萄牙被称为"pasteis de Belém"或"pasteis de nata"。在这家店里，酥脆的蛋挞上不仅有丝滑、顶部略微焦黄的香草味蛋奶酱，还撒有细砂糖和肉桂。尝一口美味的蛋挞，21世纪的顾客们犹如漫步在葡萄牙500多年的历史中。

这家小店离海港很近，而这处海港是15世纪大航海时代开始的地方。葡萄牙拥有海上最大的船只之一，这些船每年都会从港口出发远航，有时数年才归来。在出发之日，葡萄牙国王、王室贵族、教会领袖以及成群结队的当地人都会聚在港口欢送。葡萄牙的航海之旅在世界历史上都为人称道，这是葡萄牙人最能展现其能力和进取心的一项成就。历史学家雅伊梅·科尔特桑在其20世纪60年代的著作《葡萄牙的发现》（*Os Descobrimentos Portugals*）中写道，葡萄牙人带领欧洲走出地中海，到达大西洋及更远的地方，"掀起了一场世界革命"并开阔了人们的视野。诗人路易斯·德·卡蒙斯写道，葡萄牙将大陆连接在一起，为世界带来"新的世界"。葡萄牙的大型木船叫"naus"，这种船上配备有高级火炮，它们成群结队地远航到大西洋、印度洋、红海及更远的地方。在这个领域，葡萄牙的影响力是无与伦比的。

对从事洲际贸易的人来说，里斯本是遍地黄金的福地。由于贸易在很大程度上是由官方垄断的，所以葡萄牙在帝国时期收获的惊人财富几乎全部集中在首都。在里斯本，人们可以获知世界各地的新闻或轶事。航海带来的名气和财富不仅意味着国家机器必须转换功能，还意味着首都里斯本需要积极做出改变以适应新的地位。葡萄牙从不起眼的欧洲小鱼变成了大海中遨游的佼佼者，里斯本也随之脱胎换骨。

葡萄牙的成就似乎是世界历史上最不可思议的壮举之一。里斯本看似占据着令人羡慕的位置，但从地缘政治的角度来看这其实是不利的。葡萄牙被魁梧的竞争对手卡斯提尔王国围在西南欧的偏远角落，背后只有大海。因此，葡萄牙人不得不选择到海上去。在亨利〔航海家〕和达·伽马等传奇先驱的推动下，他们把障碍化为优势。卡斯提尔王国像猫，而葡萄牙则像一只被逼到墙角的精明老鼠。

船队载着教会和王室的荣耀探索了非洲、印度、阿拉伯海、波斯湾和中国南海，同时也朝着另一个地方前进，那里在未来会被称作巴西。船员们会在贝伦启程，贝伦在当时属于河畔郊区，但以前离城区很远。伴随着王室和宗教的祝愿，送行仪式在宽阔且平缓的雷斯特洛海滩（Praia do Restelo）上举行，之后船员们会乘坐小船登上停泊在海上的大船。

葡萄牙人在航海冒险方面有足够的勇气，对他们来说，这既是征服异教徒的神圣之旅，也是获得王室荣耀、财富和权力的机会。在海上，葡萄牙人表现出近乎鲁莽的勇敢。他们的成就受人尊敬，但葡萄牙学校的历史教科书一直闭口不提的另一个事实是，葡萄牙舰队抵达陆地后有时会进行无情的屠杀。尽管有时葡萄牙的影响力似乎言过其实，但船员们确实将全球财富带回了里斯本。

1415年7月25日，一支葡萄牙战斗舰队驶出塔古斯河，左转驶向北非，它的目标是休达（Ceuta）①。对休达的成功占领就像一记发令枪，此后，葡萄牙人沿着西非海岸线慢慢前进，他们的行为也越来越大胆。15世纪后期，若奥二世制定了"印度计划"（Plano das Índias），从中便可见若奥二世的勃勃野心。这项计划盯上了亚洲利润丰厚的香料。当时，欧洲人在烹饪中使用的香料和药用的香料都要通过陆路运输到亚历山大港，再通过海路运输到威尼斯，然后再从威尼斯销往欧洲各地。而当时的葡萄牙君主想要砍掉中间程序，将香料从印度直接带到里斯本，他也确实做到了。

"印度通道"（carreira da Índia）往返路程3万多千米，耗时至少6个月，且危机四伏。每年3月，由6艘船只组成的船队会从里斯本出发，以利用印度洋的季风顺势而行。每次航行的船员不到2000人，其中大部分是为王室服务的。船员包括追求荣誉和财富的贵族、最专业的船长和航海家以及士兵、石匠、木匠、商人，还有一些罪犯和奴隶。

今天的葡萄牙在科技方面或许不算发达，但在大航海时代，他们的技术是世界顶尖的。航海技术的进步在很大程度上要归功于葡萄牙的犹太学者。他们在官方的安排下，秘密地进行着海事建筑、

---

① 一座北非城市，紧邻摩洛哥。1415年，葡萄牙国王若奥一世占领了休达，以消除伊斯兰教在伊比利亚半岛的影响，同时传布基督教。

导航设备的探索，以及航海知识（如公海的潮汐和盛行风）的研究。1504年，曼努埃尔一世甚至规定涉及机密的世界地图只能供官方使用，私人无权绘制。而葡萄牙的卡拉维尔帆船（caravel）作为海上最快的船只，也仅供葡萄牙人使用，未经王室批准不得在国外销售。此外，葡萄牙的船长、引航员、木匠和水手也禁止为其他国家工作。然而，这些严格的规定也没能阻止外国间谍在里斯本的中世纪街道上偷偷寻觅信息，其中不少间谍都来自葡萄牙的宿敌意大利。

葡萄牙的海上冒险得到了回报，他们几乎垄断了亚洲和非洲商品在欧洲的市场，葡萄牙王国也因此变得富裕起来。在印度西海岸的科钦，只需要花费2个克鲁扎多①就能买上一麻袋胡椒，等到了里斯本，商人就能以30个克鲁扎多的价格卖掉它。利润如此丰厚的贸易让里斯本迅速繁荣起来，葡萄牙人对此欣喜若狂。历史学家奥利韦拉·马丁斯说，葡萄牙人"陶醉于巨额的财富中"。达米昂·德戈伊斯（Damião de Góis，后文简称德戈伊斯）②作为葡萄牙文艺复兴时期的杰出人物之一，奉命撰写曼努埃尔一世的传记，他提到，河边的印度宫（Casa da Índia）常常大肆盘点新到的货物，"商人带着装满金银货币的袋子要付款，而匆忙的官员则告诉他们改天再来，因为没有时间清点"。

蓬勃发展的经济也推动了里斯本的城市扩张。城市的建筑物和

---

① 克鲁扎多（cruzado）是葡萄牙古钱币，由于葡萄牙在航海方面的成功，克鲁扎多曾一度成为世界贸易的通用货币。

② 葡萄牙人文主义者，著有《国王唐曼努埃尔（幸运者）传》《王子唐若奥传》。——编者注

人口都疯狂增长。生活在乡村的人久经瘟疫、干旱和饥饿的摧残，也纷纷来到首都，希望可以分一杯羹。（这为葡萄牙埋下了长期畸形发展的种子，里斯本就像一个不成比例的大头，给整个国家投下了阴影。）里斯本的人口从1528年的7万人左右迅速膨胀到16世纪末的12万人左右。同时，曼努埃尔一世还下令关闭大量橄榄园，为新建筑让路。

同样，这个时期也是天主教会的丰收时期。里斯本市内有许多宏伟的宗教纪念碑，各种修道院和教堂也在这座城市蓬勃发展。16世纪下半叶，里斯本已经有了十几个大型修道院。宗教团体经常占据最显眼的山顶位置，例如格拉萨（Graça）、蒙特圣母教堂（Nossa Senhora do Monte）、桑塔纳（Santana）、佩德雷拉、圣维森特和佩尼亚德弗兰萨（Penha de França），这些新建筑也催生了新的社区。庞大的建筑群一个个地诞生，比如壮观的诸圣医院（Hospital Real de Todos os Santos）和热罗尼莫斯修道院。

1499年，达·伽马在找到了通往印度的海上航线后，结束了两年的航行回到里斯本，葡萄牙王室在圣若热城堡为他举办了盛大的欢迎仪式。卡拉维尔船队在塔古斯河河口迎接达·伽马，并护送他幸存的两艘饱经沧桑的帆船驶入港口。河岸上人山人海，人们争相为他的胜利欢呼，整个城市的教堂都为他鸣钟。曼努埃尔一世和达·伽马骑马并肩前往城堡，街上处处是人，还有人通过房子的窗户向他挥手致意。

在他们回宫的路上，国王心中还在盘算另外一件事，而这件事将彻底改变里斯本。那时，国王已经计划要从1498年开始在河边修整土地，1500年开始建造新的宫殿，再过几年，国王就会搬入新宫。

曼努埃尔一世决定离开圣若热城堡,将整个王室搬迁到河边宏伟的新王宫,这个里程碑式事件深刻地反映了里斯本的政治、经济和文化的变革。此举将城市的重心从山顶转移到河岸,促进了城市的重塑。同时,王室的搬迁也带有深远的象征意义,拉开了将葡萄牙命运与大海紧密结合的新时代的序幕。葡萄牙国王从那个征服城堡的十字军领袖变成了掌控国际贸易的指挥官。

随着在海上的成功,葡萄牙信心倍增,并借此突破了中世纪的防御边界,开始开拓周围的土地。然而,并不是每个人都对此表示赞许。法国国王法兰西斯一世(François Ⅰ)[①]就对葡萄牙的成功嗤之以鼻,他曾经戏谑地称曼努埃尔一世为"杂货之王"。

曼努埃尔一世建造的里贝拉宫(Paço da Ribeira)在16世纪初引发了一场城市变革,也促使日益重要的河滨地区成为里斯本的商业和行政中心。这座王室住所的名称在英文中常被翻译为"河岸宫殿"(Riverside Palace)。然而这个译名可能会产生误导,虽然"Ribeira"可以指河岸,但它也可以表示河流,而这座宫殿可能是以一条河流的名字"Ribeira da Valverde"命名的,这条河如今流经自由大道,并汇入宫殿所临近的塔古斯河。

历史学家保罗・卡塔唐・索罗梅尼奥(Paulo Caratão Soromenho)称,这座宫殿是"有史以来最富贵、最豪华、最令人惊叹的葡萄牙住宅"。这座建筑俯瞰呈长方形,与河流成直角,如今留存的遗址上,还有一座堡垒探出水面。建筑共有3层,有华丽的房间和拱廊。

[①] 又译弗朗索瓦一世。法国瓦卢瓦王朝国王(1515—1547年在位)。在位期间鼓励工商业发展,开办法兰西学院发展文化艺术。——编者注

在后续的几年里，这座宫殿被不断修缮和美化，里面储藏的珍宝也越来越丰富。宫殿的藏品包括稀有的珠宝、精美的挂毯、古代大师的艺术作品，还有一个藏有 7 万本左右书籍的皇家图书馆和一座精致的皇家小教堂。

国王下令在河岸修整出一片区域，同时填埋塔古斯河的一部分河道，除了为宫殿留出空间外，还额外建造了一个宫殿广场（Terreiro do Paço），也就是今天的商业广场（Praça do Comércio）。宫殿位于广场西侧，而装饰着大理石阳台的宫殿正门朝着远离河流的北侧而开。

宫殿四周分布着印度宫、皇家造币厂、皇家军械库、皇家仓库和皇家造船厂。曼努埃尔一世可以透过窗户观赏他拥有的一切。这片区域就像是葡萄牙军工综合体的中心，也是葡萄牙帝国实力的制高点。意大利的威尼斯兵工厂曾被认为是前工业化欧洲最重要的集中生产综合体，而随着葡萄牙的发展，里斯本在这个领域已经可以和它相提并论了。

根据德戈伊斯的说法，里斯本的军械库储存了大量的步兵装甲以及可供 2500 名骑兵使用的装甲板、重型和轻型火炮、火绳枪、长矛、长枪和弩。宫殿西侧的海滩被称为"泊船岸"（Ribeira das Naus），那里坐落着造船厂。造船厂不仅可以造船，还可以给船只进行清洁和维修。到 16 世纪中叶，葡萄牙建造的最大的船只载重吨位能达到 600 吨，为此要雇佣数百名填缝工和木匠全职工作。很多工人住在山上的上城区，而该区的一些街道也是以商人的名字命名的，例如现在的新闻日报街（Rua do Diário de Notícias）就曾被称为"卡拉法特街"（Rua dos Calafates）。1551 年，大约有 200

名填缝工住在这片区域，有些工人收入很高，甚至能雇得起仆人。王室将所有基础零件的生产集中在一个地区，因此创造了数百个工作岗位，例如制造绳索、缝制帆布和锻造金属等。

曼努埃尔一世还建造了从庭院伸入河流的石码头（Cais de Pedra），这样，从他的宫殿窗户就可以看到船只的装卸。同样，他也可以时刻紧盯着印度仓库（Armazéns da Índia），该仓库位于宫殿对面的广场东侧，负责海军后勤和补给。

"印度行动"的神经中枢也在君主的眼皮底下，那就是印度宫。印度宫设在宫殿的底层，负责整个帝国的贸易管理。在那里，有人称重货物，记录交货并整理账目。船上的货物也在那里被储藏。德戈伊斯把"印度宫"比作"年复一年从印度带来香料、珍珠、红宝石、祖母绿等珍宝的商业中心"。仓库里，一袋袋胡椒、肉桂、肉豆蔻、丁香和其他香料整齐地堆放着，除此以外还能见到瓷器、丝绸、熏香和没药，以及铜、锡和其他金属，这些金属将由船只运往外国进行易货贸易。曼努埃尔一世每天都会下楼在印度宫里欣赏各种藏品，这里就像是一个展览馆，彰显着葡萄牙的兴盛与成就。

但光有钱还不够。在文艺复兴时期的里斯本，排场才是最重要的，国王也不例外。葡萄牙王室的随行队伍就以华丽和壮观著称。

16世纪初，一头大象被带到里斯本，这是自罗马时代以来在欧洲出现的第一头大象。这头大象作为印度送给曼努埃尔一世的礼物表演了各种花招，比如鞠躬、吹水，以娱乐里斯本的朝臣和百姓。还有不少其他动物也被带到了里斯本，比如非洲犀牛、瞪羚、羚羊、猴子、鹦鹉和豹子。它们都是战利品。

每当国王出门时，这些动物就会被安排进入国王的随行队伍。

德戈伊斯是这样描述这支随行队伍的:"队伍由犀牛领头,在一定距离后跟着5头身披金织锦的大象,然后是一匹阿拉伯马、一只豹子,国王和他的随从伴随着鼓声和号角声前进。"不难想象这样的场景会引起多大的轰动,观看的人们都目瞪口呆。奥利韦拉·马丁斯曾这样感叹道:"这是一位欧洲国王吗?还是印度拉贾?或是巴比伦的苏丹?"

这些奇异的动物被关在宫殿一楼带栅栏的房间里。有一次,国王想看大象和犀牛打斗,就把它们共同关到一个内部庭院里,宫廷成员都趴在窗户上观看这场异想天开的表演。然而这场娱乐活动没持续多久。大象很快就跑了,撞破一扇门跑到街上,最终在数百米外的罗西乌广场停下来。

曼努埃尔一世希望大肆显摆他的富裕。1514年,他将一头白象送给了罗马新任教皇利奥十世(Leo X)①。大象很适合作为送给教皇的礼物,因它象征着力量、长寿和健壮。文艺复兴时期的欧洲对新奇事物极为好奇,因此大象一出现就引起轰动。从里斯本运来的这头大象花了几个星期才从意大利海岸到达罗马,路上有太多人驻足围观,车队常常被拦住无法前行,因此延误了行程。这头大象在罗马受到了十足的欢迎,教皇利奥十世非常喜欢它,为其取名"汉诺"(Hanno),这个名字来自汉尼拔(Hannibal)②。由于这头大象,葡萄牙在罗马也成了一个热门话题。

第二年,曼努埃尔一世又将一头2吨重的犀牛"甘达"(Ganda)

---

① 1513—1521年出任教宗,即位后使罗马再度成为西方文化中心。1521年因绝罚马丁·路德使统一的西方教会解体。——编者注

② 汉尼拔·巴卡是北非古国迦太基名将,欧洲历史上最伟大的军事统帅之一。

送到了罗马。这头犀牛脖子上还戴着绣着金色玫瑰的绿色天鹅绒领巾。载着犀牛的船在法国马赛停靠了一段时间，好奇的法国国王法兰西斯一世也得以参观了一番。然而，这次航行出了差错，这艘帆船在意大利海岸遭遇海难，被锁在甲板上的犀牛也死了。不过，当犀牛的尸体被冲上岸后，曼努埃尔一世还是把它做成标本送到了罗马。德国艺术家阿尔布雷希特·丢勒（Albrecht Dürer）从未见过犀牛，但他以犀牛为主题创作的木刻版画却比犀牛本身更出名。

在遍地黄金的里斯本，连慈善工作也讲起了排场。1492—1504年，里斯本市中心修建了诸圣医院，它曾是葡萄牙最大的医院，设计理念对标西班牙和意大利的豪华医院。它的运作方式类似于佛罗伦萨的新圣母玛利亚医院，设有专门的医务人员照料病人，卫生和饮食规范也与佛罗伦萨的医院相似。为了盖这座医院，罗西乌广场周围的很多农田被推翻以腾出空间。这是现代国家崛起的又一个宏伟案例。这无疑是葡萄牙18世纪之前最重要的医院，甚至有人说它标志着葡萄牙国家医疗服务的开始。

医院的大门长约100米，有34个拱门。在医院的中心矗立着一座教堂和一座塔楼，3个翅膀组成一个十字架。医院共有3层楼，包括宽敞的诊疗室和3个病房（两男一女），可以容纳大约250名住院病人。医院还设有厨房、餐厅、供大约50名员工居住的宿舍、手术室、急诊室、精神障碍区和贵族私人宿舍。德戈伊斯还特意提到医院的"床上用品非常干净"。

如此大手笔的开支都是为了体现曼努埃尔一世的成就，他用修医院的方式来表现虔诚，并且试图用这些项目来维持不朽的统治。在葡萄牙，绝对权力和巨额财富就是这样被用来彰显奢侈的。

最能体现这种奢侈气质的是贝伦的热罗尼莫斯修道院。这座修道院在后世被称为曼努埃尔风格建筑装饰的杰作。它于1502年动工建造，100年后才完工，是最能彰显这位君主威望的辉煌工程。这座华丽的建筑在1755年的地震中几乎完好无损地被留存下来，成为里斯本的标志性建筑之一，也是葡萄牙的瑰宝之一。

一经建成，热罗尼莫斯修道院就成为里斯本最重要的宗教纪念场所，并取代了北部约100千米处位于巴塔利亚（Batalha）的修道院，成为王室成员的安息之地。大理石墓碑上雕刻着大象，里面葬着曼努埃尔一世和他来自西班牙的王后玛丽亚，以及他的儿子若奥三世和来自奥地利的儿媳凯瑟琳。达·伽马和路易斯·德·卡蒙斯的墓碑也在热罗尼莫斯修道院，此外那里还葬着19世纪的作家和历史学家埃尔库拉诺以及20世纪的诗人费尔南多·佩索阿。

有人说这座建筑是为了纪念达·伽马的成就，但事实并非如此。1495年，即达·伽马启程前往印度的两年前，曼努埃尔一世就已经向教皇请示建造这座修道院了。曼努埃尔一世连续三任王后都是西班牙人，他为教堂起了"热罗尼莫斯"这个名字，也是为了拉拢近邻。修道院的名字来自西班牙王室崇敬的基督教哲人哲罗姆（St. Jerome），从建造之初，这座修道院便旨在成为葡萄牙12座具有热罗尼莫斯理念的修道院之一，这也是曼努埃尔一世祈求教皇祝福的原因。和其他葡萄牙王室成员一样，曼努埃尔一世梦想着伊比利亚国家团结一致，而葡萄牙的君王要成为整个伊比利亚的首领。

那时的贝伦只不过是一个中世纪的村庄。要修建如此庞大的修道院，在当时是令人震惊的大事。虽然现在这里已经很繁华，但当年的设计图显示这座修道院在建造时是坐落在一片荒凉的土地上的。动工的日子是专门定在 1 月 6 日的，那天是主显节（Feast of the Epiphany）①，在伊比利亚常被称为三王节（Three Kings' Day）。最初的建筑师是迪奥戈·德博伊塔卡（Diogo de Boitaca），后来改由若昂·德卡斯蒂略（João de Castilho）负责。这两位建筑师都是曼努埃尔风格的权威人士。

建造热罗尼莫斯修道院的费用一部分来自佛罗伦萨银行家和奴隶贩子巴尔托洛梅乌·马尔基奥内（Bartolomeu Marchione）的慷慨捐助，同时，王室对香料、宝石和黄金贸易征收的 5% 税收也被投进了这座修道院的建造中。因此，有句老话说热罗尼莫斯修道院是"靠胡椒建造的"。

这座修道院与塔古斯河平行，长达 300 米，任何经过这条河的人都可以看到它。任何来到里斯本的人都会被它所吸引。那时的它和现在一样耀眼夺目，朝南的石灰岩墙反射着阳光，闪闪发光。热罗尼莫斯修道院向人们展示着这座城市的富有和虔诚。

华丽而精致的曼努埃尔风格的灵感来自葡萄牙与大海的联系。这种建筑风格错综复杂，就像当时的时代一样。修道院外墙的石头上雕刻着海洋图案，描绘出类似美杜莎传说中的感觉，另外还配有绳索、绳结、锚等一些航海用具以及具有宗教含义的饰物。在二楼漂亮的回廊上，同样有着精美的雕刻作品。有一些雕像描绘了伟大的历史人物，比如在南门可以看到亨利〔航海家〕的雕像，这座雕像描绘了亨利王子留着胡须、身穿盔甲、手持剑和盾的样子。教堂的拱形天花板高达 25 米，八角形的柱子高耸到蹼状圆顶。《葡萄

---

① 主显节是庆祝耶稣诞生的节日。

牙指南》这样描述道:"这不像是一座大教堂,而更像是一个点缀着钟乳石的巨大洞穴。"不过,现在修道院里的彩色玻璃窗是20世纪30年代才装上的,这一点有些令人失望。

同样代表曼努埃尔风格的是附近的圣维森特塔(Torre de São Vicente),它另一个更为人所知的名字是贝伦塔(Torre de Belém)。这座用大石块砌成的军事建筑最初位于河外约250米处,是塔古斯河防御系统的一部分。后来,由于不断变化的海流和沉积物填补了海岸的空隙,这座塔就搬到了陆地上。贝伦塔四四方方、外观奇特。它一部分是宫廷风格的方形塔楼,内设礼仪室和威尼斯风格的河景阳台;另一部分是壁垒,上面有17门大炮,下面还有弹匣。

这座建筑于1521年完工,不仅具有实用性,更在其细节中显露出曼努埃尔式的华丽,甚至还带有一点伊斯兰风格。炮塔借鉴了马拉喀什最大的清真寺库图比亚(Koutoubia)的风格,这是因为负责监督贝伦塔修建的弗朗西斯科·德阿鲁达(Francisco de Arruda)在马拉喀什工作了两年。在塔的西北角,还有一个石雕犀牛,被认为是代表甘达。

靠近贝伦塔的另一座更朴素的纪念碑也记载了葡萄牙的冒险和胜利,尽管它是在贝伦塔建成400年后才出现的。1922年,40岁的飞行员阿图尔·德萨卡杜拉·卡布拉尔(Artur de Sacadura Cabral)和53岁的卡洛斯·加戈·科蒂尼奥(Carlos Gago Coutinho)从贝伦启程,第一次穿越南大西洋,从里斯本抵达里约热内卢。重要的不仅是这条新的路线,还有在这次飞行中被测试的一种新型导航设备。加戈·科蒂尼奥开发了一种新的六分仪,被称为精确六分仪,它可以在不依赖地平线的情况下测量恒星的高度。这对葡萄牙航海家来说是一个伟大的突破。1922 年 4 月 19 日发行的《新闻日报》（Diário de Notícias）描绘了葡萄牙人欢欣雀跃的民族情绪。这篇新闻占据了其头版的大部分篇幅，介绍两位飞行员抵达巴西并前往里约热内卢的消息。报纸上写着"葡萄牙万岁！葡萄牙人民回到了史诗般的时代。我们这块弹丸之地再一次以慷慨的英雄气概感染了全世界！"葡萄牙人的执念就是要让世界上其他地方的人不忽视这个看似渺小的国家。

这对勇敢的二人组于 3 月 30 日上午 7 点从塔古斯河起飞，当时正值巴西独立一百周年，他们驾驶一架特制的 350 马力费尔雷（Fairey）水上飞机。这架飞机被命名为卢西塔尼亚（Lusitânia），以向葡萄牙深厚的历史致敬。3 艘葡萄牙海军支援舰提前 5 天就已起航，为他们在海上提供支持。这场冒险之旅花了 79 天时间，由于在到达巴西之前还在加那利群岛和佛得角停留了一些时间，所以穿越 8300 千米的实际飞行时间为 62 小时 26 分钟。在这一过程中，两位飞行员经历过两次坠海和获救，飞机也换了 3 架。由建筑师马丁斯·拜拉达（Martins Bairrada）、莱奥波尔多·苏亚雷斯·布兰科（Leopoldo Soares Branco）以及雕塑家多明戈斯·苏亚雷斯·布兰科（Domingos Soares Branco）共同设计的现代贝伦纪念碑于 1991 年建成，造型以费尔雷水上飞机为原型，用不锈钢材料制成，并配有两位飞行员戴着皮头盔的半身像。

对 16 世纪的里斯本来说，在当时的社会精英和当代作家群体中最流行的词是"宏伟"（grandeur）。因为在他们的心目中只有这个词配得上这座城市。毕竟，里斯本是一个洲际帝国的首都，它值得被赞美。

德戈伊斯在《里斯本市描述》(Urbis Olisiponis Descriptio)中对这座城市大加称赞。这本书写于1554年,以拉丁文写成,以便外国人能够阅读。书中不仅赞美这座城市,还暗含对国王的称赞。它类似于现代旅游手册,主要内容都是介绍里斯本不容错过的景点。葡萄牙历史学家若泽·萨尔门托·德马托斯(José Sarmento de Matos)称其为"宣传书"。德戈伊斯写道,只有里斯本和塞维利亚(Seville)才能争夺"海洋女王"的桂冠(在后续的文章里他认为里斯本更胜一筹)。他为这座城市描绘了一幅壮丽的图画,包括宽阔而繁忙的街道、精美的建筑、印度之家的珍藏以及一座宏伟的城墙,城墙上有22扇门通向河流、16扇门通向陆地。他还提到了尤利西斯创造里斯本的古老传说。

和德戈伊斯不同,葡萄牙文艺复兴时期的代表人物之一弗朗西斯科·德霍兰达(Francisco de Holanda)[①]对这一切则没有那么满意。他抱怨里斯本的纪念碑不够宏伟,他认为这座城市值得拥有更庄严、更威严的标志性建筑。他在1571年出版的《关于里斯本需要的公共工程》(Da Fábrica que Falece à Cidade de Lisboa)一书中提出了一些大胆的建议,他建议修建一些将给首都带来更多标志性和国际声望的建筑项目。有反对者认为这些建议很自大。但德霍兰达想要更宏伟的王宫、更大的城门、重建的城堡、高大的城墙和巨大的堡垒以及城市公园和铺好的街道……此外,他还想要在里斯本以北的塔古斯河上重建3架罗马桥梁。

---

① 若奥三世的宫廷画师,亦为历史学家、作家、建筑师和雕塑家。——编者注

作为一名建筑师和画家，德霍兰达年轻时曾前往意大利求学，他在意大利生活了近10年，还和米开朗琪罗（Michelangelo）成了朋友。他热切地希望他的家乡也能拥有像罗马、威尼斯和那不勒斯等地那样伟大的建筑。德霍兰达博学多才，充满热情，但他的抱负并不适合这个财政已经超支的王国。那时的葡萄牙尽管收入丰厚，但负债累累。他的野心超出了国库所能承受的限度，因此他的提议也没被采纳。

然而，德霍兰达也的确提出过一个非常实用的建议，虽然直到150年后才被采用。德霍兰达曾抱怨说里斯本"快渴死了"，这种说法虽然夸张，但当地人或许会表示赞同。他参考罗马人曾经的案例，提出了要建一个由渡槽、水库和地下管道组成的系统，来为这座城市供水。

当时，里斯本居民们的水源来自水井和被称为"*chafarizes*"的公共喷泉，这些喷泉由市政部门负责管理。几个世纪以来，喷泉一直是这座城市的特色，还因此衍生出了"卖水人"（*aguadeiros*）这一职业。公共喷泉就像办公室里的茶水间，除了可供人饮水外还可以供人们偷懒、闲聊和休息。喷泉也是儿童玩耍的热门场所，这带来了许多问题，1432年里斯本市政府颁布了一项城市条例，禁止儿童在喷泉里玩软木船和向喷泉内扔石子。

国王喷泉（Chafariz del Rei）位于阿尔法马区下游的河滨，传说，它是里斯本的第一个喷泉，也是16世纪中叶之前最大的喷泉。该喷泉设有9个青铜喷口。为了防止争抢喷口的事件发生，1551年的章程将每个喷口安排了特定的用途。其中一个就是供航海的船只装水的。德戈伊斯盛赞喷泉的大理石结构和清洁的水源，他说

"有时喷出的水比较热，但只要过一会儿，喷出的就会是清凉的水，喝起来很舒服"，这个喷泉至今仍然存在，伫立在一条繁忙的街道旁，它现在的外观是1864年改建而成的。

只有最贫穷的人才会自己到喷泉处取水，稍富裕些的家庭由仆人来取水，其他人则会从游荡在城市里的卖水人那里买水。有一些卖水人的名声很差，要起价来信口开河，全然无视官方的监管。

尽管受到城市限制，里斯本还是迈出了一大步。欧洲各地的商人纷至沓来，为这座城市日新月异的变化而惊叹。根据克里斯托旺·罗德里格斯·德奥利韦拉（Cristóvão Rodrigues de Oliveira）的《1551年里斯本纲要》（*Lisboa em 1551-Sumário*）中统计的数据，每天有500多艘船只驶入里斯本并停泊于此。此外，促进了河流交通的塔古斯河也为蓬勃发展的首都带来了农产品、木炭等来自下游的货物。

里斯本吸引了很多来自欧洲其他国家的商人，他们从英国、法国和德国等地来到这里，填补了葡萄牙商业中产阶级的空白。与欧洲北部地区不同，葡萄牙社会分为农民阶层和贵族阶层，几乎没有中间阶层。精明的富格尔家族[①]也在里斯本设立了分公司并大肆敛财。这个15—16世纪德国贸易和银行业的鼎盛家族拥有巨大的金融权力和政治影响力。在葡萄牙首都里斯本，富格尔家族一边售卖他们从中欧银矿和铜矿得来的金属，一边做起了香料生意。

---

① 富格尔家族是15—17世纪德国奥格斯堡的一个富商家族。富格尔家族在欧洲各大城市均设有分支机构，十分重视新闻消息的收集，并将收集的消息抄写后编成《富格尔新闻》对外销售，因此形成了16世纪最完善的有偿新闻体系。——编者注

里斯本的街道还有一个奇观,这里既能看到非洲的黑人,也能看到来自亚洲的人,还有来自北欧的蓝眼金发的水手。街上既有妓女也有修女。语言也混合交杂,令人晕头转向。里斯本就像是世界的缩影。葡萄牙历史学家若热·丰塞卡(Jorge Fonseca)评论说,对来自欧洲北部的游客来说,里斯本看起来像是"一个介于正常世界和野蛮世界之间的中间地带"。这座城市给人一种奇妙的感觉,任何想要了解海外新闻的人都可以到里斯本来大开眼界。

这个文艺复兴时期的大熔炉充满了活力,其大部分活动都集中在著名的新商贾大街的商店周围。"这里是首都跳动的心脏,由奢华和虔诚组成。这是征服的结果,无数远道而来的人穿着五颜六色的连衣裙穿过小路。"奥利韦拉·马丁斯写道。这条街道位于王宫庭院后面,是全市最宽、最长的街道之一。道路是用花岗岩铺成的,沿路随处都可以买到异国商品。

在富丽堂皇的集市上,你可以买到中国瓷器、印度丝绸和布、香精、没药、珍贵的宝石和珍珠、胡椒、姜、丁香、肉桂、肉豆蔻、藏红花、辣椒、象牙、檀香、乌木、樟脑、琥珀、波斯地毯和装订精美的书籍。市场上还会有水手兜售在丛林中找到的鹦鹉和猴子。一个名叫阿尔维斯·卡达莫斯托(Alvise Cadamosto)的威尼斯人在15世纪参加了几次从葡萄牙到几内亚的航行,他回忆曾有一艘帆船上装了约150只鹦鹉。这艘船有25米长,7米宽,虽然船上只有大约20个人,但想必它会成为公海上最吵闹的船。

据奥利韦拉·马丁斯介绍,新商贾大街有约20家窗帘店、30家卖丝绸和其他布料的商店、13家杂货和香料店、9家药店、11家书店,以及50多家服饰店,还有一些金铺。有两幅创作于16世纪晚期、描绘新商贾大街的画作于2009年再度面世,它们被收藏于牛津郡的一座庄园内,属于伦敦古物协会。这些画作的作者未知,据说是荷兰艺术家。它们细节丰富,包含数十个人物,其中许多是深色皮肤的人,画作的背景是一排建筑物。这些建筑物有5层,商店则在建筑物拱廊下的街道旁。其中一幅画描绘了一个用铁栏杆围起来的区域,那就是"新铁街"(Rua Nova dos Ferros),这条街在新商贾大街的东端,是一个半私密区域,供商人和货币兑换商进行交易。在新商贾大街的西侧,沿着"国王新街"(Rua Nova del Rei)可以直接走到罗西乌广场。

  这些街道以及宫殿周围的区域算得上是里斯本最繁华热闹的地方。1535年,在加西亚·德雷森迪(Garcia de Resende)写给若奥三世的管家弗朗西斯科·德卡斯特洛·布兰科(Francisco de Castelo Branco)的一封信中,这位诗人也提到了"优雅的河边,那里有很多女性在贩卖各种各样的东西。这里拥有如此大的商业规模、如此多的官员和如此多的新街道,还有很多漂亮的女人和外国人"。

  但是,从其他方面看,里斯本仍然是一个脏兮兮的城市。在这里,雄伟的宫殿和优雅的教堂与苦难和肮脏并存。由于没有完善的城市卫生设施和足够的室内管道,污水通常会直接流向既黑暗、狭窄又臭烘烘的街道。人们直接在街上倒夜壶,并大声警告"Água vai!"意思是"水来了!"黑人女奴会把放着污物的罐子顶在头上,走到塔古斯河边倾倒。街上到处都是狗和骡子。这也就是里斯本居民常受到伤寒、白喉等疾病侵扰的原因,在狭窄的街道和拥挤的房屋中,黑死病也曾迅速蔓延。里斯本大多数建筑质量低劣,几乎无法抵御寒冷或高温。

在这里，大多数人并没有享受到扩张时代带来的福利，且他们的声音也很少被听到。那些在街上为国王和达·伽马欢呼的人，其实过着很贫穷的生活，而富人们从他们身边经过的时候都不会看他们一眼。奥利韦拉·马丁斯回忆说，衣衫褴褛的乞丐在里斯本的街道上与穿着丝绸的"fidalgos"擦肩而过。"fidalgos"指的是较高贵的阶层，这种说法是在13世纪被引入的，在西班牙语里是"hidalgo"，以区分出身高贵的骑士和无头衔、地位较低的骑士。"fidalgo"来自"filhos d'algo"，字面意思是"某某的儿子"。这些人生活在王室的庇护下，通常以王室授予的津贴为生。他们有时也会被嘲讽为仰人鼻息的寄生虫。

在王室，排场和奢华在餐桌上也体现得淋漓尽致。比如大多数人吃不起的昂贵牛肉，却是王室的主菜。根据玛丽亚·若泽·阿泽维多·桑托斯（Maria José Azevedo Santos）的研究，1524年，王宫食品储藏室记录储存了3吨牛肉，猪肉只有半吨。而城市里的普通人则多以水煮鱼和劣酒为食。同时，欧洲的海外探险还改变了王室的饮食习惯，宫廷里的特色食物成了西红柿、巧克力、土豆和菠萝这类外来产品。15世纪在马德拉群岛（Madeira）[①]种植的甘蔗带来了另一种文化转变。由于获得了大量的糖，葡萄牙人随即发明了各种新甜点。在修道院中，蛋清被用来制作饼干或裹在食品外的淀粉衣，蛋黄则被用来制作各种各样的布丁，这样的布丁被叫作"conventuais"。人们给这些食品起了一些滑稽的名字如"修女的

---

① 马德拉群岛隶属葡萄牙，是位于非洲西海岸外的北大西洋中东部群岛。

第三章 黄金年代

肚子""修女的吻""方丈的耳朵""受祝福的母亲"……

16世纪的里斯本非常拥挤,由于来自葡萄牙国内外的人们不断涌入,大多数人的生活都喘不过气来。为了缓解过度拥挤的状况,曼努埃尔一世下令拆除占街道三分之一的阳台和游廊,并允许人们将房屋向上建造,增加额外的楼层。

1514年4月11日,从佛兰德斯来的贵族让·塔科昂·范济勒贝克(Jan Taccoen van Zillebeke)在前往耶路撒冷的途中游历了里斯本,在一封长达12页的信中,他描绘了里斯本生活的一部分细节。他在里斯本待了9天,目睹了这座城市在全速发展时的样子。塔科昂看望了他在里斯本做商人的儿子。当时有很多佛兰德斯商人居住在这里,他们从这里买货物并将其运往北欧市场。

塔科昂对里斯本正在建设的建筑数量感到震惊,他写道:"有人告诉我,三四十年前的里斯本可不是这样,那时它只不过是一个小城市。"在当时的建筑项目中,他还看到了一座"宏伟的医院"。他补充说:"里斯本在未来会是一个富裕且强大的巨型城市,有如此多的新房子正在建设中,真是令人印象深刻。"

然而,里斯本也有缺点。"下雨天走路很困难,整座城市只有一条街道铺得算好。"塔科昂这样说道。他观察到的这条街道可能指的是新商贾大街。他说"(其他街道)很狭窄,很少有花园和住满居民的房屋",同时,居住在里斯本的人数"多得惊人"。"这些房子很高,由石头和白色石膏砌成。房子的顶部是平的,上面覆盖着一种有排水功能的砖。三四户人家住在一栋楼房中,生活动线交叉在一起。"

塔科昂还发现了这座城市一些不卫生的方面,他是这样描述日常生活的：

> 大多数（房屋）没有烟囱或厕所。人们通常在火炉里生火，在上面炖烤食物，也可能是在壁炉里做饭。上床睡觉时人们会带着夜壶……而奴隶们早上第一件事就是把夜壶放在头上带到河边。不过，对男人来说，河边有一个不错的大厕所，任何人都可以去，有100多个坑位。

与此同时，塔科昂也敏感地觉察到这里的一些人有多么富裕。来自布鲁日的一位名叫吉勒斯·德贝克尔（Gilles de Backere）的木桶制造商负责照顾塔科昂在里斯本的起居。德贝克尔来到里斯本后改行做了商人。"他每天都使用银制的餐具和托盘，还有许多金酒杯，它们非常漂亮，肯定很昂贵。"塔科昂这样写道：

> 节假日时，餐具柜上摆满了瓷器、酒杯、罐子、醒酒器、洗手用的碗……它们全都金灿灿，价值不菲。同时，整个客厅都挂有挂毯。经营寄宿公寓的女人至少有60岁了，她的两只胳膊上各戴着一个金手镯，手指上戴着七八枚戒指，脖子上还戴着两三条项链。

这座城市有许多奇异之处引起了塔科昂的兴趣。他发现里斯本街道上有很多非洲人和亚洲人，他对此感到十分惊讶。这些人大多数是奴隶，但也有一些人是被邀请来到这座城市居住的体面人士，特别是从刚果来的一些人和这个国家建立了良好的关系。塔科昂描述了3位前来受洗的印度人:"他们的脸颊上有许多宝石,下巴上、嘴里、嘴唇上也有宝石,连牙齿上都有宝石。"

作为游客,塔科昂好几次在街上看到了大象,他对此也十分兴奋,这样写道:

> 我看到它们用鼻子捡起硬币大小的东西,然后把它放在饲养员或者其他什么人的头上。当它们走到国王面前时,还会低下头鞠躬……它们常常被带去喷泉处喝水,那时,就会有很多顽皮的男孩拉拽它们的尾巴。于是驯兽师就对大象说"给他们浇点水",大象就使劲吸水,然后喷到伤害它的人身上。

塔科昂还讲述了国王在河边宫殿用餐的场景:

> 他一个人坐在桌子中间。洗完手后,5位神父……做饭前祷告。5名仆人在餐桌旁等着,他们负责切肉和做一些其他的事。旁边还站着8或10个侍童,其中国王左右两边各有一个侍童拿着尾端有丝绸飘带的长杖,驱赶苍蝇。

据塔科昂说,这位国王在用餐时只喝水。"当国王想要一顿更喜庆的大餐时,他会命令仆人换上大桌子,桌子上还要摆满昂贵的瓷器,且要有少女们在他吃饭时跳舞。"

里斯本作为葡萄牙的首都享受着尊贵富有的地位,它是一个安全、自信的城市。塔科昂观察到,城门没有上锁,甚至根本就没有安装锁。他也发现了"这个国家到处都是士兵和大炮"。

尽管里斯本散发着诱人的光芒,塔科昂还是感觉到了一丝阴暗。在他的叙述接近尾声时,他讲述了河边靠近船只停泊的地方有一个绞刑架。他在那里目睹了两名在婚姻中"犯错"的女人被绞死。他是这样描述里斯本的绞刑的:

> 当他们被处决时,无论男女,都只穿一套极长的、垂到地上的衣服,光着脚,衣服后面有一个兜帽。当他们被勒死时,兜帽会被拉到他们的脸上,这样他们就不会被认出来。女人的衣服会在双腿之间卷起。他们死后会被悬吊在离地面2英尺[①]的地方,手会被放上一个小碗。人们会把钱币扔进小碗并亲吻他们的手。

在进行了上述这段令人毛骨悚然的描述之后,塔科昂显然心里很难受,他突然结束了这封信:"我不想再写关于里斯本的东西了,否则我的读者就不想看了。"

里斯本确实存在着阴暗面,它造成了一系列令人痛心的苦果,这也成了这座城市的另一个标志。

***

在1506年的复活节星期日,里斯本陷入了黑死病肆虐和粮食短缺的折磨,这座城市的教堂挤满了渴望得到慰藉的人。在罗西乌广场旁边的圣多明戈斯修道院教堂的一次礼拜中,有人惊呼他们

---

① 约为0.6米。——编者注

第三章 黄金年代

在十字架上看到了"神迹"。有人高喊"真是个奇迹！"有人则表示反对，称这只是蜡烛的倒影。然而，这场随意的言论却引发了一场大屠杀，在后来被称为复活节大屠杀，并成了里斯本历史上的一个污点。

教堂里的反对声音来自新基督徒。这些人也被称为"marranos"（卑贱者）。他们是在15世纪的最后几年被强制改宗的犹太人，他们的信仰因为伊比利亚王室的政治版图而被扼杀了。[①] 尽管他们已经皈依新的信仰，但反犹情绪仍然在暗地里涌动，而在复活节那天，这种情绪沸腾了。里斯本的人开始疯狂地屠杀，最后，大约2000名新基督徒（包括妇女儿童）被残忍地杀害。

德戈伊斯也讲述过此次屠杀。他说，一些"低劣"的人揪着那位新基督徒的头发把他拖出教堂，杀死了他，并在罗西乌广场放火焚烧了他的尸身。人群聚集，几名修士带着十字架出现，喊着："Heresy（异端）！"这是一个别有意味的词，旨在激起人们对犹太人的反感。接着，更多的当地人和外国水手开始杀害他们能找到的所有新基督徒，并在罗西乌广场和河边点燃的柴堆上焚烧他们。德戈伊斯还提到，有不少奴仆主动提供柴火。那天，在两名手持十字架的修士的驱使下，暴徒肆虐，有超过500人丧生。

到了第二天，暴行仍然没有结束，暴徒有1000多人，他们"非常残忍"。德戈伊斯这样说道：

[①] 1496年12月25日，葡萄牙出台了驱逐犹太人的法令，要求所有的犹太人（包括从西班牙逃来的难民）在10个月之内离开葡萄牙，1498年以后，除了改宗者以外，葡萄牙几乎再无犹太人居住。——编者注

街上已经没有新基督徒了,于是人们直接闯入他们住的房子,把他们和妻子、子女一起拖出去,然后毫无同情心地将他们扔到火堆中,不管人是死是活。他们甚至残暴地拖拽幼儿和婴儿的头往墙上撞。同时,暴徒们还掠夺了受害者的家产,拿走了他们家中所有的金银财物。

德戈伊斯解释说,这是因为社会里比较正直和守秩序的人大多为了躲避瘟疫而离开了这座城市。人在150千米外阿维斯(Avis)的曼努埃尔一世听说了此次恐怖事件后,专门派出了具有特殊权力的部下来惩罚那些实施屠杀的人。许多人被捕并被绞死,两个修士被烧死。

几十年来,葡萄牙一直被反犹太主义的紧张情绪笼罩着,1506年4月里斯本的局势最为紧张。但在此之前,犹太人在这座城市安稳地生活了很长一段时间。当阿方索一世和他的基督教盟友占领这座城市时,他们遇到了与很多摩尔人共同生活在这座城市的犹太人。从12世纪到15世纪,虽然犹太人在葡萄牙人口中只占很小的一部分,但他们也举足轻重,其中还有一些杰出的政治家。比如葡萄牙勃艮第王朝第一任国王阿方索一世的财政部部长叶海亚·本·叶海亚(Yahia Ben Yahia)和15世纪初国王阿方索五世(Afonso V)①的司库伊萨克·本·朱达·阿布拉瓦内尔(Isaac ben Judah Abravanel)。还有很多犹太数学家、天文学家[如著名的亚

---

① 葡萄牙阿维斯王朝国王(1438—1481年在位),杜阿尔特之子。——编者注

伯拉罕·扎库托（Abraham Zacuto）]、制图师、商人，他们都是航海时代的先锋。犹太人中还出现了一些知识精英。1489年，拉比·埃列泽·托莱达诺（Rabbi Eliezer Toledano）在里斯本出版了两本书，一本是对律法的评论，另一本是约瑟夫·本·戴维·阿布达勒姆（Joseph ben David Abudarham）对塞维利亚犹太教堂礼仪的评论。此外，在阿方索五世的朝臣中，著名物理学家和占星家拉比·格德利亚·帕拉萨诺（Rabbi Guedelha Palaçano）也是犹太人。

据历史学家若昂·席尔瓦·德索萨（João Silva de Sousa）称，与其他欧洲国家相比，犹太人在葡萄牙受到了比较热情的欢迎，或者至少不那么充满敌意。据他统计，14世纪葡萄牙的犹太社区的数量为23个，到了15世纪则达到139个。在其他国家对犹太人的迫害不断加剧的情况下，里斯本的犹太人社区是最大的。即便如此，犹太人在里斯本也必须在特定的区域内生活，遵守特定的法律，以防止产生冲突。例如，犹太人不能雇佣基督徒工作，也不能担任特定公职。此外，他们被课以重税。不过，另一方面，他们有权使用自己的法律，也有自己的治安法官，他们可以自由行动，不受干扰地遵守自己的信仰。

在里斯本，犹太人居住的地区被称为"judiarias"，大多位于城里。14世纪在佩德罗一世的指令下，这些地区被栅栏圈了起来，供进出的大门会在黄昏时关闭，到了黎明再开启。几个世纪以来，里斯本共有4个这样的犹太社区。里斯本历史学家、工程师奥古斯托·维埃拉·达席尔瓦在1899年和1901年出版的作品中详尽记录了这些社区的情况。最古老的犹太社区位于佩德雷拉，从 1260 年到 1317 年，所在位置大致就是现在的卡尔莫广场（Largo do Carmo）。老犹太区（Judiaria Velha）也被称为"大犹太区"（Judiaria Grande）或"小耶路撒冷"（Little Jerusalem），从 13 世纪阿方索三世时期开始，就一直是犹太人人口最多的社区，大致位于现在市中心的拜沙区。1307 年，那里建造了一座犹太教堂。后来，迪尼斯为了把土地授予海军上将帕萨尼亚而清理了佩德雷拉的犹太社区，因此那里的居民搬到了后来被称为"新犹太区"（Judiaria Nova）或"小犹太区"（Judiaria Pequena）的地方，"新犹太区"面积较小，只有一条街道，但是也有一座犹太教堂。阿尔法马犹太区（Judiaria de Alfama）位于阿尔法马区附近，这里还有一条街道叫"犹太区街"（Rua da Judiaria）。正是由于社区和街道同名，才能佐证犹太人曾经在这里生活。古老的阿尔法马犹太区很小，但也有自己的犹太教堂。教堂于 1374 年开放，但没有得到王室的同意，这使得犹太领袖和君主之间的关系一度很紧张。教堂位于洗涤巷（Beco das Barrelas）8 号。理查德·齐姆勒（Richard Zimler）[①] 在其 1998 年的小说《里斯本最后一个卡巴拉教士》（The Last Kabbalist of Lisbon）中生动地描绘了这个街区以及复活节大屠杀期间人们的生活场景。里斯本的犹太人墓地离现在的仁爱街很近，位于大犹太区和摩尔人墓地的两侧。

  基督教、犹太教和伊斯兰教原本在里斯本可以自由地共存。但伊比利亚半岛的政治面貌在 15 世纪末发生了变化，这也使得犹太

---

① 葡萄牙作家，著有系列历史小说"西班牙裔犹太人四部曲"。《里斯本最后一个卡巴拉教士》为第一部，其他三部为《午夜的狩猎》《黎明的守护者》《第七道门》。——编者注

第三章 黄金年代

人的命运发生了惊人的逆转。当西班牙在1492年大规模驱逐犹太人时，葡萄牙国王若奥二世收留了数以万计的犹太人，并得到了一些现金回报。但他的继任者曼努埃尔一世为了巩固与西班牙的关系，打算与信奉天主教的西班牙统治者斐迪南（Ferdinand）[①]和伊萨伯拉（Isabella）[②]的长女伊莎贝拉（Isabella）结婚，而他未婚妻的父母提出了一个条件，曼努埃尔一世必须将异教徒驱逐出葡萄牙。这位葡萄牙国王深知犹太人给航海探索提供了很多技术和资金方面的宝贵帮助，因此他试图在不造成重大损失的情况下完成这件事。他为此制定了一个计划，迫使犹太人在改宗和被驱逐中二选一。1497年，成千上万的犹太人聚集在里斯本码头想要离开葡萄牙，然而，他们中的大多数却被强迫受洗改宗了，这在葡萄牙语里被称为"uma conversão em pé"（强迫改宗）。这些被公开强迫改变信仰的人深受创伤。这一事件还引申出了葡萄牙语中的俗语"看船"（ficar a ver navios）的说法，原意指那些想要离开的犹太人，虽然能看到船但无法上船离开。该短语此后被用来表示被欺骗的人。

然而还是有一些犹太人设法在形势恶化之前逃出了里斯本。在500多年后的2015年，葡萄牙试图用一项法律来弥补曾经的错误，葡萄牙政府宣布授予曾经居住在葡萄牙的伊比利亚犹太人的后裔公民权，并给他们发欧盟护照。想要申请此权益的人需要证明他们的家族曾在葡萄牙生活过。令人惊讶的是，许多人递交了申请并给出

[①] 即西西里王国国王（1468—1516年在位），卡斯提尔国王（1474—1504年在位），阿拉贡王国国王（1479—1516年在位）。——编者注

[②] 卡斯提尔王国女王（1474—1504年在位），1479年斐迪南继承阿拉贡王位，卡斯提尔王国和阿拉贡王国合并，从而奠定了西班牙王国的基础。——编者注

了相应证明。然而，葡萄牙的官僚主义还是给了他们一个下马威。一开始葡萄牙政府号称申请过程预计只需要4个月，但过了18个月后，却只完成了3500多份申请中不到300份的审查工作。

根据官方数据，1497年后葡萄牙就没有信犹太教的人了。同样的命运也降临在穆斯林身上。从那年开始，葡萄牙只有旧基督徒和新基督徒。曼努埃尔一世把里斯本的犹太人墓地的土地用来建造市议会，原本作为墓碑的石头则被用来建造诸圣医院。此外，干扰葡萄牙犹太人正常生活的事件也越来越多。新基督徒成了替罪羊，他们经常由于宗教对立和富有而为人所妒，或者因为各种鸡毛蒜皮的事情遭到攻击。1630年，在里斯本的旧圣恩格拉西亚教堂（Santa Engrácia Church），新基督徒西芒·皮雷斯·索利斯（Simão Pires Solis）被指控犯有亵渎神明的盗窃罪并被活活烧死。然而后来他被证明是无辜的，而他在审讯期间守口如瓶是为了不泄露他与修女有私情。误判的丑闻让这座教堂被关闭，随后被拆除。如今在老教堂的原址上建造的教堂是新圣恩格拉西亚教堂（obras de Santa Engrácia）——它的建造花了很长时间，直到1966年才完工。

除了遭受公众的偏见外，犹太人还成了宗教裁判所的牺牲品，宗教裁判所更加险恶、更加狡猾。1536—1821年，宗教裁判所致力于打击葡萄牙的异端邪说，并追捕涉嫌隐瞒真实信仰的新基督徒。事实上，确实有这样的案例，犹太人在家中偷偷践行他们真正的信仰，在秘密房间和角落里集会，并藏匿他们的妥拉经卷（Torah scrolls）①。宗教调查官及工作人员在罗西乌广场北侧的埃斯塔斯

---

① 妥拉经卷广义上指上帝启示以色列人的真义，狭义上指《旧约》的首五卷（犹太人不称《旧约》）。

第三章 黄金年代

宫（Palácio dos Estáus）设立了总部和法庭，位置离复活节大屠杀的圣多明戈斯教堂（São Domingos Church）很近。埃斯塔斯宫从1451年以来一直作为重要访客的住所。从1570年开始改为宗教裁判所，配备了审判官的住所和关押嫌疑人的牢房。1755年，埃斯塔斯宫改建了一次，并于1836年被烧毁。10年后，在原址上建成了国家大剧院，留存至今。

为了逃避宗教裁判所的威胁，一些犹太人希望带上家当逃离这里，并悄悄地卖掉所有资产，包括房屋。在宗教裁判所面前，犹太人是弱势的。他们的敌人、竞争对手和债务人都可以向审问者匿名举报他们。宗教裁判所仿佛无形又无处不在，街道上、城市中处处都有他们的影子。审讯人员会要求嫌疑人的朋友和亲属以书面或当面的形式告发他们，告知他们的宗教行为，以便法庭可以决定他们的罪行严重程度。然而，法国历史学家勒内-奥贝尔·韦尔托（René-Aubert Vertot）在1747年出版的《葡萄牙革命史》（History of Portuguese Revolutions）中指出，葡萄牙人"更多的是无根据的怀疑，而不是对宗教的虔诚"。

里斯本东波塔（Torre do Tombo）国家档案馆的档案中保留了数以千计的宗教裁判所卷宗。在火刑柱上被焚烧而死的估计有数千人。考虑到葡萄牙宗教裁判所存在的时间很长，这个数字相对而言少得惊人。也许在葡萄牙，烧死异教徒的这种行为不是那么普遍。

但宗教裁判所会以其他方式夺走人们的生命，比如监禁、折磨、破坏声誉。调查官不仅会审查犹太人是否掩盖了他们的真实信仰，后来审查对象还扩展到其他社会地位不同的假定罪人。20世纪初的学者兼国家档案馆馆长安东尼奥·拜昂（António Baião）列举了一些16世纪末至17世纪初被告的例子：一名新基督徒迪奥戈·门德斯（Diogo Mendes）自称没有灵魂；一个名叫加斯帕尔（Gaspar）的男人，被指控与一艘意大利船的船长鸡奸；迪奥戈·德索萨（Diogo de Sousa）因诅咒他人而被举报；佩德罗·卡内罗（Pedro Carneiro）因重婚而被举报；巴托洛梅乌·费尔南德斯（Bartolomeu Fernandes）被妻子举报，原因是他不承认圣母的纯洁。

里斯本是一座虔诚的城市，但它也是险恶和残酷的。塔科昂讲述了两件令他印象深刻的事。在复活节前的星期四，他观看了火炬游行。在祭司前，大约有100名蒙面人赤裸着上身，用镶有金银马刺的绳索鞭打自己。片刻之后，他们浑身是血，慢慢地走着，齐声吟唱，由于黑色兜帽的遮挡，人们看不见他们的面目。塔科昂还目睹了僧侣前往死刑犯的监狱送食物和葡萄酒。然后他们举着高高的十字架、火炬和圣水，送犯人到里贝拉受刑。时至深夜，在队伍中，还有一些孩子在为死刑犯的灵魂祈祷。

即使是葡萄牙文艺复兴时期的伟人也无法摆脱迫害。著名植物学家加西亚·德奥尔塔（Garcia de Orta）[①]甚至在死后还遭到了宗教裁判所的审查。德奥尔塔是被驱逐出西班牙的犹太人的儿子，在葡萄牙定居并改宗。德奥尔塔作为一名受人尊敬的医生，在里斯本大学担任教席，还是若奥三世的私人医生。宗教裁判所特别关注像他这样受过良好教育的新基督徒。尽管他在宫廷里有很多朋友足以保护他，但德奥尔塔还是决定在1534年启程前往葡萄牙统治下的印度。在那里，他的名声越来越大，特别是在植物学、热带疾病和

---

① 葡萄牙医学家、热带医学先驱，著有《印度方药谈话录》。——编者注

东方药用植物领域。

但对宗教裁判所来说,这件事没有翻篇。1569年,德奥尔塔在果阿去世一年后,他留在葡萄牙的妹妹卡塔里娜(Catarina)受到审讯,并作为一名虔诚的犹太人被烧死在火刑柱上。他的其他几名亲属也被逮捕、折磨和迫害。在他死后12年,也就是1580年,宗教裁判所将德奥尔塔的遗体挖出并放在火刑柱上焚烧,以惩罚他的犹太信仰。这种复仇行为对宗教裁判所来说,不过是小菜一碟。

著名的17世纪耶稣会神父安东尼奥·维埃拉(António Vieira)也受到君主的青睐,但也不足以让宗教裁判所放过他。不过,维埃拉勇敢地坚持着这场战斗。他游历广泛,拥有许多才能,包括极好的口才。他是葡萄牙最伟大的演说家和散文作家之一。诗人费尔南多·佩索阿称维埃拉为"葡萄牙语大师",并说"(维埃拉)句法酷炫完美",令听者"像风中的树枝一样颤抖"。维埃拉履行了传教士、外交官、哲学家、作家和教师的职责。他与若奥四世(João Ⅳ)①关系密切,成为国王的顾问之一,并受邀在里贝拉宫的皇家教堂布道。他的布道通俗易懂,还有政治宣传意味,在里斯本吸引了大量听众。尽管他很受欢迎,但他还是在1665年10月被宗教裁判所监禁,等待审判,当时他55岁。他因为支持并宽容地对待犹太人而招致宗教裁判所的愤怒。此外,他还主张殖民地土著人的权利,反对奴隶制。

宗教裁判所指责维埃拉的观点是"异端的、鲁莽的、恶意的和可耻的提议"。在审判中,他一直不放弃自己的主张,即使是面临

---

① 葡萄牙国王(1640—1656年在位),喜爱音乐与艺术。——编者注

被活活烧死的判决，维埃拉也坚持反驳对他的所有指控。两年多后，即1667年，在圣诞节前两天，宗教裁判所对他进行宣判。朗读判决的时长超过两个小时，维埃拉一直站着听完全部指控。判决结果是禁止他讲道，他余生必须待在耶稣会的围墙内，并需要签署书面承诺，再也不能以口头或书面形式表达他的主张。耶稣会教团随后要求宗教裁判所神圣办公室赦免维埃拉。1668年6月30日，他被传唤到埃斯塔斯宫听取赦免的消息。最终，他离开了里斯本。

达米昂·德戈伊斯也没能逃过宗教裁判所的魔掌。德戈伊斯曾是曼努埃尔一世的侍从，和王室关系亲近。1523年，他被若奥三世派往葡萄牙主要贸易伙伴之一的安特卫普担任王室代表。1545年，若奥三世任命德戈伊斯为若昂·曼努埃尔（João Manuel）王子[①]的老师。然而，德戈伊斯却没能担任该职位，由于一位前同事的指控，他被宗教裁判所指控为异端。几年前，德戈伊斯曾和年迈的伊拉斯谟（Erasmus）[②]一起在易北河畔弗赖堡（Freiburg）度过了4个月。当时他的声望较高，因此没有受到太多的迫害。宗教裁判所等了26年才再次发动袭击。那时德戈伊斯已经年老体弱，在王室里也没有朋友了。他于1571年被捕，并于次年被谴责为异端和路德宗（Lutheran）[③]。他的财产被没收，在监狱里度过了艰难的20个月。

---

① 若奥三世的第八个孩子，其子为后来的葡萄牙国王塞巴斯蒂昂。——编者注

② 伊拉斯谟是中世纪著名的人文主义思想家和神学家，曾尖锐批评当时的罗马天主教会。

③ 路德宗由马丁·路德于1529年创立于德国，这一新宗派的创立，标志着基督新教的诞生。

两年后他神秘地死去，被发现躺在壁炉里，并被认为是跌倒而死的。然而，当他的遗体在1941年被挖掘出来时，人们发现他的头骨上有一个大洞，这不太可能是由跌倒造成的。

这些遥远的事件被一致认为是葡萄牙历史上的污点，现代葡萄牙的领导人已尽其所能努力地解决历史遗留问题。1988年，总统马里奥·苏亚雷斯（Mário Soares，后文简称苏亚雷斯）①会见了葡萄牙犹太社区的成员，并正式代表宗教裁判所道歉。2000年，葡萄牙罗马天主教领袖就天主教会强加给犹太人的苦难公开道歉，并于2008年在圣多明戈斯教堂外的橄榄树旁竖立了一座死者纪念碑。葡萄牙政府于2016年9月宣布将在里斯本建造一座规划已久的犹太博物馆。这座博物馆位于阿尔法马旧犹太区中心的圣米格尔，原定于2017年底开放，但最终由于一些法律纠纷推迟了。当时的里斯本市市长费尔南多·梅迪纳（Fernando Medina）表示，该博物馆将"回顾我们历史上的文化多样性，同时不会隐瞒犹太人在里斯本的光明与黑暗时期"。

几个世纪以来，伊比利亚半岛几个国家之间的关系很紧张，偶尔会发生比较严重的冲突。一位堂吉诃德式的年轻君主在北非不明智的军事冒险行为使得西班牙抓住了葡萄牙的把柄。从1580年到1640年，数百千米之外的哈布斯堡王朝②的国王来到葡萄牙，他们的统治维持了3代，毕竟在当时，60年就是大多数人的一辈子了。

---

① 葡萄牙总统（1986—1996年在任），葡萄牙社会党领导人。主张实现"民主社会主义"，著有《沉默的葡萄牙》《军人之间》等。——编者注

② 哈布斯堡王朝是欧洲历史上统治领域最广的王室，曾统治神圣罗马帝国、西班牙帝国、奥地利大公国、奥地利帝国、奥匈帝国、墨西哥第二帝国等。

里斯本从王室所在地和荣耀的帝国首都变成了伊比利亚的一个普通城市。再也没有像往日那样可以看到大象在街上游行的日子了。许多贵族感觉到往日荣耀不再，于是离开城市，去往自己的乡村庄园生活。

1568年，塞巴斯蒂昂（Sebastião）[①]14岁，他在这年亲政，但是他在掌权仅10年后便死于遥远的战场。这位年轻的国王被骑士故事和王室祖先的辉煌壮举所吸引，下令重建圣若热城堡的旧王室住所，而他也成为最后一位住在圣若热城堡的葡萄牙君主。同时，塞巴斯蒂昂也是个任性的君主，为了与异教徒作战，他发动战争，使王国陷入了更重的债务之中。当时，他的顾问建议他不要与强大的北非和土耳其军队交战，但他还是执意要开战。

塞巴斯蒂昂的愚蠢可能受到了路易斯·德·卡蒙斯和他的史诗《卢济塔尼亚人之歌》的鼓舞。路易斯·德·卡蒙斯将这部作品献给了孩子气的塞巴斯蒂昂，在里斯本16世纪初的繁荣正在消退之际，这个国王被许多人视为国家的希望。这首诗赞扬了国王，国王也以一笔小小的抚恤金回报了诗人。更重要的是，诗人鼓励君主向地中海对岸的异教徒发动攻击。

路易斯·德·卡蒙斯后来并没有成为与塞万提斯和莎士比亚站在同等高度的大师，但他这篇由1102个押韵组成的作品令人信服。这篇作品讲述了达·伽马戏剧性的第一次印度航行。在故事情节中，主人公讲述了葡萄牙的历史，一直追溯到罗马时代之前。作品

[①] 葡萄牙阿维斯王朝国王（1557—1578年在位），若奥三世之孙，先后由祖母和叔祖父摄政，直到1568年亲政，后在"三王之战"中遇害身亡。——编者注

同时表达了扩张时代的浪漫抒情和实践野心。它对葡萄牙命运的描绘也充满了爱国主义色彩。

史诗的开头是这样的:

> 雄壮的船队,刚强的勇士
> 驶离卢济塔尼亚西部海岸,
> 经过从未有人穿越的大洋
> 甚至跨越塔普罗瓦纳海角,
> 艰险的经历,不断的战争
> 超出人力所能承受的极限,
> 在荒僻、遥远的异域扩建
> 新的帝国,使之辉煌灿烂。
>
> 那些为了传播他们的信仰
> 实行开疆拓土的历代君王,
> 在阿非利加和亚细亚大地
> 他们的名字全部得以传扬。
> 还有那些,因其丰功伟绩
> 从而超脱死神法律的英灵,
> 为了这世间永远都能说出
> 那些名字,愿我心手相应。①

---

① 译文参见[葡]路易斯·德·卡蒙斯:《卢济塔尼亚人之歌》,张维民译,四川文艺出版社 2020 年版,第 3 页。

这首对航海事迹的赞美诗以两个仍然是文化试金石的虚构人物为特色。一个是阿达马斯托（Adamastor），这是神话中的一只怪物，喻示着障碍，而葡萄牙人用他们刚毅的意志克服了这个障碍，如今在上城区还有这样的一尊雕像。第二个人物是像卡桑德拉（Cassandra）[①]一样的雷斯特洛老人，当达·伽马从贝伦的海滩出发时，他警告说这个行为会带来不幸，而且是愚蠢的。

人们对路易斯·德·卡蒙斯知之甚少，但他的生活无疑是丰富多彩的。据说他出生于1524年或1525年，出生地可能是里斯本。他的去世日期是1580年6月10日，这个日期在葡萄牙至今仍然是一个公共假日，被称为"葡萄牙、贾梅士[②]日暨葡侨日"。然而后来发现的一块墓碑显示，他真正的去世时间可能比1580年要早一年。路易斯·德·卡蒙斯在世的时候运气一直算不上好，他最著名的作品在他去世后才引起巨大的反响，这也许是他最大的不幸。

鉴于他在古典文学方面的教育背景和拮据经济情况，路易斯·德·卡蒙斯很可能属于贫困的贵族。他因在里斯本的一场街头斗殴而被判入狱，可能是为了忏悔自己的过错，他决定前往非洲和亚洲。他在休达的战斗中失去了一只眼睛，还在湄公河河口遭遇过海难，并且有过轰轰烈烈的爱情往事。"爱是一团看不见的火，"他在一首十四行诗中写道。他靠着朋友们的慷慨解囊才得以在很长一段时间的贫困生活中勉强度日。1569年，他回到里斯本，试图出版《卢济塔尼亚人之歌》。该书最终在3年后问世。

---

① 卡桑德拉是希腊和罗马神话中具有预言能力的公主。
② 路易斯·德·卡蒙斯的另一个译名。——编者注

他就这样度过了默默无闻的一生，死后和其他穷人一起被埋葬在里斯本桑塔纳教堂外的墓地，据说这个教堂离他母亲的居住地不远。路易斯·德·卡蒙斯的朋友贡萨洛·科蒂尼奥（Gonçalo Coutinho）在他死后才赶来，竭力为他立了一块体面的墓碑。科蒂尼奥将路易斯·德·卡蒙斯的遗体转移到教堂内，并在那里放置了一块大理石墓碑。铭文写着："这里躺着路易斯·德·卡蒙斯。曾经那个时代的诗人王子。他生活在贫困和痛苦中，并因此于1579年去世。"然而，这座坟墓连带墓碑都在1755年不见踪影。

路易斯·德·卡蒙斯的名声在19世纪达到顶峰，当时他被人们赋予浪漫的形象。加雷特于1825年出版的诗歌《路易斯·德·卡蒙斯》（Camões）被认为是葡萄牙浪漫主义的曙光。当时有人在桑塔纳路（Calçada Santana）和圣路易斯楼梯（Escadinhas de São Luís）拐角处的一栋房子上挂了一块牌匾，声称路易斯·德·卡蒙斯曾住在那里——但没有证据能佐证此事。1854年，政府成立了一个委员会来调查路易斯·德·卡蒙斯遗体失踪事件，但在审查重建的桑塔纳教堂时没有发现太多有用的信息，因此调查也没有得出任何结论。但官员们并没有空手而归：他们把找到的一些骨骸带到了热罗尼莫斯修道院，在那里为路易斯·德·卡蒙斯建造了一座官方坟墓。作为外交礼节的一部分，如今来访的外国元首经常在这里敬献花圈。在里斯本市中心的路易斯·德·卡蒙斯广场，还有这位诗人的铜像，他拿着一把剑，穿着一件斗篷。《葡萄牙指南》称这尊雕像"有点可笑，配不上路易斯·德·卡蒙斯的荣耀"，这个评价似乎相当苛刻。

葡萄牙在凯比尔堡（Ksar-el-kebir）战役中失去了国王，这场战役也被称为"三王之战"。塞巴斯蒂昂在摩洛哥的8月酷暑中去世，享年24岁，没有留下任何继承人。这是一场灾难，葡萄牙的王位继承危机持续了2年，其间有6个人试图夺取王位。

在争夺中，西班牙从1580年的阿尔坎塔拉（Alcântara）战役中获得红利。西班牙长期以来一直觊觎着邻国，当时的西班牙国王腓力二世是葡萄牙国王曼努埃尔一世的外孙，他的母亲伊莎贝尔公主是曼努埃尔一世在里斯本出生的女儿之一。腓力二世笼络了一些有影响力的葡萄牙贵族，希望他们支持他夺取葡萄牙王位。于是，他于1580年7月17日被宣布为葡萄牙国王费利佩一世。不过他并没有得到民众的支持。民众更支持克拉托教主安东尼奥（António）当国王，他是一名领导天主教军事组织的葡萄牙人。因此，腓力二世派遣了得力将军阿尔巴（Duke of Alba）① 率领军队越过边境，以稳住局面。

西班牙军队在距离首都10千米范围内遇到了顽强的抵抗，冲突于8月25日达到顶峰，地点大约是如今的郊区阿尔坎塔拉。大约有2万名军人的西班牙军队从西部向这座城市逼近，轰炸沿海防御工事，并在守军中制造混乱。西班牙军队由经验丰富的军官领导，他们指挥着训练有素、武装最精良的部队。与此同时，葡萄牙守军有大约8000人，他们非常有士气，但缺乏组织。他们在流经阿尔坎塔拉到特若（Tejo）的河流上站稳了脚跟，挖了战壕并设置了大炮，但西班牙军队越过河流向北包抄了他们。西班牙骑兵冲锋分散

---

① 西班牙将领，1567年被任命为尼德兰总督。——编者注

第三章 黄金年代

了被击溃的葡萄牙军队。腓力二世就这样得到了里斯本。继凯比尔堡战役之后，阿尔坎塔拉战役是葡萄牙2年内的第二次惨败。荒谬的是，曼努埃尔一世的梦想实现了一半，伊比利亚的确成为一体，但领导者不是葡萄牙人，而是西班牙人。

即便过程不光彩，但葡萄牙贵族仍期待在腓力二世的领导下能有更好的未来。葡萄牙王室的物资因骑士的奢侈消费而匮乏。为了满足浮华奢靡的生活需求，多年来王室支出一直超过收入。国家运营和维护成本本就非常高，再加上贵族阶层们的置衣需求掏空了王室的金库，结果是债务一再加重，而且大部分都是外债。葡萄牙还面临其他困难，比如来自威尼斯的两位大使特隆（Tron）和利波马尼（Lippomani），他们在腓力二世登上葡萄牙王位后不久就前往里斯本拜访。他们穿过新街（Rua Nova）并惊讶于各种各样的外国商品，同时他们也发现商品的价格极高，他们认为价格飙升有3个原因。一是席卷里斯本的瘟疫；二是阿尔巴手下的掠夺，尽管这是明文禁止的；三是葡萄牙船队在过去2年没有从印度运回过商品，导致一些商店库存不足。

此外，葡萄牙人刚有起色的东方贸易正受到来自英国和荷兰的迫在眉睫的威胁。葡萄牙贵族们希望回到富足的时代，但现实不容乐观。许多葡萄牙人前往比印度更近的巴西寻求财富，有人说那里会成为下一个黄金国。

与此同时，在西班牙国王的统治下，葡萄牙放弃了长期以来在欧洲事务中的中立立场，和西班牙王室站在了一条战线上。这对哈布斯堡王朝的敌人来说不是善意的信号，英国就是其中之一，尽管它自1386年《温莎条约》（Treaty of Windsor）以来一直是葡萄牙的盟友。腓力二世致力于在英国恢复天主教。1588年5月27日，他召集了集结在塔古斯河并从贝伦出发的无敌舰队。共有130艘船只参与了这场战役，其中12艘是葡萄牙人的船，还有大约3万名士兵。在英吉利海峡失利后，葡萄牙人开始强烈反对腓力二世谋划的这场战役。次年，由德雷克（Francis Drake）[①]和约翰·诺里斯将军（General John Norris）率领的一支海军进攻里斯本，但未能对这座已经改善河流防御工事的城市造成影响。

地缘政治变化也损害了商业贸易。英国海军常常在海上追捕葡萄牙船只，因为他们知道从印度带来的货物可能很有价值。1592年8月，巨大的"圣母玛利亚"号船在亚速尔群岛（Azores）附近落入了英国人的陷阱。英国人对这艘巨船和船上所载的东西都感到十分惊讶。这艘船有7层甲板，载了1600吨货物，还有32门大炮和600多人。船上的货物包括珠宝、胡椒、丁香、肉豆蔻、肉桂、姜、樟脑、丝绸、印花布、地毯、珍珠、象牙、中国瓷器、乌木和动物皮毛等。

西班牙国王从未在葡萄牙建立永久的住所，也没有对这个国家产生任何明显的情感依恋。虽然有人期望葡萄牙在西班牙的统治下会有所变化，但西班牙统治者的做法在很大程度上是让葡萄牙自生自灭。在更广阔的欧洲舞台上，西班牙人有更紧迫的事务需要处理。因此，里斯本这60年基本没发生太大的变化。

腓力二世在他第一次也是唯一一次访问里斯本时曾发表演讲，

---

① 英格兰航海探险家、海军将领。1581年获伊丽莎白一世亲自授爵，为伊丽莎白时代最有名的海盗。——编者注

第三章 黄金年代

这为他的统治定下了基调。他于1582年6月29日抵达里斯本，这是这座城市极其热闹的一天。街道上竖立着用木头制成的凯旋门，停泊在塔古斯河上的葡萄牙和西班牙船只也鸣放了礼炮。腓力二世表示将尊重当地习俗和特权、保留所有法律、保持葡萄牙语为官方语言等。腓力二世在里斯本待了2年多，他的部队在圣若热城堡驻扎，并悬挂国旗。1582年，阿尔巴在里斯本去世。

同时，腓力二世开始在里斯本留下他的印记。他想和塞巴斯蒂昂的统治划清界限，做出一些不一样的事迹。此前，塞巴斯蒂昂正在宫殿广场临近河畔的地方建造一座以他的名字命名的教堂。腓力二世上任后立即取消了该工程，将建造到一半的基石挖出，并用于另一项工程，也就是圣维森特教堂的重建工程。腓力二世也希望在世俗领域展现一些影响力。在河畔的里贝拉宫，他建造了一座巨大的塔楼。从塔古斯河看去，这座塔楼很醒目，成为那一带的地标。这是一座很有象征意义的建筑。不同于向教会致敬的圣维森特教堂，这座塔楼具有一些军事功能。它配备有炮口，顶层有奢华的"大使厅"（Sala dos Embaixadores），设有圆顶天花板、豪华家具，可以从窗口欣赏壮丽的景色，彰显国王的地位。那个时代的人看它就像如今的我们看纽约顶层公寓那样——它们都是极度奢华的象征。正是在这几年，30多岁的塞万提斯到访里斯本。为了讨好国王，他还写了一些文章描述这座城市的美好生活。

但腓力二世最具象征性和持久性的工程是对圣维森特教堂的大规模重建。该建筑群由阿方索一世在他成功围攻里斯本后开始建造，后来由1557年去世的若奥三世改造。腓力二世决定插手这项引人注目的工程，希望借此表明一个新的王朝正在掌权。长期以来，实施圣维森特教堂改造计划的建筑师身份一直存在争议，大多数学者认为是胡安·德埃雷拉（Juan de Herrera）[1]主持的这项工程，他是16世纪的西班牙建筑师，因为修建马德里附近的埃尔埃斯科里亚尔王宫宅邸而闻名。据说，项目的实际管理由意大利人菲利波·泰尔齐（Filippo Terzi）负责。大规模的重建工程直到1629年才完成。一位葡萄牙建筑师也参与了这项工作，他就是巴尔塔萨·阿尔维斯（Baltazar Alves），他从1597年开始参与，有人认为建筑雄伟的外观和适应当地文化的矫饰主义（Mannerist style）[2]特征都源于这位幕后人士的意见。

腓力二世从象征意义上把圣维森特教堂变成了他自己的成果。他拆除了以前建筑版本中与葡萄牙建国有关的元素，借此加强自己的统治。圣维森特教堂是他统治时期最大的建筑项目，目的就是引人注目。教堂的外立面有两座塔楼，显得很威严。这座优雅的建筑在当时是一个巨作，并且被公认为质量极高。因此，18世纪的若奥五世（João V）[3]在一定程度上试图报复腓力二世：圣维森特教堂的巴洛克手绘瓷砖数量惊人，只有巴西巴伊亚州的萨尔瓦多（Salvador de Bahia）的圣弗朗西斯科修道院（Convento de São Francisco）才能与之匹敌，这些瓷砖描绘了葡萄牙历史上的场景，

---

[1] 早年作为士兵去往尼德兰和意大利，受意大利建筑风格影响，主持设计建造了阿兰胡埃斯夏宫、塞维利亚交易所等，形成西班牙建筑史上的埃雷拉风格。——编者注

[2] 泛指16世纪文艺复兴高潮后复杂的艺术形式化现象。

[3] 葡萄牙布拉干萨王朝国王（1706—1750年在位），佩德罗二世之子。——编者注

第三章 黄金年代

但是提到的历代君主中却不包括腓力二世,就好像若奥五世想要改写历史并抹去西班牙哈布斯堡王朝统治的那60年一样。

尽管在西班牙人的统治下,里斯本不再是最权贵的首都,但按人口计算,里斯本仍然是欧洲最大的城市之一。葡萄牙贵族路易斯·门德斯·德瓦斯康塞洛斯(Luís Mendes de Vasconcelos)在其1608年的《里斯本景观》(*Do Sítio de Lisboa*)一书中试图说服下一任继承人——即葡萄牙的费利佩二世[同时也是西班牙的费利佩三世(Felipe Ⅲ)]①——让里斯本成为伊比利亚的首都。他写道,这座城市"不仅因为它的自然条件,还因为它非凡的永恒性……不愧为世界帝国的首府"。

然而,费利佩二世又过了10年才肯屈尊前往里斯本,他踏入里斯本也只是为了坐稳葡萄牙王位的继承人这一位置而已。他于1619年6月5日抵达里斯本,带来了另一场盛大的城市庆祝活动。他乘坐由600人划行的皇家驳船抵达宫殿广场。塔古斯河沿岸的船只和堡垒鸣起礼炮,船队纷纷迎接,码头上装饰着鲜花。费利佩二世还收到了两把金钥匙作为礼物。他当时乘坐的马车现在仍在里斯本国家马车博物馆(National Carriage Museum)展出,是馆内最古老的马车。这架马车是开放式的,带有红色天鹅绒内饰和黑色皮革车顶。

费利佩二世在里斯本待了大约3个月,随行的西班牙朝臣和贵族在这里的所作所为就像天边的乌云,预示着暴雨的来袭。他们在

---

① 西班牙国王、葡萄牙国王(1598—1621年在位),西班牙国王腓力二世之子。——编者注

里斯本的修道院和其他高端机构免费吃住，但举止却傲慢无礼。他们随意拿走盘子、瓷器和桌布，并无视他人的阻止。有人向费利佩二世投诉，但没有得到任何答复。就这样，人们和统治者的关系恶化了，尽管这段关系从来都算不上热情。毕竟这场统治只是一种合法的结合，而不是情感上的结合。

17世纪初，葡萄牙和西班牙之间的关系平静而稳定。西班牙提供军费以保护葡萄牙到亚洲从事海上贸易，也保障了葡萄牙贵族的财产安全，同时还给当地的教堂投了不少钱。但随着欧洲战争中西班牙的日渐衰落，西班牙增加了在葡萄牙的税收。于是葡萄牙平民开始不满，农村地区随即爆发叛乱。面对这一局势，西班牙贵族开始在葡萄牙担任官职。当马德里与加泰罗尼亚开战时，西班牙要求葡萄牙贵族参战，这成为压垮骆驼的最后一根稻草。

40名葡萄牙阴谋者在靠近罗西乌广场的安唐·德阿尔马达宫（the palace of Antão de Almada）集会，他们在花园里的凉亭中策划了一场政变。他们冒着生命危险谋反，被称为"四十阴谋者"（Os Quarenta Conjurados）。1640年12月1日，他们在花园里召开了最后一次会议，然后强行闯入里贝拉宫，杀死了当时的总理米格尔·德瓦斯康塞洛斯（Miguel de Vasconcelos）。他们在"自由！"的呼喊声中宣布曼努埃尔一世的后裔若奥四世为新君主。西班牙王室当时正陷于一场历时30年的战争中，试图平息加泰罗尼亚起义，因此他们对里斯本发生的一切没有采取任何行动。这是一场迅速的政变，而这一天也是葡萄牙历史上最重要的日子之一。

然而，独立来得没有这么快。葡萄牙与西班牙的战争持续了28年，这是葡萄牙历史上最长的军事冲突，主要发生在陆地边界附近。在英格兰国王查理二世（Charles Ⅱ）的调解下，《里斯本条约》（Treaty of Lisbon）结束了战斗并承认了葡萄牙的独立。该条约于1668年在里斯本的圣埃洛伊（Santo Elói）修道院签署。反叛者们集会的德阿尔马达宫如今被称为独立宫，成为一个著名景点。1886年，一座30米高的复兴纪念碑（restauradores）在里斯本的复兴广场落成。12月1日成为公共假日"恢复独立日"（Dia da Restauração）。

第四章
与非洲的联结

第四章 与非洲的联结

1882年9月17日星期日,晚上8点30分,一场豪宅晚宴拉开了帷幕。这座豪宅坐落于小丘巷(Travessa do Outeiro),与里斯本的埃什特雷拉花园(Estrela Garden)和晚期巴洛克式的埃什特雷拉大教堂(Basilica da Estrela)相距不远。此前,人们已经通过报纸广告、海报和传单得知了这场"令人眼花缭乱"的宴会,宴会嘉宾可以乘坐热气球、观看礼炮并参加"精彩的舞会"。如此奢侈的活动自然是为了庆祝一件大事,即刚果新王后阿玛利亚一世的加冕仪式。宣传语称"刚果宫廷将欢聚于此,以隆重的方式庆祝这庄严的一天"。

一位西非王后在19世纪的里斯本举办加冕礼,乍一看令人费解,但其实有迹可循。从15世纪起,在葡萄牙人去到非洲的同时,也把非洲的一部分人带到了葡萄牙。当时大多数在葡萄牙的非洲人都是奴隶,而且人数众多。到16世纪中叶,里斯本有近1万名黑奴,约占该市人口的10%。这是一个非凡的数字,也是里斯本这座城市的特别之处。如今,具有非洲血统的人在西欧已经很常见了,但在16世纪的时候不是这样。几个世纪以来,里斯本一直具有鲜明的非洲特征,至今仍然如此。安哥拉小说家若泽·爱德华多·阿瓜卢萨(José Eduardo Agualusa)[①]曾说过:"几个世纪以来,成千

[①] 当代安哥拉乃至整个葡语世界代表作家,代表作有《贩卖过去的人》《遗忘通论》《生者与余众》。——编者注

上万定居在葡萄牙首都的非洲人极大地丰富和改造了这个城市的文化，若是不谈他们，那这座城市的历史就无从谈起。"

在扩张时代的航行中，葡萄牙人处处交际。除了他们带回家的奴隶以外，也有一些非洲人是以自由人的身份来到里斯本的。葡萄牙人寄希望于这些非洲人，想要他们在里斯本受到教育后再作为传教士返回非洲。1494年，到访里斯本的德国医生希罗尼穆斯·闵采尔（Hieronymus Münzer）曾提到过，他看到年轻的黑人男子们正在学习拉丁语和神学课程，这些课程就是为了未来将他们送回非洲，担任葡萄牙王室的传教士、翻译和特使。

从遥远的帝国来到里斯本的尊贵访客还包括刚果王国的皇室成员。当时刚果王国位于非洲中西部，即现在安哥拉和刚果民主共和国部分地区。葡萄牙人于1483年到达刚果并和当地统治者结成联盟。8年后，刚果的部落首领恩津加·恩库乌（Nzinga a Nkuwu）[①]受洗并获得"刚果若奥一世"的头衔。他的儿子姆文巴·恩津加（Mvemba a Nzinga）[②]也接受了圣餐，后续成为首领的继任者，也获得"刚果的阿方索一世"头衔。他们的信使和家人都可以自由前往葡萄牙首都。甚至在几个世纪后，刚果的公主们仍然在里斯本莫坎博（Mocambo）地区有住所，而莫坎博正是具有显著非洲文化风格的一片区域。里斯本大学历史学家伊萨贝尔·卡斯特罗·恩里

[①] 刚果王国第七任统治者（1470—1506年在位）。恩库乌对葡萄牙及其文化非常感兴趣，在其影响下，中非出现了克里奥尔人（即在殖民地出生的葡萄牙人）。——编者注

[②] 刚果王国国王（1509—1543年在位），恩库乌长子。即位后逐步确立了天主教国教地位，他也是刚果历史上在位时间最长的君主。——编者注

第四章 与非洲的联结

克斯（Isabel Castro Henriques）还指出，在他们的舞会上，你能同时尝到来自欧洲和非洲的菜肴。

里斯本周报《安东尼奥·玛丽亚》（*O António Maria*）报道了阿玛利亚王后的加冕派对。除了娱乐活动以外，晚宴中还包括"授予荣誉、表彰、头衔等"。但这些活动并非看上去那么单纯。这一趟葡萄牙之行花了刚果王室不少钱，并且王后还带了一名私人秘书、6 名高官及他们的配偶和一名厨师作为随从。这也就是为什么晚宴上颁发的头衔和勋章都是明码标价的，而且还收取入场费。

报纸上刊登的活动广告体现了平等的精神，广告上写着"所有葡萄牙人或是其他国家的人都可以加入派对，欢迎大家与新王后的臣民建立深厚友谊"，在这句话的上方有一个戴着王冠的非洲胖女人与两个侍者的黑色剪影。这句话下面则是一个肥胖男人和两个侍从的黑底白色剪影，看起来像是葡萄牙国王路易斯一世（Luís Ⅰ）[①]。页面的最下面写着："无论是黑是白，所有的皇室看起来都一样。"

阿玛利亚王后人生的转折也与葡萄牙有关。她最终放弃了王位，与一位富有的葡萄牙农场主私奔，并最终居住在葡萄牙南部埃武拉（Évora）附近的阿连特茹（Alentejo）。据说他们有很多孩子。阿玛利亚最终活到 82 岁，里斯本市议会于 1989 年以她的名字命名了一条街道，即"刚果王后街"（Rua Rainha do Congo）。另有一块牌子记录着这位"明星"的生平。

[①] 葡萄牙国王（1861—1889 年在位），玛丽亚二世之子。在位期间废除了葡萄牙殖民地的奴隶制，并加紧对非洲的殖民扩张。——编者注

然而，并不是所有非洲人在葡萄牙都能有像阿玛利亚王后那样的生活，她的故事对万千悲惨的非洲人来说仅是一个例外。葡萄牙曾有着世界上最大规模的奴隶贩卖。根据佐治亚州亚特兰大埃默里大学从十几个国家收集到的数据，葡萄牙在1501年至1875年间跨大西洋贩运了大约580万人，其中大部分人来自非洲。这些奴隶主要被送往巴西的种植园和金矿开采地。葡萄牙的人口贩卖数量几乎是排名第二的英国的两倍。这是航海之旅的阴暗面，但是在葡萄牙鲜少被谈起。里斯本还没有像利物浦或伦敦那样建一座奴隶历史博物馆，但是市政府计划于2018年在河滨地区建造一座奴隶纪念碑，该项目正在以投票的方式收集意见，投票结果会决定该项目能否落地，以及预算如何支出。

1444年8月8日在葡萄牙南部海岸的拉各斯湾，非洲奴隶第一次被送达葡萄牙（或许也是第一次到欧洲）。骑在马上的亨利〔航海家〕注视着这第一批235名奴隶。纪实作家戈梅斯·埃亚内斯·德祖拉拉这样评价这令人难忘的场景："到底要有多么坚硬的心，才不会被这样的事件刺痛？"在非洲，奴隶通常只需几个玻璃珠或锡、铜等金属小玩意就能交换。

1454年的教皇诏书要求奴隶受洗，受洗后他们被赋予了基督教名字。根据曼努埃尔一世1512年颁布的法令，奴隶只能在里斯本港下船，这样便可以将贸易集中在这座城市。他们在宫殿广场后面的受孕教堂（Igreja da Conceição）受洗，这座教堂矗立在犹太教堂的旧址上。如今教堂仍然存在，但经历了1755年的地震后，只有精致的曼努埃尔式大门幸存了下来。它现在位于交通繁忙的市中心，附近常常堵得水泄不通。

第四章　与非洲的联结

交通便利的教堂促进了16世纪的西非奴隶贸易，奴隶宫（Casa dos Escravos）也发挥了类似的作用，它是位于附近河岸的几内亚宫（Casa da Guiné）的一个部门，那里有奴隶登记官的办公室，还配有两间可上锁的大房间用来关放新来的奴隶。1509年，政府制定了接收奴隶的规范程序。先要由一个皇家官员分队检查抵达的奴隶船，然后奴隶被带到甲板上清点数量，随后被带到奴隶宫进行身体评估。评估后，他们的脖子上会挂上标有价格的羊皮纸。

奴隶通常会在新商贾大街的旧颈枷广场（Largo do Pelourinho Velho）被公开出售，但有时也会在任何一条街道上被随随便便地卖给任何愿意出价的人。奴隶贸易由获得许可的"野兽和奴隶贸易商"监督，所有出售者和所有者的姓名都会被记录在广场另一侧的海关大楼（Alfândega）里，后来这个职能转移到了印度宫。王室对奴隶贸易征收25%的税，称为"quarto"。

里斯本的外国游客都注意到了这些场景，有些人对此嗤之以鼻。佛兰德贵族塔科昂曾经描述过，他在里斯本看见了一艘停靠在码头的、满载香料的货船，同时船舱里还载着大约300名黑人囚犯，有成人和儿童。他们被带下船时赤裸着身子，有人在码头边的露天场地上给他们分发食物。他们的食物是一种稀粥，用大盘子盛着。"他们把菜盘放在膝盖上吃着，因为没有勺子，就直接用手舀起食物，大家一起分着吃。"塔科昂说：

> 之后他们还要清洗盛有饮用水的盘子，他们就像动物一样跪在地上喝水。等商人来了，他们就会被主人当场出售。买家会检查他们的嘴，看他们的牙好不好，还会检查他们的生殖器，

让他们动动手臂,并要求男性奔跑。等谈好了价格,他们会得到一块遮身的布,并被带走。

1578—1582年住在里斯本的佛罗伦萨商人和作家菲利波·萨塞蒂(Filippo Sassetti)对这一切表示厌恶。他在一封信中写道:"我看到他们(将奴隶)被带到船的甲板上,一次25或30或40人。我看到那些人赤身裸体、营养不良,被背靠背绑在一起。我觉得非常难过。"他还写道:

> 我忍不住要告诉你一个让我瞠目结舌的插曲,它揭示了(奴隶的)痛苦和他们主人的不人道。我看到在一个城市广场上有大约50个这样的人,他们围成一个圆圈,脚在外圈,头在中间。他们被绑在一起,挣扎着伸手去够一个盛着水的大木桶。我多站了一会儿想看看他们在做什么。我发现那些可怜虫是在努力舔桶边渗出的水。

尽管记录可能不够详尽,但根据人口普查结果,1551—1552年里斯本只有不到1万名奴隶,大约占该市人口的10%。到了1620年,在总城市人口14.3万人中,则有1万多名奴隶。到18世纪上半叶,15万居民中有2.25万名奴隶。人类学家迪迪埃·拉翁(Didier Lahon)教授估计,从15世纪下半叶到1761年禁止奴隶入境为止,一共约有40万奴隶被带到了葡萄牙。他们基本上全是非洲人,但也有些人来自印度洋和阿拉伯海周围的国家。

"你知道国王和妓女有什么区别吗?"研究里斯本非洲遗产的

第四章 与非洲的联结

法国作家和人类学家让-伊夫·卢德（Jean-Yves Loude）问过这样一个问题。他给出的答案是："没有区别。他们都一样拥有奴隶。据说当时（16世纪）在里斯本没有奴隶的人只有乞丐。"

黑奴在里斯本的家庭、工作场所和街道上都很常见。甚至神职人员和修道院也会购买和使用奴隶。奴隶们不可避免地要从事最累和最不愉快的工作。从事家政服务的女奴需要处理夜壶的污物。每天早晚，数百人下到河边，她们在头上或肩上顶着被称为"calhandras"的罐子，再将罐中的污物倾倒在塔古斯河中。因此，这些女性被称为"calhandeiras"，她们确实发挥了重要的维护公共卫生的功能。

奴隶的工作范围很广。女奴在房子里做清洁工、女佣和厨师，或在街上卖零食如贻贝、海螺、煮李子、蛋糕和羽扇豆。男性奴隶则要做铁匠、卖水人、裁缝、渔夫、鞋匠、木匠和石匠。负责粉刷里斯本建筑的奴隶被称作"caiadores"。一些奴隶主还会把他们的奴隶出租给有需要的人，并从中获取报酬。出租奴隶的人无所事事，过着安逸的生活。

同时，男性奴隶会在治安情况较差的城市中从事类似保安或保镖的工作，也可能会以这样的身份参与航海之旅。1580年，就有超过2000名黑人民兵参与了抵抗腓力二世入侵的战争。一些学过葡萄牙语的奴隶还会受委托回到非洲部落去交易新的奴隶，并把新的奴隶带到里斯本。当他们完成了一定数量的奴隶贸易任务后，或许就可以获得自由。

有些主人允许他们的奴隶结婚，甚至可以不住在主人家中，还可以随便走动。同样，有些奴隶在为主人忠诚工作了很长时间后可能会获得自由，但是这也意味着他们失去了遮风挡雨的屋檐和稳定的饭碗。很多奴隶因为获得自由而酗酒，同时也有很多没能得到自由的奴隶想要叛逃。1766年11月8日的《里斯本周报》（*Hebdomadário Lisbonense*）就曾发过一则通告，称住在上城区阿塔拉亚街（Rua da Atalaya）的马诺埃尔·罗德里格斯·达席尔瓦·佩雷拉（Manoel Rodrigues da Silva Pereira）"丢失了一名黑人男子"，该男子叫作弗朗西斯科·若泽（Francisco José），大约22岁，有以下特征：身体强健，高，笨重，眼睛明亮，精神好，一只耳朵上戴着黄玉石耳环，卷发。

　　来自非洲的奴隶也带来了他们独有的文化，其中包括"黑魔法"和"巫术"这类事物。人们对此始终抱有质疑。1738年，一名为卡达瓦尔公爵（Duke of Cadaval）①工作的奴隶阿丰索·德梅洛（Afonso de Melo）受到了宗教裁判所的审查并做出了如下告解。他表示从一年前开始他的主人对他态度变得很差并殴打他，他因此迷失了自我，并求助于奴隶同伴弗朗西斯科·若泽，希望主人可以像以前一样善待他。于是弗朗西斯科·若泽用黑鸡血、棉花、白兰地调制出药剂，并在其主人的鞋底焚烧鸡心和碎布条。德梅洛还说他听说的另一个解决方法是在早饭前嚼一块木头，然后吐在主人将要踩的地板上。

　　从这些说法中，我们可以感受到西非的巫术文化在里斯本的蔓延。在地铁站的出口，黑色皮肤的男性会分发一些介绍巫师、巫术

---

① 葡萄牙贵族的一个头衔，这里指的是第三代卡达瓦尔公爵雅伊梅·阿尔瓦雷斯·佩雷拉·德梅洛（Jaime Alvares Pereira de Melo）。——编者注

及相关服务的传单。其中一个叫马富吉大师（Mestre Mafudji）的人自称是"伟大的科学家"和"古老法术家族的传人"。他处理过很多案例，这些案例涉及爱情、失物、商业失利、阳痿、毒品和香烟成瘾等各类问题。他的竞争者西拉大师（Mestre Sila）则号称自己是"精通黑魔法和白魔法的富有家族的传人"。传单上除了巫毒咒语外，还提供了他们的地址和电话号码。

16、17世纪很多文艺作品也对葡萄牙的黑奴做了一些描绘。比如里斯本贝拉尔多收藏馆中1570—1580年弗莱芒画家的油画作品《雷伊喷泉》（Chafariz d'el Rey）就描绘了黑人和白人在城市中共同生活的场景。画中的公共喷泉附近有不少黑人，有的扛着水，有的与主人随行。在塔古斯河的一艘小船上，一个黑人在划船，另一个黑人在为白人演奏铃鼓。甚至还有一名黑人男性在和白人女性共舞。有一个黑人男性看起来是喝醉了，正在被人拖着走。还有一个黑人骑在马背上，他身上的披肩上有圣地亚哥骑士团（the Order of Santiago）[①]的符号，这个形象或许指的是宫廷弄臣若昂·德萨（João de Sá），他更有名的称呼是帕纳斯科（Panasco）。他是一名出生在葡萄牙的奴隶，虽然身为弄臣，但他不仅仅是一个供人取乐的小丑，根据历史学家玛丽亚·多罗萨里奥·皮门特尔（Maria do Rosário Pimentel）的记载，他被公认是有一定思想之人。若奥三世曾奖励给他一件华丽的披风。一个骑马的黑人男性穿着圣地亚哥骑士团的披风，这场景在里斯本街头肯定会引得人们议论纷纷。这些奇异的生活场景在画家的笔下被展现得淋漓尽致。

---

① 圣地亚哥骑士团是中世纪在西班牙建立的基督教骑士团。

在 1592 年西奥多·德布赖（Theodor de Bry）[①]以里斯本码头为主题创作的版画中，黑人作为码头工人、船员和桨手出现在岸边。伦敦古物协会收藏的同一时期两幅描绘新商贾大街的画作也有黑人头上顶着篮子和"calhandreira"端夜壶的形象，其中一个黑人还骑着骡子。菲利普·洛博（Filipe Lobo）[②]创作于 1657 年的《热罗尼莫斯修道院和贝伦河岸的景色》（*View of Jerónimos Monastery and Belém Riverbank*）中，骑马的白人男性身后跟着步行的黑人奴仆，背景中有沿街贩卖的黑人女性。德克·斯杜普（Dirk Stoop）[③]1662年描绘宫殿广场的画作上也有黑人的存在。

从 1761 年开始，有零星的事件表明一些人开始为解放黑奴而努力。若泽一世的首相，同时也是葡萄牙启蒙运动的重要人物塞巴斯蒂昂·若泽·德卡瓦略·梅洛签署了一份章程。这份章程指出，从海外运送黑奴到葡萄牙是违法之举，从宗教角度和道德角度都不容接受。这被看作欧洲反奴隶制的先驱行动。然而，此举并不像看上去那么高尚和善良，也有迫于现实的因素。一部分目的是把奴隶送去巴西，那里的葡萄牙人正在如火如荼地建造种植园和开采金矿，并且极度渴求从这些业务中获得资金，因此需要大量劳力。另外，章程中还表明，让"数量如此惊人的黑奴"为葡萄牙工作带来了一个不好的后果，那就是"无事可做的年轻人会变得闲散，并堕入罪恶深渊"。

[①] 佛兰芒出版商、版画家。代表作有《巴克斯的胜利》等。——编者注
[②] 葡萄牙画家，师从德克·斯杜普。——编者注
[③] 荷兰黄金时代画家。1661 年前后前往葡萄牙，成为布拉干萨公主凯瑟琳（后来嫁给了英格兰国王查理二世）的宫廷画家。——编者注

第四章 与非洲的联结

此后，里斯本和整个葡萄牙的奴隶数量开始下降，但完全废除葡萄牙的奴隶贸易还需要再等 100 多年。奴隶制废除运动在初期没能获得广泛的支持，也没能迅速发展。总的来说，反对奴隶制的声音是微弱的。毕竟，不少有影响力的人都从奴隶贸易中发了财，而对其他人来说，拥有奴隶也让他们过上了原本遥不可及的舒适生活。

挂在黑奴脖子上的锁链于 1773 年开始被卸下，随着被称为 "lei do ventre livre"，字面意思是 "自由子宫法" 的法律宣布，那些在当年 1 月 16 日之后出生的人，或者家族自曾祖母那一代就一直是奴隶的人，都可以获得自由。这是一个开始，此后解放在陆陆续续地进行。19 世纪，当一位稀有而坚定的葡萄牙废奴主义者上台时，这一切的进程加快了。自由党领袖萨达班代拉子爵（Viscount Sá da Bandeira）于 1856 年颁布了一项法律，赋予所有奴隶母亲的儿童自由的权利。然而他的提议也不是完美的，他要求这些孩子必须为母亲的主人免费工作到 20 岁。

2 年后，另一项法令又推进了一步。它指出，在 20 年内，葡萄牙领土上的奴隶制将被废除。然而，1869 年的一项法令却延长了这一期限。这是因为各方竞争的利益相互挤压，于是废奴主义者和商人之间漫长的政治棋局就充满了佯攻和应付。新法令一方面废除了奴隶制并解放了奴隶，但另一方面又将他们归类为 "libertos"，译为 "被解放的男女"，这些人虽然名义上不属于奴隶，但直到 1878 年，他们还被迫继续为他们的主人辛勤劳作。最后，在距离 20 年期限只剩 3 年的时候，"libertos" 的提法终于被废除，那些被解放的人可以自由地在葡萄牙的任何地方工作了。

萨达班代拉后来成为侯爵，也赢得了一座铜像。该铜像于1884年7月由路易斯一世在罗马铸造，由意大利人乔瓦尼·奇尼塞利（Giovanni Ciniselli）制作，资金来自公共筹款。铜像矗立在靠近里斯本索德雷码头（Cais do Sodré）郊区火车站的花园中，毗邻塔古斯河。在通往基座的台阶上，还有一个赤裸的非洲妇女雕像，她脚踝上是断了的链子，腿上还坐着一个孩子。她看着孩子，指着萨达班代拉，仿佛在讲述这位英雄的故事。心怀敬畏的幼童，象征着未来，正向他献上月桂花环。

担任雕像模特的女子叫费尔南达·杜瓦莱（Fernanda do Valle），她是一位混血女性，被称为"黑费尔南达"（Preta Fernanda）。她是为数不多的在这座城市的历史上留下印记的非白人里斯本居民之一。其他一些名人则通过口耳相传的方式被人们记住，例如来自西非的维奥兰特·费尔南德斯（Violante Fernandes），她是上城区16世纪的妓院老板，芭芭拉·费尔南德斯（Bárbara Fernandes）也是在出租房内从事类似工作的黑人妇女。她们两人都因摆脱了奴役而出名。

费尔南达·杜瓦莱是奴隶时代末的名人，在那个臭名昭著的年代，她红得发紫。她是一位有名的妓女，而且以敢骑马、斗牛而闻名。她曾出版过一本自己口述并由他人代写的自传。她于19世纪下半叶出生于佛得角的安德烈萨·德皮纳（Andreza de Pina），出生日期未知。她1912年的回忆录《殖民的回忆》（*Recordações d'uma Colonial*）讲述了她不凡的一生，但所述的内容有时和其他记载不相符。她和一个富有的德国人一起搬到里斯本，后来由于对方酗酒而分开了。

第四章　与非洲的联结

　　担任雕像模特是费尔南达维持生计的方式，尽管她在工作期间还与这位艺术家发生了争执，据说她对艺术家雕出她脚上难看的肿块感到不悦。后来，她在著名的卡瓦尔坎蒂（Cavalcanti）家族位于里斯本的住所找到了从事家政服务的工作，自此开始接触里斯本的社会精英，并与其中的一些成员建立所谓的"下流"关系。她坦率的自传中提到了一长串情人。她用自己的积蓄开了一家在里斯本最受欢迎的妓院，有特定的客户群，并成为该市波希米亚人的聚会场所。葡萄牙小说家若泽·玛丽亚·埃萨·德·凯依洛斯（José Maria Eça de Queirós，后文简称凯依洛斯）[1]还曾邀请费尔南达到他在特林达德剧院（Teatro da Trindade）的包厢。她极具挑衅性和感性，富有异国情调和热情，由于绯闻而颇具争议。

　　费尔南达·杜瓦莱的举动震惊了传统的里斯本社会。《首都报》（*A Capital*）在1917年4月15日以愤怒的语气报道了葡萄牙未来主义运动组织前一天在共和国剧院举行的会议。此次活动见证了法国作家和艺术家瓦伦丁·德圣普安（Valentine de Saint-Point）的作品《欲望的未来主义宣言》（*Futurist Manifesto of Lust*）的发表，这位艺术家坚持男女平等和性自由。葡萄牙知识分子若泽·德阿尔马达·内格雷罗斯（José de Almada Negreiros，后文称德阿尔马达·内格雷罗斯）[2]也是该活动背后的支持者，他本人也是一名

---

　　[1]　也译为埃萨·德·盖罗斯，葡萄牙著名现实主义作家，著有反映葡萄牙现实生活的长篇小说《阿马罗神父的罪恶》《马亚一家》《城与山》等，大多描写葡萄牙封建社会的没落，揭露贵族、官吏和教士的腐朽。

　　[2]　葡萄牙作家、艺术家，葡萄牙现代主义运动代表人物之一。著有小说《战争之名》、剧本《开始之前》，主要绘画作品有里斯本港口壁画。——编者注

混血儿。

这篇报纸文章的标题是《疯狂的悼词》，而同期头版头条报道的是第一次世界大战，葡萄牙士兵抵达法国。报道介绍了"这位有名的佛得角妇女"在靠近舞台的包厢里"孜孜不倦地关注着"德阿尔马达·内格雷罗斯说的每一句话，此外，报道还提到，这位女子曾"像异装癖者"一样装扮成骑在马背上的男性斗牛士，并在里斯本进行斗牛表演（报纸还专门指出，在此过程中她的裤子被撕裂了）。据报道，和她一同参加此活动的还有不少里斯本花街柳巷的成员。德阿尔马达·内格雷罗斯当场遭到质问并离开了舞台，许多人也离场了，但"著名的骑马者"是留下来的人之一。报道还说她"只脸红了几次"。

德阿尔马达·内格雷罗斯也在当时的葡萄牙社会引起众怒。他于1893年出生在圣多美和普林西比双岛群岛，为一名葡萄牙骑兵中尉与当地一个富家女所生。对许多人来说，他是葡萄牙现代主义之父。而里斯本的资产阶级社会则对他那种不敬仰、不尊重传统，有时甚至是刻薄的态度很反感，尤其他还是非洲女人的孩子，在人们看来，他就更不应该受到敬仰。德阿尔马达·内格雷罗斯拒绝屈服，他写道："任何关注自己的人都只想获得真实罢了，解释是留给别人的。"在第一次未来主义者大会上，他穿着像飞行员作战服一样的全身服登上舞台，并被拍下了一张黑白照片，这可能是这位艺术家最知名的照片。他身材瘦削，身上穿着的裤子像马裤一样，大腿处宽松、脚踝处收紧，他把领子扣到最高，右手放在臀部，挺着胸膛，神情坚定。

德阿尔马达·内格雷罗斯集诗人、小说家、散文家、设计师和画家于一身，还是诗人费尔南多·佩索阿的密友，并与他一起为里斯本著名的文学杂志《俄耳甫斯》（Orpheu）撰稿。他的一些杰出的前卫作品让他名气颇高，许多作品至今仍然被收藏在里斯本，比如古尔本基安现代艺术基金会中心（Gulbenkian Foundation Center）就有不少他的作品。他还在希亚多区的巴西莱亚咖啡馆（A Brasileira café）的墙上制作了两块装饰板，该咖啡馆外面还有佩索阿的青铜雕像。这些作品分别是《沐浴者》（Banhistas）和《集体自画像》（Auto-Retrato em Grupo），作品里最左边的形象是艺术家本人。

在更近一点的时代也有像德阿尔马达·内格雷罗斯一样的混血儿，比如马里奥·多明格斯（Mário Domingues）。他于1899年出生在普林西比岛，幼时移居里斯本。他非常热爱写作，无论是作为记者还是历史学家、小说家和散文家，他都颇有成就。他出版了200多部小说和非小说作品，这也使他成为有史以来最多产的葡萄牙作家之一。他的作品包括广受欢迎的、共有23本书的《露西亚达系列》（Série Lusíada），这个系列的书中提到许多关于葡萄牙的历史，也借鉴了查尔斯·狄更斯（Charles Dickens）、沃尔特·斯科特（Walter Scott）以及犯罪惊悚片。他1960年的小说《巨人中的男孩》（O Menino entre os Gigantes）讲述了20世纪初里斯本小资产阶级中一个混血男孩所忍受的种种种族歧视。和作者一样，小说中的混血男孩从他的非洲母亲身边被带走，并被送到里斯本与他的白人父亲及家人一起生活。多明格斯称他想通过这部小说"呼吁各种肤色、各种等级的人之间的博爱"。

另一位成为历史脚注的知名人物是派·保利诺（Pai Paulino，后文简称保利诺），他是19世纪桑塔纳球场斗牛比赛中的黑人艺人，他的表演吸引了大批观众，也借此打开了另一扇门。他参加了几个寻求维护非洲人权利的宗教兄弟会。在1828—1834年的葡萄牙内战中，保利诺站在自由党这边反对专制主义者。此外，他还做过粉刷匠，并在科珀斯克里斯蒂（Corpus Christi）街头游行里吹笛。他的成就虽不足以拥有一尊雕像，但著名的插画家和漫画家拉斐尔·博尔达洛·皮涅罗（Rafael Bordalo Pinheiro）①在1894年仍为他制作了一个瓷器半身像。然而，与当时的其他黑人一样，保利诺死后注定要被埋在无名之处，他长眠于上圣若昂（Alto de São João）公墓。

9世纪的混血医生若泽·托马斯·德索萨·马丁斯（José Tomás de Sousa Martins）则极受人们的重视。在他去世一个多世纪后，在里斯本医学院马路对面的国家烈士广场（Campo dos Mártires da Pátria）上，他的雕像脚下仍然每天摆放着鲜花花束。在白色石台周围，齐腰高的锻铁栅栏后面，有数十块刻石和大理石牌匾，都是为纪念他而设立的。经常有人在纪念碑前双手合十，默默祈祷。蜡烛在黑色的金属盒子里被点燃，广场上散发出蜡烛熔化的气味。这里成了一座非官方的神殿。

德索萨·马丁斯成为一些人心目中的神话，他被视为奇迹创造者和圣人。他的故事激励着人们。他在无私奉献的生活中一视同仁地关心各种肤色和信仰的人，他不仅在王宫里治疗葡萄牙王室和贵

---

① 以插图、漫画、雕塑和陶艺而闻名，被视为葡萄牙第一漫画家。葡萄牙象征之一，卡通人物泽·波维尼奥（Zé Povinho）即出自其笔下。——编者注

第四章 与非洲的联结

族,也在里斯本贫民窟里治疗贫穷的黑人。事实上,他向富人收取了很高的治疗费,但不向穷人收取任何费用。有人称他为穷人之父。他是著名的大学教授和科学家,也是结核病研究的先驱,并因此享誉国际。他致力于攻克的传染病,正是当时威胁里斯本的祸患之一。

他最受赞赏的是他的人情味和对病人的态度。他曾告诉他的学生:"当你晚上去医院,听到病人的呻吟声时,就到他们的床边,看看那些可怜的病人需要什么,如果你什么也帮不了他们,就给他们一个微笑。"在1897年,54岁的德索萨·马丁斯去世时(他也不幸死于肺结核),卡洛斯一世(Carlos I)[①]这样评价他:"在他离开这个世界时,所有认识他的人都在哭泣。这是一个无法弥补的损失,也是一个国家的损失。这个国家最伟大的光芒熄灭了。"德索萨·马丁斯死后,雕塑家阿莱绍·凯罗斯·里贝罗(Aleixo Queirós Ribeiro)于1904年为他创作了一尊雕像,但被批评为失败作品并引发丑闻,故而不得不拆除。那尊雕像是德索萨·马丁斯坐着的形象,但很多人表示不喜欢。后来,雕塑家科斯塔·莫塔(Costa Mota)创作了新的雕像以取而代之,是德索萨·马丁斯穿着教授的长袍站立,并做出向观众致意的姿势。这尊雕像现在成为很多人必去的观光景点。

20世纪也有两位新成员被载入非洲裔葡萄牙人的名人簿中,他们都在马法拉拉(Mafalala)长大,那里是莫桑比克殖民地首

---

① 葡萄牙国王(1889—1908年在位),路易斯一世之子。在位期间与英国在非洲殖民地问题上发生冲突,后妥协,引起葡萄牙国内不满。后任命佛朗哥为首相,并授予其独裁权力引起更大的反抗。——编者注

都洛伦索-马贵斯（Lourenço Marques），也就是现在的马普托（Maputo）最大的街区之一。他们两人是儿时的朋友，年轻时到里斯本居住。他们都是各自领域的名人。

第一位是里卡多·奇班加（Ricardo Chibanga），他的葡萄牙教名和非洲姓氏完美地体现了文化融合。他被认为是第一位黑人斗牛士。据说，西班牙著名画家毕加索（Pablo Picasso）和达利（Salvador Dalí）都曾招待过他。他曾到过世界各地的斗牛场，人们看了他的表演后都会起立鼓掌并为他赞叹。

奇班加出生于1942年。1962年，他乘坐葡萄牙空军的航班抵达里斯本，他到这座城市来是为了提高他的斗牛技能。他后来回忆起对葡萄牙首都的第一印象时说："一切都那么美丽。我来自一个非洲村庄，而这里却有漂亮的房子和铺好的道路……我很惊讶看不到黑人！"当时，里斯本已经不再处于10%人口都是黑人的时代了。

奇班加于1968年在里斯本著名的坎普-佩克诺（Campo Pequeno）斗牛场首次亮相，这是一座建于19世纪末的新伊斯兰风格的红砖建筑，现在下面还修建了一个购物中心。奇班加28岁时曾在一场斗牛比赛中被一根带刺的棍子打中，这种棍子叫作"bandarilhas"，是用来刺动物的。1971年，他在塞维利亚举办了一场备受赞誉的演出，然后还去了西班牙马德里、巴塞罗那以及法国和拉丁美洲，在那里他被人叫作"非洲人"（El Africano）。他说他从来没有感受到种族歧视："相反，我一直觉得人们欣赏我。"

来自马法拉拉的另一个明星是迄今为止里斯本最著名的非洲人。他的名气太大了，以至于人们都不必提他的姓氏，只说名字就人尽皆知，他就是尤西比奥（Eusébio da Silva Ferreira）。这位足球

第四章　与非洲的联结

运动员有极强的爆发力和猫科动物般的敏捷，他发迹于南部非洲的泥泞土地，有"黑豹"（Pantera Negra）的绰号。

尤西比奥从洛伦索-马贵斯到里斯本的旅程是一场著名的秘密行动。当时，里斯本两大足球俱乐部本菲卡和葡萄牙体育①的球探都认为尤西比奥大有前途，并都向他抛出了橄榄枝。本菲卡足球俱乐部抢得先机，让尤西比奥的母亲说服他加入。由于担心葡萄牙体育足球俱乐部给出更高的报价抢走尤西比奥，本菲卡足球俱乐部一直保持警惕，尽力避免这位神童有和对手接触的机会。1960年12月，尤西比奥18岁时，他再三表示害怕坐飞机，但本菲卡足球俱乐部在洛伦索-马贵斯的代表还是将他赶上了葡萄牙航空（Transportes Aéreos Portugues，TAP）飞往里斯本的洛克希德超级星座航班。为了不让葡萄牙体育足球俱乐部的人察觉，他们还在乘客名单上将尤西比奥登记为女性，让他用假名"露丝·马洛索"坐了飞机。

尤西比奥为葡萄牙国家队带来了许多成就，同时也在本菲卡足球俱乐部大放异彩，并受到球迷们的崇拜。他令人难忘的比赛之一是1962年对阵皇家马德里的史诗般的欧洲冠军联赛决赛。传奇人物费伦茨·普什卡什（Ferenc Puskas）上半场的帽子戏法本来看似足以为西班牙俱乐部赢得奖杯。但在下半场尤西比奥连进两球，上演了激动人心的大逆转，帮助葡萄牙球队以5：3获胜，本菲卡足球俱乐部也因此第二次夺得洲际冠军头衔。有人称他为"黑珍珠"（A Pérola Negra）。

---

① 葡萄牙之外也有"里斯本竞技"的译名，现根据官方译名统改为"葡萄牙体育"。——编者注

尤西比奥同样以其谦逊温和的态度以及真诚坦率的性格而闻名。1964年,当意大利足球俱乐部提议以一个天文数字买下他时,葡萄牙当时的独裁统治者萨拉查下令:"国宝"不能卖到国外。1998年,国际足联召集的由100名专家组成的小组将尤西比奥列入国际足球名人堂,他被评为足球运动史上十大最伟大的球员之一。"你看,名单上只有两个黑人:我和贝利(Pelé)。"尤西比奥在谈到这个荣誉时这样评论道,还提到了曾是他朋友的巴西巨星贝利。他说:"我认为这是一项重大责任,因为我不仅代表非洲,也代表葡萄牙,我的第二故乡。"

尤西比奥的超级巨星地位使他获得不少特殊待遇。他的遗体于2015年,即他去世后的第二年,被移至国家公墓(National Pantheon)。他是第十二位获得此殊荣的人,也是第一位获得此殊荣的运动员。在本菲卡足球俱乐部的光明球场外矗立着一尊尤西比奥的雕像,是他在踢中球时蓄势待发的样子。法国作家让-伊夫·卢德曾讽刺道,尤西比奥是"唯一一位因在其有生之年为国家服务而永垂不朽的非洲工人"。

对大多数黑人或混血儿来说,里斯本这块土地不能满足他们的野心。与其他欧洲人一样,许多葡萄牙白人对黑人总抱有偏见和刻板印象,持负面态度。长期以来,混血儿被认为是比白人更"黑"的人种。尽管如此,他们仍可以生活在葡萄牙人中间,没有被强制分开。正如历史学家弗朗西斯科·贝当古(Francisco Béthencourt)所说,葡萄牙的种族主义是通过歧视而不是隔离表现出来的。

非洲人不仅曾作为奴隶为雇主工作,还时常会成为被嘲弄的对象。他们被迫学习葡萄牙语,但这件事却被一些人认为是滑稽的。

第四章 与非洲的联结

他们的说话方式被称为"黑色的舌头"（língua de preto），这个词至今仍然被用于形容葡萄牙前非洲殖民地居民的口音。这种嘲笑的案例最早可见于皇家剧作家维森特1524年的悲喜剧《爱的熔炉》（Frágua de Amor），这部剧在若奥三世和神圣罗马帝国皇帝查理五世（Charles V）的妹妹卡塔里娜（Catarina）的婚礼上演出，剧中人物因其语法错误而成为被讽刺的对象。

受洗后，黑奴被允许参加一些宗教庆典，他们有时还会借此展现自己的一些文化。一位修道士在1633年震惊地看到黑人在这样的场合穿着五颜六色的衣服并在街上跳舞，他描述道："他们中的一些人就像在非洲一样。我可以听到响板、吉他、鼓、长笛和非洲乐器的声音。有的男人带着弓箭，有的女人的头上顶着主人给她们的篮子。"

18世纪的意大利作家吉塞佩·巴雷蒂（Guiseppe Baretti）的一些观点就是偏执和种族主义在里斯本盛行的表现。他不仅厌恶在城市中行走时遇到的难闻气味和恶狗，还对黑人和白人结合生子感到震惊。这仿佛是一种非正式的种姓制度。巴雷蒂写道："葡萄牙人的原始种族已经堕落到这样的程度。成为一个'Blanco'，即血统纯正的白人，成了一种荣誉称号。因此，当一个葡萄牙人说他是一个'Blanco'，不仅应该被理解为他是一个白人，还代表他是一个有尊严的人，一个有家庭和有影响力的人。"

黑人被认为与白人天生不平等，他们几乎不可能接受教育。在19世纪80年代，历史学家奥利韦拉·马丁斯还曾经试图以科学的方式证明非洲人"先天低人一等"。然而，正如1766年对逃亡奴隶的描述一样，黑人被普遍认为是身世不幸但性格开朗，而且具

- 129 -

有音乐天赋的，他们的演奏在著名的科珀斯克里斯蒂游行中特别受欢迎，保利诺就曾在那里演出。自中世纪以来，游行盛会一直是里斯本的一项主要传统，盛大的活动以市中心的烈士教堂（Igreja dos Mártires）为中心展开。一幅若泽·马略阿（José Malhoa）绘于1886年的油画展现了"圣若热黑人"（Os Pretos de São Jorge）乐队的演出，这个乐队多年来一直在游行队伍中演奏。两个人打鼓，两个人吹喇叭，一个人吹长笛。5个人都穿着红色和橙色条纹的斗篷。作家若泽·菲亚略·德阿尔梅达（José Fialho de Almeida）[①]是这样描述他们所引起的轰动的："整个里斯本都喜欢他们，要是哪个游行队伍里只有十字架和牧师的话，肯定没人想看……人们会不耐烦地大喊'真无聊！来点黑人演出吧！'"

在20世纪，当时的统治者萨拉查认为音乐不仅仅是娱乐，它必须得能帮助宣传政治主张，否则他就不会满意。20世纪50年代，葡萄牙流行一首名为《黑人母亲》（*Mãe Preta*）的法多歌曲，这首歌改编自巴西歌曲。当它被传播得越来越广的时候，萨拉查突然下达了禁令。歌曲讲述了一个奴隶奶妈在养育白人主人的孩子时承受种种艰辛，而她却无暇顾及自己的孩子。

萨拉查更喜欢能表现葡萄牙及其独特事迹的歌曲。1940年举办于葡萄牙的世界博览会是一个巨大的宣传噱头。为期4个月的活动旨在展示该国的伟大，并将葡萄牙人的注意力从二战中转移开来。尽管葡萄牙没有参加二战，但它仍受到了食品和燃料短缺的困扰。这场在贝伦上演的大型展览旨在重现大航海时代的精神，并大

[①] 葡萄牙作家，主要作品有短篇小说集《堕落的城市》《葡萄之国》。——编者注

第四章 与非洲的联结

肆炫耀葡萄牙征服了多少个国家。展览中有个特色区域集中展示非洲人的生活,可以看出当时人们对非洲生活的固有成见:茅草屋、在柴火上做饭,以及来自安哥拉和莫桑比克的上身赤裸的男女。他们随着传统音乐唱歌跳舞。场景中还有狮子、斑马、猴子,以及不可避免会出现的大象。

里斯本人民对这一切表示震惊和不满。里斯本的报纸刊登了描述黑人如何在非洲生活的文章。正如里卡多·奇班加所说,在独裁统治下的里斯本几乎没有黑人,因此葡萄牙人对非洲文化并不熟悉,他们的观点大多来自学校的教科书和新闻简报。好奇心是对等的:一名被从非洲带到里斯本的黑人告诉记者,在非洲,他通常一年只会见到一个白人,那就是来向村庄征税的人。1974 年政变[①]之后,独裁统治结束,当年的这场展览也被批评为像是"人类动物园"。

那场被称为康乃馨革命(Carnation Revolution)的政变为非洲殖民地带来了独立,并引发了非洲人新一轮前往里斯本的潮流。在他们的心目中,昔日的帝国首都成为理想之地。这座城市的非洲纽带自 19 世纪以来一直松懈着,终于在一个世纪后再次紧密了起来。

在革命的前几年,第一批非洲移民大潮来自佛得角。20 世纪 60 年代,数千名讲克里奥尔语的佛得角男子抵达里斯本。他们作为劳工来到这里,是为了弥补葡萄牙劳动力的不足,因为当时很

---

① 指 1974 年发生的康乃馨革命。康乃馨革命,又称"四·二五革命""石竹花革命"。是葡萄牙左翼青年军官发动的反对独裁统治的军事政变,推翻了卡埃塔诺政权,开启了葡萄牙民主化之路。——编者注

多劳动力参与了非洲独立运动斗争，或者为了薪水更高的工作去了欧洲其他地方。这些佛得角人定居在后来被称为"克里奥尔三角"（creole triangle）的地方，那里有议会大楼所在地圣本图（São Bento）、黑坑街（Rua do Poço dos Negros）和圣卡塔里娜街区（Santa Catarina）。在这片区域，还开设了销售佛得角进口食品的商店，餐馆里出售佛得角美食，夜总会播放着佛得角音乐，旅游公司还会推销往返佛得角的航空和货运服务。

独立后，这些移民的家人和朋友也纷纷来到里斯本加入他们。佛得角人开始将里斯本称为他们九岛群岛的第十个岛屿。有人开玩笑说，当时西非的克里奥尔语已成为里斯本第二大语言，但这种说法缺乏证据支撑。移民从事的大多是低收入的蓝领工作，男人去了建筑工地，妇女则从事清洁工作。他们无论是生活地点还是心理认知都处于边缘状态。由于里斯本住房不足，移民们只能收集瓦片、铁皮、木材和砖块，在城市边缘建造了属于他们的棚户区（bairros de lata）。妇女们需要头顶着水桶把水运回家，而孩子们则在裸露的土地上蹦蹦跳跳。对许多当地人来说，这些场景看起来像是在非洲，令人感到不快。虽然在21世纪初，欧盟发展基金帮助政府和市议会清除了这些棚户区，然而，为取代棚户区而建造的拥挤的高层住房项目并没有消除这些社区居民的耻辱感。这里存在与其他欧洲城市相同的社会问题。

非洲国家独立后从殖民地归来的葡萄牙人是心存非洲文化的。这些人被称为"retornados"，意为"回来的人"，类似法语中的"pieds noirs"（黑脚），但葡萄牙比法国晚了20年，成为最后一个放弃其非洲殖民地的欧洲国家。葡萄牙人是第一个在撒哈拉以

第四章 与非洲的联结

南非洲定居的,也是最后一个离开的。在大约一年的时间里,有50万葡萄牙人回家了。尽管困难重重,里斯本还是为他们腾出了居住空间。政府不得不征用了里斯本所有可用的酒店房间,一连几周,码头上都堆满了木箱,里面装着从非洲运来的物品。许多"retornados"仍然对非洲怀有深厚的感情。

移民赋予了里斯本一丝非洲风情。在这里,你可以在餐厅吃到安哥拉的"muamba"(炖鸡),也可以吃到佛得角口味丰富的"cachupa",里面有玉米、豆类、煮熟的香蕉和土豆,可以品味圣多美(São Tomé)用香蕉、木薯和磨碎的玉米制成的"calulu",还有和印度咖喱一样正宗的莫桑比克咖喱。这些美食大多辛辣刺激,勇敢的人才敢尝试。在黑坑街的坦巴里纳餐厅(Restaurante Tambarina),你能吃到上述大部分菜肴。这座紧靠人行道的小餐厅属于多明戈斯·德布里托(Domingos de Brito)先生,他是一位身材矮小的佛得角人,于20世纪70年代来到里斯本。他用新鲜的番茄和洋葱混合自制辣椒酱,以增添菜肴的回味。在用餐结束时,他还会提供一瓶佛得角的"ponche",这种饮料可以助消化。

与美食一样,非洲大陆的音乐和夜生活也渗透进了里斯本文化,并在欧洲扎下了根。一些关于非洲音乐的新名词出现了,里斯本的夜总会也出现了新的舞蹈。比如"kizomba"指的是一种安哥拉风格的电子音乐,用作缓慢的肚皮舞的伴奏,英国的《每日快报》(*The Daily Express*)说这种音乐有着"令人难以置信的性感"。佛得角的"morna"也来到了里斯本,这是一种浪漫的、带着热浪的、以人声为主的作曲风格,最有名的演出者是"赤脚天后"切萨莉亚·埃武拉（Cesária Évora）①。还有一种更活泼的佛得角音乐风格叫"funaná"，以手风琴伴奏。此外还有被葡萄牙乐队"布拉卡-佐姆系统"（Buraka Som Sistema）带火的"kuduro"风格。

这支乐队的风格受到乐队成员的非洲经历以及在里斯本做蓝领工作经历的影响。乐队的两名成员在安哥拉长大，另外两名在里斯本边缘的阿马多拉（Amadora）长大，他们结合了来自巴西、非洲和欧洲的风格，并获得了大量好评，但乐队最终在2016年解散。他们的音乐有浩室音乐（house music）②、放克、污秽说唱（grime）③和回响贝斯舞曲（dubstep）④的特征，歌词朴实无华，带着点俏皮，歌词以葡萄牙语为主，但也会借鉴安哥拉的表达方式。乐队的白人成员、昵称"布兰科"（Branko）的若昂·巴尔博扎（João Barbosa）说："我们设法……创造了一些专门适合里斯本的音乐。"他们歌曲的流行也促进了里斯本的文化融合。许多年轻的葡萄牙人都受到西方商业文化的影响，感受到其中蕴含的非洲风情，并开始对此感兴趣。

乐队的另一位成员卡拉夫·安热洛（Kalaf Ângelo）同时也是作家和设计师，他在里斯本生活了20多年，他称自己2014年出版的《（半价）买下里斯本的安哥拉人》[O Angolano Que Comprou Lisboa (por Metade do Preço)]是给这座城市的"情书"。他说："历

---

① 来自西非佛得角，成名于法国，后走红全球，作品曾获第46届格莱美奖。——编者注
② 一种起源于20世纪80年代的电子舞曲风格。——编者注
③ 一种受到多种音乐类型影响、具有创新性的电子舞曲类别。
④ 一种电子乐风格，起源于英国，节奏稀疏，速度缓慢。

史将我们联系在一起,这是没有办法避免的。"

尽管葡萄牙人钦佩安哥拉作家若泽·爱德华多·阿瓜卢萨和莫桑比克小说家米亚·库托(Mia Couto)[1],但非洲人和非洲裔人总体上还是缺乏文化、缺乏政治修养且专业程度不足。他们不太可能在里斯本教书、治病救人或在议会里发言,不过也有例外,2015年上任的司法部部长弗朗西斯卡·范杜嫩(Francisca Van Dunem)就出生在安哥拉。巴西作家若泽·拉莫斯·廷霍朗(José Ramos Tinhorão)[2]曾在他1988年关于葡萄牙黑人的书中说他们是"沉默的存在"。

即便如此,他们在里斯本的悠久历史也仍然有所体现。在罗西乌广场旁边的圣多明戈斯广场,每天仍有穿着五颜六色传统服饰的非洲人聚集,有人站着,有人闲逛,有人闲聊。他们中有男人和女人,也有基督徒和穆斯林。一些人还会摆出篮子贩卖非洲辣椒。路人们可能意识不到,非洲人已经在这里聚集了大约500年。

圣多明戈斯教堂是圣多明戈斯修道院的一部分,也是第一个黑人兄弟会的所在地。黑人玫瑰经圣母兄弟会(The Brotherhood of Our Lady of the Rosary of Black Men)于16世纪初在这里成立。作为里斯本第一个黑人兄弟会,他们得到了曼努埃尔一世的经济支持,1508年,从西非抵达里斯本的每艘船都获得了津贴。该兄弟

---

[1] 莫桑比克最重要的作家之一,葡萄牙移民后代,其作品擅长融合葡萄牙语和莫桑比克的地域性词汇和结构,代表作有《母狮的忏悔》《梦游之地》等。——编者注

[2] 巴西乐评人、记者、评论家、作家、历史学家。被视为激进的民族主义者,在音乐批评中引入社会学分析方法。——编者注

会也接受白人男性，从16世纪中叶开始，该兄弟会分为两部分："一部分是地位较为尊贵的人，另一部分是刚被解放的里斯本黑人和奴隶。"天主教神职人员的做法有时很自相矛盾，虽然他们隔离了非洲血统的人以避免与白人发生冲突，但同时也祝福黑人圣徒的信仰和崇拜。例如，格拉萨教堂拥有一座祭坛，上面有玫瑰圣母像、埃塞俄比亚的圣埃菲赫尼娅（St Ephigenia）和圣埃莱斯班（St Elesbaan）以及摩尔人圣贝尼迪克特（St Benedict）的雕像。圣多明戈斯广场还是重获自由的非洲人聚集的地方，他们纷纷在那里推销自己以求谋得粉刷匠的工作。

20世纪后期非洲人定居的地区——圣本图、圣卡塔里娜以及黑坑街的附近街区——在里斯本历史中有着重要地位。16世纪的圣卡塔里娜教堂附近是著名的"木十字架"（Cruz de Pau），奴隶在那里被捆绑和受罚。黑坑街之所以得名，则是因为曼努埃尔一世在1515年下令把死去的奴隶扔进此地的深坑中。在更久以前，奴隶的尸体常被丢弃在街上，直到散发出恶臭并被狗吃掉。人们还会向深坑中扔石灰，以加速尸体的分解。

这些令人毛骨悚然的中世纪历史与当今城市的面貌形成了鲜明对比。如今，这些街区和里斯本其他地方一样漂亮，陡峭的街道两旁是细长的四五层公寓楼，许多楼栋被刷上柔和的颜色，如淡黄色或浅粉色、浅蓝色。这些场景就像曼努埃尔·卡尔加莱罗（Manuel Cargaleiro）[①]的画作一样，充满几何感、色彩斑斓。有被漆成深绿

[①] 葡萄牙当代艺术家，擅长陶艺、绘画，其作品以运用模块图像和原色搭配为特点。——编者注

第四章　与非洲的联结

色的锻铁阳台，有在斜阳下闪闪发光的钢制电车线路。人们洗好的衣服被挂在安静的鹅卵石街道边。狭窄的街道刚好够一辆车通行，这种乡村生活般的感觉是在里斯本经常能遇到的。从山丘上可以俯瞰到壮观的风景，也能看到更多的房屋和街道构成的直线或柔和曲线在城市中延伸，大多数的街道都会通向有梧桐树和喷泉的小广场。当意料之中但又令人惊叹的全景映入眼帘时，我们可以看到远处的河流或海洋成为一条令人着迷的蓝线。如今，只剩下一些街道的名称，例如刽子手巷（Beco do Carrasco），提醒着人们这里可怕的过去。

就在这个地区的西边，有一个地方曾经被称为里斯本最非洲的街区。它甚至还有一个非洲名字"莫坎博"，在安哥拉及其首都罗安达使用的主要非洲语言金邦杜语（Kimbundu）中，这个名字意为"小村庄"或"避难所"。1593年这个地方根据皇家法令被创建，当时位于城市的边缘，是被释放的奴隶和修女居住的地方。莫坎博修道院（Convento das Trinas do Mocambo）是该地区几座修道院中最大的一座。除了修道院需要廉价劳动力外，附近的砖厂和铁匠铺也提供工作岗位。从17世纪开始，这个街区逐渐被渔民接管，他们大部分来自葡萄牙北部地区。后来，该地区的名称被更改为马德拉瓜（Madragoa），可能取自一个印度宗教场所"果阿母亲之家"（Casa das Madres de Goa）。原来的修道院现在成了水文研究所的总部。

雕塑家曼努埃尔·德奥利韦拉（Manuel de Oliveira）为1940年葡萄牙世界博览会制作了一些非洲人物半身像，现在它们被放置在贝伦的热带植物园里。这些黑色半身像散布在场地周围，被放置在白色水泥基座上，是真人尺寸的 3 倍大，没有任何迹象表明雕像原型是谁。值得注意的是，当人们提起 20 世纪 90 年代里斯本的一些主要公共工程项目，例如塔古斯河上 12 千米长的瓦斯科·达·伽马大桥时，很少有人会提到帮助建造它们的重要且大量的非洲劳动力。

对黑人历史的忽视是一种文化健忘症。非洲人经常保持沉默，以致当地人很少听到他们的声音。虽然近些年来里斯本的犹太历史引起了人们的关注，但这里的非洲遗产仍然没被有意展示给来到这里的数百万游客。也许葡萄牙人需要自己先敢于承认这里丰富的非洲遗产，然后才能将里斯本介绍给其他人。

第五章

灾　难

第五章 灾 难

1755 年的诸圣节①是个星期六。那是 11 月的一个美丽的早晨，天空清朗而蔚蓝，阳光明媚，如此的好天气让里斯本的夏季还能持续一段时间。人们后来回忆起来，早上 9 点 30 分，教堂的钟声敲响后不久，一阵低沉的轰隆声传来，像是从远方传来的雷声。有人将其比作重型马车在城市街道上疾驰而过的声音。事实上，这是现代历史上袭击西欧的最大地震的预警和"战鼓"。

猛烈的震动共有 3 声轰鸣，中间有短暂的间隔。这立即摧毁了里斯本约三分之二的建筑物，它们纷纷坍塌，并伴随着可怕的撞击声。一场 6 米高的海啸加速了塔古斯河的流动，船只纷纷倾覆，岸上的人也没能幸免。随后一场突如其来的大火持续燃烧了 6 天，火光亮得足以供人在夜间阅读。土、水、火的三重灾难仿佛是《旧约》里上帝的愤怒。这座曾拥有雄心壮志的城市，这座靠着巴西的黄金富裕了半个世纪的城市，被这场灾难剪断了翅膀，漫长的重建将彻底改变这里的基调和风格。这致命的 7 分钟不仅摧毁了一座城市，也引发了整个欧洲的震动，同样引发了人们关于上帝意图和科学价值的质疑。

里斯本人民对地震并不陌生。在此前 400 年左右的时间里，他

---

① 诸圣节亦称"诸圣瞻礼"，是天主教和东正教节日之一，日期为 11 月 1 日。

们经历了 15 次地震，根据记录，1356 年、1531 年和 1597 年的地震都曾造成重大破坏。然而，1755 年的地震是尤其严重的一次地震。震源位于距其西南 250 千米处的海底。由于构造板块的移动，里斯本一些最古老的地区地下的沙质砾石土地发生颤动。城市里石头和木结构的建筑都因此倒塌。几个世纪以来，里斯本狭窄的街道是根据人们的需要随意发展的，缺乏设计和规划，于是在灾难中成了死亡陷阱。

这场破坏造成了极大规模的伤害。成千上万的人以各种可怕的方式死去：被压死、窒息而死、被烧死、被淹死……幸存者也产生了心理创伤，他们那些令人毛骨悚然的讲述成了现代灾难电影的素材。

马诺埃尔·波塔尔（Manoel Portal）神父被埋在讲堂修道院（Convento da Congregação do Oratório）的废墟中，他的腿被压在倒塌的砖石下。有两个男人把他拉了出来，他一瘸一拐地走到街上，他描述说："我的眼睛被血染红了。"外面的景象令人毛骨悚然。"我一离开马车门，就踩到了死尸。"这些都被他写进了他在地震后第二年发表的书《可怕的地震和火灾导致里斯本这个不幸的城市最伟大的部分成了废墟、化为尘土和灰烬》（*Story of the ruin of the city of Lisbon caused by the fearsome earthquake and fire that reduced to dust and ashes the best and biggest part of this unhappy city*）中。

托马斯·蔡斯（Thomas Chase）当时在一栋倒塌建筑物的顶层，他随着楼体从 4 层楼的高处坠落。这位住在里斯本的英国人受了重伤，骨折、扭伤、割伤和瘀伤，但他还是想办法从废墟中爬了出来。在灰蒙蒙的街道上，幸存者被恐惧所笼罩。蔡斯在地震发生

第五章 灾　难

一个月后的一封信中写道："人们都在祈祷，处处被灰尘覆盖，看起来就像是黑夜。"

在里斯本暂住的英国国教牧师查尔斯·戴维（Charles Davy）也提到了"由尘土和石灰组成的巨大云雾"，这可能是里斯本几周没有下雨的结果。有10分钟的时间，灰尘遮住了阳光，让他喘不过气来，那感觉就像世界末日一样。幸存者惊魂未定地四处游荡，身上覆盖着苍白的尘土，就像2001年9月11日目睹了纽约恐怖袭击的那些人一样。血淋淋的人在废墟中蹒跚而行，寻找亲人。孩子们高声尖叫，受伤的狗和骡子在痛苦中死去。

据英格兰西南部莱科克修道院（Lacock Abbey）的牧师理查德·戈达德（Richard Goddard）说，迷信的人们被吓坏了，因为诸圣节是庆祝圣徒的最大的天主教节日之一。这位牧师后来写下了当他在余震中跌跌撞撞地穿过城市街道时的心情：

> 没有言语可以表达我那一瞬间的恐惧，世界几乎完全陷入黑暗，我身处的城市陷入废墟之中，人群尖叫着请求上帝的宽恕。在地球剧烈抽搐的动荡中，我们仿佛随时可能被吞噬。

这场灾难使人们陷入了宗教狂热。有人在街上跪下祈祷，或是亲吻并挥舞十字架。戈达德牧师说，他遇到一群人当场强行要求他改宗。他不敢反对，否则100多人的"暴徒"可能会把他当作异教徒杀掉。在他同意改宗之后，他们紧紧地拥抱他，"那拥抱几乎使我窒息。几个牧师在我面前俯下身，跪着亲吻我这个新皈依者的脚"。戈达德认为，那些"暴徒"认为使异教徒皈依是一种赎罪，并可以使他们免于遭受更大的痛苦。

但他们的磨难还远没有结束。一些人逃离倒塌的砖石和堵塞的街道，绝望地跑到他们所知道的最近的开阔地带——宫殿广场，这个广场位于宫殿旁边，就在塔古斯河边。然而这成了一个致命的选择。不久，河水和海浪开始翻腾，船只像玩具一样从锚上被扯下。戴维记录了海水的"起伏"，他说："刹那间，在不远处，出现了一大片水体，像一座山一样上升。它冒着泡沫，咆哮着，冲向岸边，如此惊人的景象让我们都立即以最快的速度逃命。"船只"像在暴风雨中一样颠簸"，要么就"以令人难以置信的速度旋转。有几艘大船直接被掀起龙骨翻了过来"。重达数吨的石码头，以及在码头躲避灾难的人"都被吞没了，就像掉入漩涡一样，再也不见踪影"。

另一位地震幸存者若泽·莫雷拉·德门东萨（José Moreira de Mendonça）说，塔古斯河的河床裸露着，当海啸后退的时候也把人们"吸进"了河里。戴维回忆说，在城外，当一些人"在通往贝伦的大道上骑马时，大浪突然从这条大道的一侧扑了上来。海浪的速度如此之快，以至于他们不得不以最快的速度驰骋，尽可能往地势高的地方去，以防被海浪带走"。

海啸席卷了这座城市，差点就要到罗西乌广场了，它的威力如此之大，以至于在三大洲都能感受到它的威力，连北非也因此遭到了一些破坏。大约10个小时后，加勒比海也受到了牵连。

蔡斯观察到，不少聚集在宫殿广场的幸存者把这天的灾难联想到了宗教中的审判日。他们抓着十字架祈祷着，每次余震袭来，他们都会"用可以想象到的最悲惨的音调"喊着"恳请慈悲！"。戴维提到，社会地位在灾难面前变得毫无意义，因为"男女、各

第五章 灾 难

种等级和背景的人都在一起,在他们当中,我还看到父权制教会里的一些重要人物,他们穿着紫色的长袍和法衣",人们跪着祈祷,"每个人都拍着自己的胸口,不停地喊着,'Miserecordia meu Dios!'('怜悯我吧,我的主')",也有"女人衣不遮体,有些人还没了鞋子"。

据蔡斯回忆,下午两点左右,事态逐渐稳定,太阳出现了。随着迷雾消散,他看见王宫正在燃烧。里斯本各地家庭和教堂中的蜡烛、灯和壁炉引发了当天的第三场灾难。在这座多风的大西洋城市,由房屋的木材引发的大火在强烈的东北风作用下烧得越来越旺。大多数幸存者都逃到了河边或乡下,剩下的人根本不足以与大火搏斗。

戴维回忆说,这座城市"至少有100个不同的地方同时着火,大火燃烧了6天,没有间断,也没有人能阻止火势蔓延"。德门东萨也回忆说,大火从河岸的里贝拉地区蔓延到罗西乌广场和上城区,然后到了阿尔法马区。据他的估计,这座城市的三分之一——包括最富裕和人口最多的地区——都被大火吞没了。到了夜幕降临的时候,戴维说,"整座城市都陷入了一片火海中,火焰如此明亮,我可以很容易地看到它"。蔡斯说,火势以"无法抑制的速度"蔓延。富丽堂皇的新街两边都着火了。火焰引发的毒烟只需吸上几口就足以致命。到了晚上,街上已经尸横遍野,蔡斯说他能听到人们呼救的声音。

大火吞噬了这座欧洲最大城市之一的中心地带的大部分遗迹,也决定了里斯本财富的命运。如果只是倒塌一些房子,或许还有的救,但火焰造成的伤害远甚于此。

德门东萨在他 1758 年出版的《世界地震史》(História Universal dos Terremotos)一书中列出了当天被损毁的 36 座教堂和大约 60 座修道院。时至今日,当形容某个重大事件时,葡萄牙人仍会说"Caio Carmo e a Trindade",意为"卡尔莫和特立尼达倒塌",指的是在地震中倒塌的两座著名的修道院。一同葬身的还有上千本珍本。地震还毁坏了 6 家医院,其中包括著名的诸圣医院。还有王宫、皇家歌剧院、皇家档案馆、皇家军火库、大主教的宫殿、印度宫、海关大楼等。皇宫图书馆里的数万册藏书被化为灰烬。宫殿墙壁上的名贵挂毯、地板上的波斯地毯也都被毁坏,损失价值无法估量。保存着扩张时代宝贵记录的皇室文件也不见了踪影。

英国历史学家 T. D. 肯德里克(T. D. Kendrick)[1]曾以卢里萨尔侯爵举例,卢里萨尔侯爵在里斯本的宫殿被摧毁后失去了很多无价之宝。其中有约 200 幅画作,包括提香、科雷乔和鲁本斯的作品,1.8 万册印刷书籍,1000 份手稿,其中包括神圣罗马帝国皇帝查理五世亲笔书写的稿件,大量地图以及与葡萄牙发现之旅有关的图表。

一切结束后,里斯本就像被炸毁了一样。戴维写道:

> 这座广阔而富丽堂皇的城市现在变成了一片废墟。在此时,富人和穷人也没有什么区别了。数以千计的家庭,前一天还过着安逸的生活,现在却潦倒地在荒野里求生,找不到任何人能够提供帮助。

---

[1] 英国艺术史学者,1950—1959 年任大英博物馆馆长。——编者注

第五章 灾 难

死亡人数的统计也有很大差异。有人认为死亡人数多达 6 万，但更保守且被广泛接受的死亡人数是 1 万至 2 万，然而那只是一个人口数量 20 万出头的城市。灾难过后，里斯本三分之二的房屋都无法住人。

地震发生时，王室成员们正在贝伦的乡间别墅里，安然无恙。但是，里斯本的教皇大使菲利波·阿恰尤利（Filippo Acciaiuoli）在给他兄弟的一封信中写道，国王听到地震的消息，立刻穿着睡衣逃离了宫殿。后面的几天，他和其他王室成员睡在户外的马车后座上，直到他们找到一个帐篷。若泽一世被地震一事吓坏了，从那时起他就住在木质和帆布帐篷里，因为害怕砖石倒塌，他在此后 6 年都没有回到市里。里斯本的贵族也不得不过着艰苦的生活。大约 36 座宫殿被摧毁，贵族们也不得不从河边的船坞里拾取木材和帆布来建造临时小屋。

阿恰尤利注意到幸存者茫然地四处走动。他说，"总而言之，一切都是恐怖和悲惨的，里斯本成了一堆瓦砾"。戴维同样提到，地震"使这座曾经繁荣、富丽堂皇、人口众多的城市呈现出极度恐怖和荒凉的景象"。当时，里斯本最显眼的一道伤疤是卡尔莫修道院，这座凝聚了 6 个世纪成就的修道院被毁坏，城市的宝藏就这样被夺走了。

这场灾难在整个欧洲引起了共鸣。它启发了诗歌、小说以及哲学、神学、科学领域的论文等表现形式的创作灵感。德国哲学家康德、法国哲学家卢梭和作家伏尔泰等启蒙运动的杰出人物纷纷加入关于"地震意味着什么"的辩论。英国卫理公会的约翰·卫斯理也忍不住发言。究竟是上帝之手在起作用，还是这种现象可以用科学来解释？为什么上帝选择惩罚里斯本？这座城市明明有着盛行的宗教裁判所，而且虔诚的葡萄牙人将上帝的话语传遍全球。而且这一切为什么会发生在一个神圣的日子？

里斯本不幸的消息让整个欧洲大陆都感到一阵寒意。人要逃到哪里才可以避免这样的命运呢？德国作家歌德将这场灾难描述为"一场非凡的世界事件"。在他的回忆录中，他评论道："恶魔从未如此迅速而有力地将恐惧散布到地球上。"1756年1月，德国《科隆公报》（Gazette de Cologne）评论说"地震仍存在于人们的口口相传中"。

从此，让里斯本出名的事物，除了大象和犀牛以外又多了一件。

***

迪奥戈·阿尔维斯（Diogo Alves）出生于地震后近55年，他是著名的连环杀手。在19世纪，有许多谋杀案在里斯本渡槽发生。渡槽作为里斯本的城市地标，经受住了1755年地震的冲击，如今人们可以在此缅怀18世纪上半叶的辉煌，那曾是一个既激动人心又令人难忘的年代。

阿瓜里弗渡槽（Aqueduto das Águas Livres）从西部乡村延伸至里斯本，在进入城市之前还穿过了阿尔坎塔拉山谷——1580年腓力二世的军队就是在这里将当地守军击溃的。阿尔维斯经常在渡槽跨越阿尔坎塔拉山顶的桥上埋伏路过的女性。当时城里有钱人家的洗衣妇经常会来这条渡槽。阿尔维斯会抢劫她们不多的财产，并把这些妇女扔下桥，让她们从几十米的高度坠下而摔死。官员们和当地人最初认为这些人是自杀的。但是随着死亡人数的增加，人们越

第五章 灾难

来越怀疑她们的死因。里斯本报纸报道着不断增加的死亡人数，恐惧开始蔓延。

当局因此关闭了这条"桥拱之路"（Passeio dos Arcos）。但阿尔维斯并没有就此罢手，直到他及其团伙在里斯本市中心的花街（Rua das Flores）入室行窃时被当场抓获，他们在那里杀害了一名医生及其家人。审判在里斯本的东波塔国家档案馆进行，阿尔维斯被判处死刑，于1841年被绞死。在1867年葡萄牙完全废除死刑之前，他是最后一批被处决的人。

阿尔维斯死后，依然恶名远扬。阿尔维斯最初来自西班牙西北部的加利西亚，他的罪行引发了人们对其他加利西亚移民的强烈抵制。当时里斯本有众多的加利西亚移民，他们通常以卖水为生，逐渐取代了传统上从事这项工作的奴隶。加利西亚人还组成了该市的第一支消防队。阿尔维斯的恶名也延续到了下一个世纪，他的罪行成为葡萄牙电影史上第二部故事片的主题。《迪奥戈·阿尔维斯的罪行》（Os Crimes de Diogo Alves）是一部由若昂·塔瓦雷斯（João Tavares）拍摄的无声黑白电影，于1911年4月在三一厅（Salão da Trindade）首映，随后在里斯本的天堂电影院（O Paraíso de Lisboa cinema）定期放映。更令人毛骨悚然的是，在阿尔维斯被绞死后，好奇的科学家们还将他的头砍下来留作研究。他的头颅至今仍然被泡在福尔马林里，储存于里斯本大学医学院的一个玻璃罐中。他头上留有薄薄的黄褐色头发，一直垂到耳垂处，还有一撮稀疏的胡须，眼睛睁得大大的。

如今，虽然壮观的渡槽仍然穿过阿尔坎塔拉山谷，但现代交通已经蜿蜒在渡槽周围。这里是著名的阿瓜里弗渡槽最有名的地段，也有一项杰出的成就。这里有着世界上最大的尖顶式拱门。挂着石牌的大拱门（arco grande）高度超过 65 米，宽度超过 28 米。传说，拱门靠 3 块基石支撑，只有某种"神圣之音"才能破坏它们。没人知道这种"神圣之音"指的是什么声音，但肯定不是地震的声音。

渡槽的外观很简洁，没有什么华丽的装饰，它以宏伟闻名。英国旅行家纳撒尼尔·拉克索尔爵士（Sir Nathaniel Wraxall）在他 18 世纪的回忆录中写道："在坚固和宏伟方面，这是一件堪比古罗马时期的作品。"19 世纪半岛战争期间到过里斯本的英国军官塞缪尔·布劳顿（Samuel Broughton）也曾评论说，渡槽是"彰显人类聪明才智、品位和工业水平的崇高纪念碑。自古以来，在欧洲没有任何造物可以像它一样既实用又宏伟"。

阿尔坎塔拉部分是整个渡槽集水网络的主干。它包含总宽度超过 941 米的 35 个拱门。供人们参观的人行道沿着中央廊道两侧延伸了约 1.5 千米。坚硬、风化的石头提醒着人们渡槽结构的坚固性。它干净的直线和对称性预示了这座城市的中世纪中心在几十年内会变成什么样子。

建设之初，引水的网络全长 14 千米，从里斯本西北部的辛特拉山（Sintra hills）延伸到首都的阿莫雷拉什（Amoreiras）附近，辛特拉山水源丰富，自 12 世纪以来这里就有丰富的泉水。它沿着一条可以追溯到罗马时期的古老渡槽修建。像罗马那时一样，渡槽利用重力来输送水。在阿莫雷拉什的梅达瓜（Mãe d'Água）水库有厚达 5 米的墙壁，通过地下储水装置将分配到数十个城市喷泉的水储存起来。雄伟的喷泉通常由建筑师设计，也是里斯本的标志之一。

人们对水的需求极大，因此必须找到额外的水源才能满足。该

第五章 灾难

供水网络经过数十年的建设，最终在19世纪完成，引水网络长度延伸至58千米，由地上和地下的管道组成，从大约60个水源地将水输送到里斯本。这是巴洛克时期的一项壮举，一直到1968年还在使用。

若奥五世在1731年签署了施工令，允许在水利工程建设中占用所有私人财产。为了完成这项工程，众多杰出的建筑师、工程师和石匠齐聚一堂，其中包括意大利建筑师安东尼奥·卡内瓦里（António Canevari）[1]、来自匈牙利的卡洛斯·马代尔（Carlos Mardel）、来自德国的约翰·弗里德里希·路德维希（Johann Friedrich Ludwig）[2]和葡萄牙陆军工程师曼努埃尔·达马亚（Manuel da Maia）上校。随着时间的推移，又有了其他专家加入并不断更新原有的阵容，直到1748年，第一批水才到达阿莫雷拉什。让该项目长时间停滞不前的原因是人们为了使用铁管还是石管的问题而争吵不休，最后人们选择使用石管。

施工开始5年后，军士长库斯托迪奥·维埃拉·达席尔瓦（Custódio Vieira da Silva）取代了达马亚上校成为渡槽修建历史上的核心人物，而后者在最初上任时是为了取代卡内瓦里。达席尔瓦之前曾用巧妙的方法将120个铜钟吊入里斯本北部马夫拉（Mafra）修道院的钟楼。据信，他使用了类似的技术来建造阿尔坎塔拉渡槽的拱门，但记录施工的清单和日志在地震中被损毁了。维埃拉·达

---

[1] 洛可可和新古典主义时期建筑师，代表作有意大利南部的波蒂奇宫、里斯本科英布拉大学钟楼（后毁于地震）等。——编者注
[2] 以设计、建造若奥五世的马夫拉宫而闻名，后加入葡萄牙国籍。——编者注

席尔瓦于1744年监督并见证了大拱门的建成,并于同年去世。

阿瓜里弗渡槽是葡萄牙有史以来最大的工程之一,对里斯本人民的生活产生了巨大影响。在此之前,里斯本的水资源一直是个问题。弗朗西斯科·德霍兰达在他1571年出版的《关于里斯本需要的公共工程》一书中问道:"如果里斯本想成为世界上最伟大、最高贵的城市……怎么能连足够的水都无法供应呢?"

虽然塔古斯河里有很多水,但河里的水是咸的。因此,到18世纪初,当里斯本人口达到大约25万的时候,缺水问题变得愈发严重了。公共喷泉在夏天时常出现没水的情况。供应越稀缺,卖水人的倒卖价格就越高,这激起了人们的不满,有人甚至在喷泉前大打出手。因此,里斯本市政府必须做些事情来改变这一切。

里斯本市政府以缺少资金为借口,要求参议院提供帮助。但君主直接指明让该市的官员来处理这个问题。最后,参议院批准对肉类、葡萄酒和橄榄油等某些普通商品征收新税,而税收收入用于保障首都清洁、可靠的供水。该项目改善了里斯本的供水难的状况,若奥五世也因此受到赞美,他在统治期间常被人赞为"宽宏大量"的君主。

君主为了表彰里斯本人民所承担的税收贡献,下令在阿莫雷拉什附近的渡槽上放置一块纪念牌匾,上面写着:

> 1748年,在虔诚、快乐和宽宏大量的若奥五世国王的统治下,参议院和里斯本人民一起,用人民所付的建设成本,将阿瓜里弗渡槽带入了这座城市,并令人民非常满意。这是人们渴望了两个世纪的成就,无数人耗费20多年,完成了长达

第五章 灾难

9000步的工程，抚平了崎岖，分割开山丘。

地震发生多年后，当局拆除了那块牌匾，取而代之的是一块没有提及人民支付建设成本的牌匾。新的牌匾是这样写的：

在最伟大的君主若奥五世国王的监督下，葡萄牙的福祉在这里诞生。福水通过极其坚固的渡槽被引入城市，长达9000步的渡槽将永远存在于此。该工程以可接受的公共开支水平完成，并得到了所有人的热切认可。

帝国的财富让国王有机会制订雄心勃勃的计划。过了偃旗息鼓的17世纪之后，里斯本的宏伟梦想因为巴西而重新开启了。1699年，也就是若奥五世即位前7年，第一批重达500千克的巴西黄金运抵里斯本。从那时起，淘金热就一直推动着贸易增长，并在1720年达到顶峰，那一年，25吨的货物在里斯本码头卸载。除了对进口货物征收20%的税外，王室还对巴西钻石、糖、烟草和木材等产品额外征税。同样，为了收割所有这类货物，需要有非洲奴隶被派去巴西劳作，而奴隶贸易也需要交税。王室从未如此富有过，连16世纪的黄金时期也要甘拜下风。

富裕使人挥霍。若奥五世向来大手大脚，并不吝啬。他的统治成为奢侈的代名词。有人把他与奢靡成性的法国国王路易十四（Louis XIV）并列。拉克索尔曾说，位于马夫拉的修道院和宫殿豪华得就像"葡萄牙的凡尔赛宫"。这座建筑有4700多扇门窗和156个楼梯，在其建设的最繁忙阶段雇用了大约5.2万名工人，差点掏空了葡萄牙的家底。

虽然渡槽项目为国家带来了实际进步,但若奥五世也做了其他一些旨在提高其国际声誉的事情,例如对艺术和科学的热心赞助。这位爱书的君主委派外交使团在欧洲购买了很多书籍,将它们存放在里贝拉宫的皇家图书馆。图书馆设有专门的智库负责采购和编目书籍,图书馆还收藏了除书籍外的其他各类材料以供研究。根据作家兼神职人员安东尼奥·卡埃塔诺·德索萨(António Caetano de Sousa)①的记录,图书馆里除了"数千本书"外,还拥有现代数学仪器和钟表。

里斯本宫廷的富裕和奢侈再次被人们津津乐道。王室承担了多达400名朝臣的开支,并在国内外展示其惊人的财富。在外交政策中,财富确保了国家的影响力。而其中最华丽的案例,也是葡萄牙18世纪早期辉煌的体现,今天仍在贝伦的一家博物馆展出。

1716年7月,国王派使节前往拜访罗马教皇克雷芒十一世(Pope Clement XI)②,但这次带上的不是大象。这次任务的核心是炫耀一辆金色马车。该马车现在保存在里斯本的国家马车博物馆,在3个世纪后仍然美得令人惊叹。当初葡萄牙的游行队伍在罗马街头来回转弯、摇摆不定,为了把这辆马车像选美一样展示给所有人看,游行队伍花了很长时间,并最终进入现在意大利总统的官方住所——奎里纳莱宫(Quirinale Palace)。马车在清晨出发,午夜后

---

① 葡萄牙作家、目录学家、谱系学家,被称为"葡萄牙谱系学"之父。——编者注

② 1700—1721年在位。在位期间曾承认费利佩五世为西班牙国王,后被迫支持哈布斯堡家族的卡尔大公。——编者注

第五章 灾 难

才返回。

5辆大马车和10辆小马车载着葡萄牙驻罗马大使丰特斯侯爵(the Marquis of Fontes)[①]和他的随从去拜访教皇。其中包括"大使马车"(Coche do Embaixador)、"海洋马车"(Coche dos Oceanos)和"里斯本加冕马车"(Coche da Coroação de Lisboa)。这是花了好几年的时间来准备的结果。

其中,"海洋马车"是最抢风头的一辆。它长约8米,高约3米,饰有镀了金的巴洛克木雕人物和小天使。马车采用红色天鹅绒和金色丝绸装饰。背面还有阿波罗的形象以及两个大胡子老人,他们代表大西洋和印度洋在握手,背景是一个地球。这一场景象征着葡萄牙人绕过好望角实现了两个大洲之间的联系。

大使的这次拜访是由聪明、博学和虔诚的若奥五世策划的,他试图打动教皇。当时,随着奥斯曼帝国势力进入地中海地区,教皇请求其他国家帮助击败奥斯曼帝国。葡萄牙抓住了这个西班牙没敢接下的机会,与来自威尼斯和教皇国的人并肩作战。此外,葡萄牙驻罗马大使的另一张外交王牌则是葡萄牙在扩张时代进行的传教活动。

里斯本渴望在天主教会的行列中占据更高的地位,这也是其帮助教皇的目的之一。有付出就会有回报。就在丰特斯侯爵访问教皇3个月后,教皇宣布授予葡萄牙首都宗主教(patriarchate)[②]的地

[①] 即罗德里戈·阿内斯·德萨·阿尔梅达·梅内塞斯(Rodrigo Anes de Sá Almeida e Menezes),第三代丰特斯侯爵。——编者注
[②] 宗主教的威望和权力要甚于一般的主教。

位——此前只有威尼斯被授予过这样的地位。里贝拉宫的皇家小教堂成了里斯本宗主教的所在地，等级仅比教皇低一级。此举极大地提升了里斯本的国际威望。

皇家小教堂位于宫殿旁边，大致位于今天里斯本市政厅所在的位置，以辉煌而闻名。法国百科全书家路易斯·莫雷里（Louis Moréri）曾在1674年的《历史大辞典》（*Great Historical Dictionary*）中将其描述为当时欧洲最伟大的教堂之一。成为宗法教会（Igreja Patriarcal）后，这座教堂变得更加奢华了。然而这一切在1755年被卷走，现在，只有当年地震中基本幸免于难的圣罗克教堂（São Roque Church）可以供我们一窥那个时代的样貌。

圣罗克教堂毗邻上城区，是16世纪耶稣会士在葡萄牙扎根的地方。其中的施洗者圣约翰礼拜堂（Capela de São João Batista）是一件令人叹为观止的宗教艺术作品，也被认为是曾经的宗主教教堂的缩影版本。这座礼拜堂是欧洲18世纪艺术的杰作。1740年，若奥五世从罗马建筑师路易吉·万维泰利（Luigi Vanvitelli）和尼古拉·萨尔维（Nicola Salvi）那里买下了这座小教堂。他们于1742—1747年在罗马建造好这座教堂之后，在教皇本尼迪克十四世（Benedict XIV）[①]的许可下（葡萄牙国王为此付出了一些代价），将教堂拆除并用3辆卡车运到里斯本，在圣罗克教堂重新组装。此举既非凡又奢侈。除了丰富的鎏金青铜外，教堂的装饰还呈现出万花筒般的色彩。包括栗色卡拉拉大理石、青金石、奶油色雪花石膏、浓郁的红宝石玛瑙、紫色紫水晶、黄色大理石和玉石等。由马

---

① 罗马教皇（1740—1758年在位），在神职授予权问题上，向西班牙、葡萄牙等国君主作出巨大让步。——编者注

蒂亚·莫雷蒂（Mattia Moretti）和恩里科·埃诺（Enrico Enuo）创作的马赛克作品色调细腻、精致。对圣约翰这样一个以朴素的生活方式而被人们铭记的圣人来说，这也许有点不合适。

有人说，这位君主的奢侈花销是为了击碎国内外那些说他的国家没有看上去那么富裕的流言蜚语。诚然，1750 年"宽宏大帝"去世时，王室的金库已经被掏空。随着金矿的枯竭，巴西为葡萄牙带来的财富减少了，而葡萄牙在东方的贸易则受到其更强大的欧洲竞争对手的挤压。若奥五世在位的 43 年占据了 18 世纪上半叶的大部分时间，给里斯本留下了巴洛克式的盛会和财政上的拮据。然而，君主对于自己喜爱的项目，还是能想办法挤出钱来的。

若泽一世爱拉小提琴，他对音乐的热情与他父亲若奥五世对书籍的热爱如出一辙。同样，父子俩也都喜欢富丽堂皇的建筑。当若泽于 1750 年即位时，他也着手在里斯本留下自己的印记，并借此向欧洲彰显葡萄牙的财力。他不遗余力地建造了一座闪闪发光、宏伟的歌剧院，并引起轰动，这座歌剧院还赢得了欧洲大陆最宏伟的剧院之一的名声。该歌剧院于 1755 年 3 月 31 日玛丽安娜·维托里王后（Queen Mariana Vitória）38 岁生日那天开业。它就像里斯本王冠上的一颗明珠，但这颗明珠只存在了 215 天。

像他的父亲一样，若泽一世也找来了意大利的艺术家来实现他的梦想。他在一个享有盛誉的剧院设计师家族中认识了乔瓦尼·比比别纳（Giovanni Bibiena），比比别纳一家几代人都以制作令人眼花缭乱的布景而闻名。比比别纳携团队于 1752 年抵达里斯本为国王建造皇家歌剧院（Teatro Real da Ópera）。皇家歌剧院俗称特若歌剧院（Ópera do Tejo），它体积庞大、引人注目，大约有 6 层楼，毗邻河边的宫殿。教皇使节阿恰奥利（Acciauoli）写道，工人们为了赶在王后生日前建好歌剧院，不得不夜以继日地工作几个月，国王则经常来访以检查进度。若泽一世密切关注歌剧院的一切，从装饰到服装都要细细过目。

壮观落成礼的首场表演是《亚历山大在印度》（Alessandro nell'Indie），讲述了亚历山大大帝征战印度的胜利。歌词由当时欧洲最著名的诗人、意大利诗人彼得罗·梅塔斯塔西奥（Pietro Metastasio）完成，来自那不勒斯的皇家教堂常驻作曲家达雄德·佩雷斯（Davide Perez）则负责作曲。演员阵容中有两位舞台明星，男高音安东·拉夫（Anton Raaff）饰演主角，他在剧中的劲敌波罗（Poro）则由他在舞台下的劲敌，也就是著名且喜怒无常的卡法雷利（本名加埃塔诺·马约拉纳）（Caffarelli，Gaetano Majorana）扮演。表演分为3幕，时长超过5个小时，通常在周三和周日上演。

这座华丽的歌剧院可容纳约600人。其中，前排座位可以坐下350人，其余的座位分布在4个楼层的38个包厢里。只有受到王室邀请的人才能入场。作为国王的私人娱乐活动，王室承担了高昂的开支，从演员、管弦乐队，到布景设计师、服装管理和木匠的雇佣费用都由王室支付。进入歌剧院后，在就座之前，宾客需要向皇家包厢鞠躬或行屈膝礼。在表演过程中，每次人们站起来时，都需要再次向皇家包厢鞠躬或行屈膝礼。

歌剧院的内部装潢也令人惊叹。剧院里的主要色调是金色和白色，饰有镀金青铜装饰和大理石柱子。法国游客夏尔-克里斯蒂昂·德库尔蒂（Charles-Christian des Courtils）拜访皇家歌剧院后说："不能否认，当进入这个空间时，会被处处金色和华丽的装饰

第五章 灾 难

所震撼。"

这座歌剧院最受关注的特点之一是巨大的舞台。舞台面积是观众席面积的 2 倍多，因此在《亚历山大在印度》上演的时候，25 匹马可以同时在台上。其中，国王的一位骑师骑着马，扮演亚历山大大帝的著名爱马比塞弗勒斯（Bucephalus）。居住在里斯本的英国人杰勒德·德维姆（Gerard de Visme）惊讶地回忆说，这部剧目甚至胜过马德里那些以著名的阉伶歌手法里内利（Farinelli）的故事为背景创作的剧目。德维姆写道，在里斯本，这座新歌剧院"其奢华程度在规模和装饰上都超越了现代歌剧院"。

第二部要制作的歌剧是《蒂托的仁慈》（*La Clemenza di Tito*），同样由佩雷斯配乐。开幕之夜是 6 月 6 日，若泽一世的生日天。里斯本国家图书馆的一幅版画展示了歌剧里使用的一套布景，展示了幽深的舞台、精致的舞台机械和比比别纳使用的巧妙错视效果，让观众能够兼顾不同视角。场景就像巨大的、雕像林立的画廊，山顶富丽堂皇的背景让演员都黯然失色。皇家海军上尉奥古斯图斯·约翰·赫维（Augustus John Hervey）得到了一张经由国王秘书寄送的门票，他将皇家歌剧院描述为"我见过的最宏伟的剧院"，并这样评价《蒂托的仁慈》这部作品："歌剧里的布景超越了我所见过的任何同类作品。"

毫无疑问，1755 年 10 月 31 日晚上的里斯本是辉煌的。

***

地震发生的周六晚上，王室成员睡在花园里。大多数幸存者也睡在户外。在吞噬里斯本的大火的火光中，从阿尔法马倒塌的利穆埃鲁（Limoeiro）监狱中逃出的犯罪分子洗劫了遍布瓦砾的街道。倒塌的建筑物也未能幸免，那些流落在城市里的修女们也受到了侵扰。死者和垂死者基本上都无人照看，食物和水也极为稀缺。但在里斯本最黑暗的一天夜幕降临时，当局已经着手灾难应对工作，即使按照 21 世纪的标准，政府应急的速度和效率也非常出色。有人认为，这是史上第一个现代中央集权国家处理灾难的案例。迅速的行动自然挽救了不少生命。

72 小时内，详细的官方法令和指示就被制定出来了。在 1758 年出版的《1755 年里斯本官方在地震中发布的主要指令的回忆录》（*Memorias das principaes providencias, que se derāo no terremoto, que padeceo a Corte de Lisboa no anno de 1755*）一书记录了 350 多页在 3 天内制定的官方法令和指示。策划者是头脑冷静的首席大臣塞巴斯蒂昂·若泽·德卡瓦略·梅洛，这些法令和指示也为若泽一世带来了美誉，它们汇集了皇室资源和重点思想。尽管多次余震让人们既感到恐惧又变得麻木，但这项努力依然有助于恢复士气并起到了鼓励公众对国家机构保持信心的作用。指令有如下几条：

一、面对成千上万的腐烂尸体可能传播疾病的紧迫担忧，地方官员、神职人员和士兵们需要加快埋葬的速度。书中说："对死者的仁慈就像对生者的帮助一样重要。"里斯本宗主教支持了德卡瓦略·梅洛的建议，即为了加快埋葬工作进度，将尸体堆放在船上，加上重物后倾倒在布日乌灯塔外的海中；

二、里斯本和郊区的粮食库存被征用，并从指定的仓库分发到城市各处。为防止暴利，食品价格不得高于上个月的价

第五章 灾难

格水平。其他城市的磨坊主和面包师也被征召到里斯本提供服务；

三、所有没有倒塌的建筑物都被列入名单，以便将伤者和病人送往那里接受治疗；

四、逃往农村的里斯本居民被要求返回首都，帮助城市恢复正常的生活；

五、为了制止抢劫和惩罚那些趁机犯罪的违法者，地方官被征调到里斯本。他们进行了数十次口头审判，并在同一天实施即决处决。罪犯被送往里斯本的6个绞刑台，行刑后的尸体被悬吊了好几天，以警示他人。在这样的行动下，掠夺行径很快就被制止了；

六、里斯本关闭了港口并搜查所有船只，以阻止抢劫者带着赃物逃跑（一些外国水手就是这样做的）；

七、当局向葡萄牙南部地区也送去了援助，这些地区也在地震中受到重创；

八、炮兵团、步兵团和龙骑兵团被部署在城市各处；

九、暂时免去房租，并建造临时木屋，对运进城市里的木材免征关税；

十、少数几座仍屹立不倒的教堂将恢复宗教服务，并进行维修工作；

十一、修女们被集中到一起，并有人为她们提供生活所需；

十二、为了满足人民的各种需要，士兵们需要帮助灭火、清理街道上的瓦砾和打捞财物；

十三、需要"陛下行宗教之礼，以平息神的怒火，感谢主

的保估";

十四、准备好用于重建城市的充足资金。

由于这些措施迅速付诸实施,灾难没有引发流行病,也没有造成饥饿。尽管18世纪能使用的工具有限,科学知识也不够完备,但葡萄牙的灾害管理还是很奏效。里斯本高等技术学院讲师、里斯本地震研究者若昂·杜阿尔特·丰塞卡(João Duarte Fonseca)认为当时"政府的反应堪称典范"。

250年后的一项发现就像来自过去的残忍明信片,帮助我们重温了那年的里斯本,让人们回忆起发生在11月第一周的那一件恐怖事件。2004年,在修复一座17世纪里斯本修道院时,建筑工人在其回廊下挖洞,尔后发现了一个令人毛骨悚然的场景:无数的人骨,堆积在一个万人坑中,其中许多像是被屠杀而死的。

考古学家挖出这些残骸,发现了被钝物砸碎并被火烧焦的头骨,还发现一个头骨的额头上有明显的弹孔、一个儿童大腿骨上有被狗咬过的痕迹,还有一根带有刀痕的骨头。有人因此怀疑这是一起食人事件。然而经过法医专家和历史学家研究,骨头之谜被解开了。根据调查,这些现在位于里斯本科学院地下的残骸,是1755年地震遇难者的第一个万人坑。参与研究的里斯本科学院管理者米格尔·特莱斯·安图内斯(Miguel Telles Antunes)说:"这可能只是地震中极端的、灾难性的事件。"

在有着厚厚墙壁的方济各会修道院(Franciscan convent)的地下,这堆骷髅静静地躺了几个世纪,我们至今仍可以从中窥见他们当年的生活情景。法医科学家就像侦探调查犯罪现场一般,使用最

第五章 灾难

新技术重建现场。他们发现万人坑不仅包含人骨，还有动物、鱼骨、陶器、陶瓷碎片以及黏土管、纽扣、纪念章、念珠、顶针等个人物品。所有这些都是地震前的东西。

历史学家知道当时政府曾匆忙埋葬死者以预防流行病，但在此之前并不知道埋葬的地点。这座新出土的万人坑显示了当时处理尸体的匆忙。负责监督挖掘工作的里斯本开放大学考古学教授若昂·路易斯·卡多佐（João Luís Cardoso）说："在收集和运输尸体时，他们把尸体身上和周围的其他东西也一起埋了。"

里斯本大学的法医牙科学专家克里斯蒂安娜·佩雷拉（Cristiana Pereira）对从坟墓中取出的1000多颗牙齿进行了分析。她使用了与前南斯拉夫乱葬坑和2004年亚洲海啸中鉴定受害者身份相同的方法对79名受害者进行了分类。死者包括几个月大的婴儿，最多的是17—35岁的人，这使她得出结论，当时里斯本的人口构成偏年轻化。我们还可以从中看出葡萄牙的奴隶贸易，在坟墓中发现了一只猴子的骨头，它可能曾是一只宠物，还发现了被称为"白贝齿"的小贝壳，这种贝壳在非洲和巴西可以当作货币使用，欧洲商人通常用它们来购买奴隶。

许多头骨被压碎了，可能是地震的初次颠簸导致砖石和横梁倒塌。其中一个3岁左右儿童的头骨上还插着一块小而锋利的石头。科学家们还分析了坟墓里的炭、一些熔化的纪念章和变成玻璃的沙子。他们据此推断地震后火灾中的温度达到了惊人的1000°C。里斯本一定在地震后经历了可怕的火灾，类似于二战期间德国城市汉堡和德累斯顿的火灾爆炸。专家在坟墓中还发现了两颗铅制的圆形子弹，一个带有一个圆孔的头骨，因此历史学家怀疑埋在这里的一些人是被派去打击犯罪时牺牲的士兵。安图内斯说:"你可以想象那是一段多么地狱般的时光。"专家认为,大约 3000 名地震受害者的遗体埋葬于此。还有人说,里斯本是建在死尸之上的。

尽管发生了灾难,但城市的无政府状态是短暂的,国家也没有因此四分五裂。但是神经衰弱的若泽一世对里斯本的梦想破灭了。他心爱的歌剧院已成废墟,他自己的内心也被地震困扰着。他所居住的贝伦区基本上没有受到影响,但若泽一世和其他人一样感到惶恐。教皇使节说:"总而言之,一切都是恐怖和悲惨的,里斯本成了一堆瓦砾。"

王室搬进了临时的木制住所,那里后来被称为"皇家小屋"(barraca real)。直到 1772 年英国旅行家拉克索尔抵达里斯本时,这位君主还住在那里。若泽一世从此再也无法生活在正常的屋檐下。拉克索尔回忆道:

> 国王、王后、国王的兄弟唐佩德罗(Don Pedro)[①]、他们的 3 个女儿和年轻的贝拉王子(Prince of Beira)都住在同一个屋檐下。他们住在比里斯本低的塔古斯河岸边的贝伦,在一座木制公寓里。1755 年地震的恐怖回忆让他们无法忘怀。虽然木屋有诸多简陋和不方便之处,但他们宁愿住在木屋中也不愿接触石头建筑。约瑟(指若泽国王)[②]在将近 17 年的时间里,都没住过像样的房子。

[①] 即后来的葡萄牙女王玛丽亚一世的丈夫佩德罗三世(Pedro Ⅲ),妻子即位后,他成为名义上的国王。——编者注

[②] 即若泽一世。——编者注

第五章 灾 难

11月1日之后的6个月内,大约250次余震不断地提醒着人们那个悲惨的日子。据说,若泽一世开始酗酒以平复心情。拉克索尔说:

> 在1755年那场地震之前,大家都觉得国王是个温和的人,他通常只喝水佐餐。但是,地震对他的思想产生了影响,他经历了精神崩溃,这一切都严重影响了他的健康。国王的医生认为在必要时他需要饮葡萄酒振作起来。病人很满意这个药方,有人说国王在饮酒的时候过于放纵自己了。

这种迷茫感是可以理解的。地震幸存者德门东萨说:"你试图在里斯本寻找里斯本,但发现它并不存在。"然而,有些人仍然保持着冷静,其中一位还成了里斯本和葡萄牙历史上的杰出人物。由于地震后出色的处理方案,德卡瓦略·梅洛在葡萄牙国内外声名鹊起。1769年,他从若泽一世那里获得了庞巴尔侯爵(Marquês de Pombal,后文简称庞巴尔)的称号,这是他最著名的称号。

地震后,国王因震惊和焦虑而无法工作,因此由庞巴尔代为处理政务。在应急响应和里斯本重建计划中,他的影响无处不在。他作为一位杰出的管理者,有着惊人的工作效率和令人钦佩的决策能力。在地震前3个月诸圣医院发生火灾时他就证明了自己的能力,这种能力正是灾后恢复社会秩序所需要的。拉克索尔观察到:"事实上,庞巴尔侯爵行使了君主的所有职能。"

但庞巴尔也有铁面无私的一面。他强硬、专制的作风并没有让他在较为稳定的时代讨人喜欢。身为王室忠诚的骑兵队长的儿子,庞巴尔镇压政治阴谋家和党派，有时还通过宗教裁判所的帮助来排除异己，无情地巩固了君主的绝对权力。因此，有些人将他视为葡萄牙版红衣主教黎塞留（Cardinal Richelieu）[①]。与此同时，庞巴尔也有开明的另一面。他在教育、国家行政和经济方面推行了重大改革，让这些工作变得更现代化和世俗化。

1915年，葡萄牙作家和政治家阿比利奥·格拉·容凯罗（Abílio Guerra Junqueiro）写到庞巴尔的时候这样描述道："他令人害怕而不是令人喜爱。他有一颗铜头，一颗石心。"在里斯本将近3年的职业生涯中，庞巴尔从救世主变成独裁者，从荣耀到耻辱。无论人们爱他或恨他，庞巴尔都是里斯本和葡萄牙历史上的一位巨人。J.H.萨拉依瓦（José Hermano Saraiva）在20世纪出版的畅销书《葡萄牙简史》（History of Portugal）封面上就印有庞巴尔的肖像，这本书还曾被改编成一部电视连续剧并大受欢迎。

庞巴尔出生于1699年，1738年被派往英国，并在伦敦度过了7年。他从1745年起在维也纳担任了4年特使。在伦敦，他了解到1666年大火后城市重建的故事。在伦敦和维也纳这两个城市，他都接触到了启蒙思想。庞巴尔在外国学到的经验为他之后对里斯本市中心的设计和重建提供了参考，他钟爱的这种建筑风格因此得名"庞巴尔风格（pombalino）"。方格状的街道格局和矮楼，显得庄重、对称、和谐但又冷酷无情。它与生动活泼的曼努埃尔风格截然相反。庞巴尔或许连梦里都是直线和直角。里斯本重建后的市中心区被称作"庞巴尔风格的拜沙区"（Baixa pombalina），有人

[①] 法国枢机主教、路易十三的首相。其执政使法国中央集权的封建君主专制制度得到较为充分的发展和巩固。——编者注

第五章 灾难

认为如今那里缺少了葡萄牙特有的热情和无政府主义的冲动感。在葡萄牙的另一个城市中也可以找到这种类型的建筑特征。那便是阿尔加维的圣安东尼奥雷阿尔城（Vila Real de Santo António），庞巴尔也曾主导那里的建设工作。

若奥五世不喜欢庞巴尔，若泽一世则很看好他。地震发生后，若泽一世授予庞巴尔前所未有的自由和首相的官方头衔。庞巴尔组建了一支由顶尖建筑师和工程师组成的团队，他们几乎都具有军事背景，提出了对里斯本重建工作的建议。团队的领导者是曼努埃尔·达马亚，团队里还有卡洛斯·马代尔和欧热尼奥·多斯桑托斯（Eugénio dos Santos）。他们在公共工程风险办公室（Casa do Risco das Obras Públicas）办公。庞巴尔和他的团队在很大程度上可以自由规划、自由定夺重建的方向与格局。最富裕的一部分人已经逃离了被毁坏的市中心，搬到了西边叫作拉帕（Lapa）的更安全的地区。那里因此成了贵族区，如今里斯本的大多数使馆还坐落在那里。

对于市中心的改造，庞巴尔的团队共提出了 5 个方案，他最终选择了欧热尼奥·多斯桑托斯的方案。该方案提出，要将市中心的剩余部分夷为平地，压平并铺设宽阔的新街道，建造新的建筑物时也不可超过街道的宽度。这些工程从 1758 年开始，第一步是使用火药拆除散落的废墟。然而，和 1666 年后的伦敦一样，政府与业主之间的法律纠纷阻碍了工作的开展。以至于过了 50 年后，到里斯本的外国游客仍然能看到周围的地震瓦砾。

1755 年的地震改变了里斯本的面貌。若泽一世曾渴望拥有一座现代化欧洲城市，但这个目标的最终实现，既不是通过他自己的意愿，也不是通过来自巴西的黄金。大自然用一场灾难开启了变革，而其余的部分则由庞巴尔和理性时代完成。"从一座中世纪风格、狭窄、肮脏、令人讨厌的城市废墟中，一座新的城市崛起，并呈现出新的城市概念，一切都是以一种全新的概念和完全创新的方式来完成的。这是一座理性而实用的城市，是启蒙运动的王国。"历史学家玛丽亚·若昂·坎波斯（Maria João Campos）在2005年写道。

拜沙区变得规范又整洁，现代化的风格与阿尔法马的凌乱和肮脏形成了鲜明的对比。这两个社区仿佛属于不同的国度，如果说拜沙区像是北欧或中欧，那阿尔法马就像是北非。拜沙区像被嫁接在这座城市上一样，它的主要街道从北向南延伸，箭头笔直，将罗西乌广场——那里曾经有火刑、斩首、热闹的周二市场、斗牛、阅兵和民众起义的场景，也是审判之地和诸圣医院的所在地——与河边广阔的宫殿广场连接起来。虽然广场以宫殿命名，但若泽一世并没有打算在那里重建宫殿。相反，由于商人为新广场的修建支付了部分税款，它被更名为"商业广场"，在那里，优美的拱门柔化了广场三面呆板对称的低矮建筑。

安全、标准化和预制是新市中心区建设的口号，建设方案有的是公共工程风险办公室提出的，有的则是公认最先进的解决方案。为了帮助建筑物抵御未来的地震，一种被称为"gaiola"的木制格子被安装到墙壁中增加韧性。木匠先把木框架组装起来，然后由石匠用石头把它填满。他们还曾要求军队踏过放在地上的"gaiola"以测试它的坚固性。

然而，由于另一个与地震相关的创伤性记忆——火灾，这种"gaiola"结构仅从二楼开始使用。因为一楼会有壁炉，专家团队担心木制格子会助长火情。为了防止火灾，新修建的建筑都有高出屋顶的厚厚砖墙充当防火带。政府还建立了预制程序，也就是提前制作好新建筑物的结构和内部构件，以便加快工作进程。木匠敲打着木材，泥瓦匠在场外工作，一些楼梯和瓷砖板也是跨过几条街运输到工地上的。

根据里斯本市议会档案中的记录，在 1755—1778 年，171 条街道的 848 处房屋被重建。值得注意的是，与公共工程风险办公室的意愿相反，这些重建工程并没有配备管道，街道也没有建排水管或下水道，所以里斯本著名的恶臭还在持续。另外，作为城市改造的一部分，著名的造船厂从原先靠近宫殿的地方搬到了塔古斯河南岸，在那里还能看到现代造船厂。

1775 年，地震发生 20 年后，重建项目迎来了高潮。葡萄牙的第一尊青铜雕像被竖立在尚未完工的商业广场的中央，它展示了若泽一世骑着一匹腾跃的种马的景象，国王手持皇家权杖，还穿着一件盔甲（事实上他从未穿过）。这尊雕像被人夸赞为里斯本最美丽的雕像，它为已经失去皇家意义的广场带来了皇家感。1775 年 6 月，广场的正式完工典礼伴随着一场为期 3 天的盛大派对，这在此后多年还是人们的谈资和写作的素材。那场庆典上有烟花、游行、花车和宴会。为了掩盖广场周围建筑物上像缺牙一样未完工的洞，人们用木头和帆布遮住了它们。

一头大象的形象不可避免地被雕刻在雕像下方的基座上。此外，基座上还有一些代表胜利和名望的人物形象。这是葡萄牙著名雕塑家若阿金·马沙多·德卡斯特罗（Joaquim Machado de Castro）的作品，他也曾为埃什特雷拉大教堂（Estrela Basilica）和阿茹达宫（Ajuda Palace）创作作品，后者就建在地震后皇家小屋所处的小山上。马沙多·德卡斯特罗自学成才，一生涉猎广泛并出版了6本书。但他却常常为自己从未到国外游历过而遗憾。马沙多·德卡斯特罗还遇到了一个历史上著名的乌龙：当他的雕像作品被抬到广场时，他本人却在被一名警察驱逐。这里要注意两个要点：首先，庞巴尔建立了第一支名副其实的葡萄牙警察部队；其次，据说这尊雕像有点不平衡，因为其塑造者没有监督它的摆放。

该雕像于1774年的10月在沿河以东约1千米的陆军兵工厂（Arsenal do Exército）铸造而成，该兵工厂现在是里斯本军事博物馆所在地。人们花了28小时来熔化青铜，并在8分钟内填满铸件。完成后，该雕像重约30吨。1775年5月，大约1000名男子花了3天半的时间用大车把雕像从兵工厂拉到了广场上，当时使用的手推车今天还保存在里斯本军事博物馆中。

当庞巴尔在他27岁的儿子恩里克的陪同下揭开国王雕像的面纱时，人们看到基座前有一个小桌大小的圆形青铜奖章，上面有一张庞巴尔肖像。两年后，一群暴徒向奖章投掷石块并将其击碎。1777年2月，若泽一世去世，庞巴尔受宠的时光也陡然结束。继任者玛丽亚一世（Maria Ⅰ）[①]和之前的若奥五世一样不喜欢庞巴尔，后来庞巴尔被剥夺权力并被驱逐出里斯本。

庞巴尔拥有不妥协的天性和坚定不移的信念，这让他既赢得了仰慕者也让他树敌无数。拉克索尔在庞巴尔仍然受到君主青睐的1772年曾这样说：

---

① 葡萄牙布拉干萨王朝女王（1777—1792年在位），若泽一世之女。1807年拿破仑一世入侵葡萄牙后，举家逃往巴西。——编者注

第五章 灾 难

我见到他的时候,他已经73岁了,但年龄似乎并没有削弱他的能力和活力。他身材高瘦、脸瘦长而苍白,面容中充满了智慧。他并不很受欢迎,而且有很多人企图暗杀他,所以他只能在有警卫保护的情况下外出。在里斯本的街道上,他的马车总是被骑兵分队陪伴或包围着,有持佩剑的护卫保护着他。

庞巴尔不是一个好对付的人,耶稣会神父加布里埃尔·马拉格里达(Gabriel Malagrida)曾亲身验证过这一点。地震发生后,许多人都将其归因于上帝的愤怒和忏悔,而庞巴尔支持出版了一本小册子,将灾难解释为自然原因并讲解科学道理。马拉格里达神父对此表示反对,他自己制作了另外的小册子,将灾难解释为上帝的惩罚,并敦促人们悔改自己的罪过。庞巴尔被此举激怒,他命令将马拉格里达神父发布的小册子当众焚烧,并将这位神父逐出里斯本。但马拉格里达神父拒绝让步,并致信葡萄牙王室重申他的信仰,这封信成了压倒骆驼的最后一根稻草。马拉格里达神父被抓进里斯本监狱,后被移交给宗教裁判所,最终于1761年被绞死并被放在火刑柱上焚烧。

在1758年若泽一世遭到袭击后,庞巴尔将枪口对准了耶稣会士和部分葡萄牙贵族。那一年,当国王乘坐马车走过阿茹达(Ajuda)街区时,3名骑在马背上的男子开枪击中了这位国王,事发地是现在的记忆广场(Largo da Memória)。庞巴尔经过调查将暗杀的幕后黑手锁定在了很有影响力的塔沃拉(Távora)家族。塔沃拉侯爵和侯爵夫人、他们的孩子和其他家人在即决审判中被判处死刑。1759年1月13日星期六早上8点,他们被带到贝伦的一个行刑架并被极其残忍地处决:他们的尸体被轮子碾碎并被斩首,然后行刑架被点燃,他们的骨灰最后被扔进了塔古斯河。此后,塔沃拉这个姓氏被禁止使用。葡萄牙历史书中也试图全面删除塔沃拉这个姓氏。位于上城区的一座17世纪由路易莎·德塔沃拉(Luísa de Távora)创始的红衣主教修道院(Cardaes Convent)接到了命令,要在创始人的墓碑上抹去她的生平。

庞巴尔还判断耶稣会士与塔沃拉共同密谋发动叛乱,因此,王室没收了耶稣会的所有资产。1759年9月,也就是在阿茹达发生刺杀事件的次日,耶稣会在葡萄牙领土上被取缔。耶稣会士被监禁或被驱逐。他们的图书馆被毁,书也被烧毁。有学者认为这是一场文化大屠杀。

19世纪的作家和历史学家卡米洛·卡斯特洛·布兰科(Camilo Castelo Branco)[①]在他1882年的著作《庞巴尔侯爵生平》(*Perfil do Marquês de Pombal*)中将他描绘成一个嗜血的暴君。然而,庞巴尔的拥护者则指出他引入的一系列值得称赞的改革。葡萄牙守旧得像老古董一样,但庞巴尔仍努力采取了一些理性和科学的方法。1746年,科英布拉大学艺术学院(College of Arts in Coimbra)院长还曾发布一项规章,禁止"鲜为人所接受或对科学研究毫无用处的新观点,例如笛卡尔……牛顿和其他一些人的观点"。葡萄牙是反宗教改革的堡垒,不少与葡萄牙进行贸易的北欧国家都认为葡萄牙人在火刑柱上焚烧异教徒的行径很野蛮。

有人把葡萄牙奴隶制的终结归功于庞巴尔。此外,他还在里斯

---

① 浪漫主义时期葡萄牙文坛代表人物,代表作有小说《毁灭之恋》《一个天使的堕落》。——编者注

第五章 灾 难

本培养并聚集了第一批非教派教师,并在小学开设阅读、写作和算术课程。他没有肆意挥霍财政部的资产,而是将资金转向工业和农业投资,还在杜罗河(Douro River)沿岸划定了世界上首个专门的葡萄酒产区来种植波特酒葡萄。他支持对地震进行科学的民意调查,调查问卷现在仍存放在里斯本的东波塔国家档案馆,问卷被发放至该国所有教区,主要有 13 个问题,比如地震持续了多长时间以及对当地的影响。

玛丽亚一世坚定地反对庞巴尔,但却对他表现出了仁慈。尽管庞巴尔被捕、受审并被判有罪,但他还是逃脱了更严重的惩罚,仅是被流放到了首都以北 170 千米的乡村小镇,这个小镇因此被叫作"庞巴尔小镇"。1782 年,在他 83 岁生日的前 5 天,庞巴尔身无分文地死去。王室没有批准将他的遗体安葬在里斯本梅尔塞什教堂(Igreja das Mercês)的家族墓穴,因此他最终被安葬在庞巴尔小镇的红衣主教教堂(Igreja do Cardal)。

庞巴尔作为历史上的重量级人物,在国家先贤祠中没有一席之地,但他还是在某些方面得到了尊重。1833 年,当时的自由党政府将他在若泽一世雕像基座上的纪念章归还原处。自由党为庞巴尔平反,并把他视为英雄,因为他推翻了一个强大的特权家族并废除了宗教秩序。此外,庞巴尔还是萨尔达尼亚公爵(Duke of Saldanha)[①] 的祖父,萨尔达尼亚公爵是 19 世纪自由党的主要政治家。因此,在 19 世纪中叶,庞巴尔的遗体被带回里斯本,并被重

---

① 即若昂·卡洛斯·德萨尔达尼亚(João Carlos de Saldanha),曾在 1835 年、1846—1849 年、1851—1856 年及 1870 年担任葡萄牙首相。——编者注

新安葬在他儿时受洗的梅尔塞什教堂。庞巴尔就出生在梅尔塞什教堂附近希亚多区的世纪街（Rua do Século），那是一座朴素的3层白色石头房，如今很不起眼，屋顶瓦片上还长着杂草。1923年，一块牌匾被竖立在房子外，标记着庞巴尔的出生地。

同年，庞巴尔的遗体再次被移动，移到了位于阿茹达记忆广场的记忆教堂（Igreja da Memória），并保存至今，该教堂是为了纪念若泽一世从暗杀中幸存而建造的，现在已经很少对外开放。在教堂内部一扇棕色的门后，有一个光秃秃的、朴素的小教堂，那里是一个非官方的储藏室。一个大手提箱大小的、深色的、由铁和木头制成的骨灰盒被放在大理石底座上，那便是庞巴尔的长眠之地。

到了20世纪，庞巴尔才拥有了自己的青铜雕像，还配有40米高的基座。在为雕像公开筹款后，主办方还举办了一场设计竞赛，弗朗西斯科·桑托斯（Francisco Santos）在竞赛中胜出。庞巴尔雕像头部的黏土模具高1.8米，在桑托斯去世的当天，这个模具碎裂了，后来，西蒙斯·德阿尔梅达（Simões de Almeida）继续完成了这尊雕像。做基座用的大石块都是专门从辛特拉山附近用牛车运来的，花了5天时间才运达。高高的柱子上写着庞巴尔在教育、行政和经济领域的广泛成就。这尊雕像于1934年5月13日落成，距庞巴尔出生235年。今天，该雕像位于市区重要环形交叉路口的中心，并以其命名了一个地铁站，庞巴尔也终于可以在里斯本的回忆中占有一席之地。

第六章
外国统治、动荡和诱惑

第六章 外国统治、动荡和诱惑

1807年冬天临近,马车连续3天不停往返于里斯本的街道和贝伦的码头之间。在码头,他们匆忙卸下乘客和行李箱,再立刻回城继续搭载更多的人。马车在暴雨里疾驰,把城市未铺砌的道路变成了泥海。暴风在裸露的河岸上撕扯着游人和船帆。小船不断将人员和货物运送到塔古斯河的入海口,在那里,有30多艘折起帆的船正在波涛汹涌的水面上等待着。大约有1.5万人挤上了船,其中包括皇室成员及亲属、贵族和一些随从如侍女、厨师和仆人。神职人员、大臣、法官、律师、军官、士兵、公务员、外交官、医生、顾问以及他们的妻儿也登上了船只。恐惧让人们在登船离开时焦虑不安,河岸上也到处都是匆忙的身影。恐慌似乎一触即发,气氛紧张如同高压锅一般,这一切都是因为拿破仑的军队正在向毫无抵抗能力的葡萄牙首都发起进攻。

在这忙碌的72小时里,葡萄牙的命运再次落在了贝伦河上。这条河承载了拯救葡萄牙政权和财富的希望,但无论怎样,来得及拯救的也只有那些可移动的财富了。王宫里,人们带走了所有值钱的东西,墙上的画被取下,地毯和挂毯都被卷起打包,金、银、瓷器饰品则被仔细地包裹起来。人们还专门小心搬走了1732年在巴西开采出的重量超过20千克的传奇金块。阿茹达宫晚宴所使用的1000多件银质名贵餐具也被装箱送往港口。来自阿茹达皇家图书馆（Ajuda Royal Library）的大约 6 万册书籍被分装在 300 多个箱子里带走。国库里的钱也一样被带走了，这些钱的总量大约占葡萄牙所有流通货币的一半。这看起来就好像葡萄牙人在法国人到来之前先自己洗劫了这座城市似的。

为了供尊贵的乘客们躲雨，人们在河岸旁搭起了雨篷。官员们分发着记录乘客和财物的便条和运单。但并非一切都按计划进行。皇家御马师贝尔纳多·帕谢科（Bernardo Pacheco）虽然获准离开，但因为没有带授权文件，被护卫舰舰长拒绝登船。没有一纸文书就无法上船。最后，他被留在了岸边。

沿岸的行李和箱子在雨中堆积如山，里面都是衣服、珠宝以及未来家庭所需的日常用品。神职人员们尽可能地带走了教会所有财产。货物中还有大量皇家档案馆的文件。食物和饮用水桶被堆放在船上。岸边有匆匆而感人的告别，也有哭泣和昏厥。与此同时，皇家护卫队阻拦着那些被抛下的葡萄牙普通百姓。

这一事件的历史意义不容小觑。这是一个令人眼花缭乱的、规模空前的计划。从本质上讲，这个想法是将葡萄牙连根拔起，然后在巴西以南 8000 千米处重新落地生根。绝望的时代下诞生了绝望的计划，但该计划的设想者却是怀着雄心壮志的。这是欧洲历史上一个特殊的时刻。历史学家鲁伊·拉莫斯（Rui Ramos）在 2011 年出版的《葡萄牙历史》（*História de Portugal*）一书中评论说："许多人都在美洲寻求他们在旧大陆所缺乏的自由和机会，但这是首次由一个国家的最高代表和官员带头这样做。"

葡萄牙王室迁往巴西的目的是否认法国侵略者的合法性。许多欧洲皇室在二战期间遭到入侵的时候都使用同样的策略。面对这种

第六章 外国统治、动荡和诱惑

无法阻止的局面,这个计划使葡萄牙王室减少了损失。毕竟,在巴西不受约束地延续统治总比在家中成为囚犯要好,而且只要保下命来,就有机会继续战斗。从本质上讲,葡萄牙王室不能失去巴西,因为巴西在经济上有重要地位。巴西让葡萄牙得以延续。自1500年以来,一直有葡萄牙人居住在巴西,到19世纪初,这里已成为数十万葡萄牙人的家园。

1807年11月25日,里斯本上层人士的神经开始紧张。4天前,英国护卫舰"皇家信心"号(HMS *Confiance*)停靠在里斯本,并向葡萄牙王室呈上了一份11月11日法国《箴言报》(*Le Moniteur*)的副本,报纸上登有推翻葡萄牙王室的计划。此前,作为对抗英国的举措,拿破仑下令法国盟友和包括葡萄牙在内的中立国家关闭港口,不让英国船只进入。表面上,法国军队来到葡萄牙是为了确保该法令得到执行,但葡萄牙人怀疑法国人的动机不那么单纯,这份《箴言报》证实了他们的怀疑。

葡萄牙眼看就要成为拿破仑帝国的下一个目标。此前,拿破仑已经通过1807年10月27日签署的《枫丹白露密约》(Treaty of Fontainebleau)①中的秘密条款,和西班牙达成了合作,并以征服葡萄牙为目标。条约里包含了瓜分葡萄牙王国的计划,法国和西班牙会各自分到葡萄牙的一部分领土。历史学家指出,拿破仑非常想获得葡萄牙的舰队,以弥补他在特拉法尔加海战(Battle of

---

① 西班牙首相曼努埃尔·戈多伊和拿破仑于1807年签订的关于瓜分葡萄牙和允许法国军队开进西班牙的条约。

Trafalgar）[1]中的损失。此外，要是能得到里斯本港口，也会带来不少好处。然而，葡萄牙人也有自己的盘算。10月22日，他们也与英国签署了一份秘密双边协议。在紧急情况下，英国皇家海军将协助葡萄牙王室逃往巴西。作为回报，英国将从葡萄牙王室那里获得贸易上的优惠。

随着法国军队的逼近，葡萄牙的统治者已经别无选择。国务委员会于11月25日上午在阿茹达宫举行会议，决定启动自17世纪与西班牙的战争以来就制定好的应急计划：将葡萄牙的重要人物和重要资产都转移到南美洲。由于玛丽亚一世体弱多病，若奥王子（Dom João）[2]作为摄政王，已经成为葡萄牙实际的统治者。此前，若奥已经察觉到了即将到来的危机，提前花了几个月的时间为可能的逃亡做准备。事实上，从8月开始，里斯本的造船厂就开始为船只做必要的装备，以预防未来的危机。

国务委员会的决议就像一记发令枪，人们需要在3天内为即将到来的漫长航程进行疯狂的准备。法国的让-安多什·朱诺（Jean-Andoche Junot）将军已经率领数千名法国军队从西班牙陆路前往里斯本了，对葡萄牙来说，这是一场与时间的赛跑。为此，葡萄牙官员和仆人们不停地忙碌。11月27日，女王和男性王室成员们登上"皇家王子"号（*Príncipe Real*），这是葡萄牙舰队的旗舰，也是最大的战舰之一，配备有110门大炮。女性王室成员们则在"阿丰

---

[1] 1805年法国和英国海军的交战，并以英国的胜利告终。此役之后，法兰西联合舰队遭受重大打击，英国海上霸主的地位得以巩固。

[2] 即后来的若奥六世。——编者注

索·德阿尔布开克"号（Afonso de Albuquerque）上。仅"皇家王子"号上就载有大约 1000 人。（一旦沉船，布拉干萨王朝将在没有继承人的情况下直接灭亡。）在葡萄牙舰队的核心船队中，还有"孔德·D. 恩里克"号（Conde D. Henrique）、"梅杜萨"号（Medusa）、"D. 若昂·德卡斯特罗"号（D. João de Castro）和"马蒂姆·德弗雷塔斯"号（Martim de Freitas）。除了这些大船外，一起行驶的还有 4 艘护卫舰、3 艘双桅船、1 艘斯库纳帆船和 20 多艘商船。他们都离开了葡萄牙，这是逃脱拿破仑魔掌的唯一出路。

摄政王若奥心烦意乱，在前往未知世界的路上努力保持镇定。目击者若泽·阿库尔西奥·达斯内维斯（José Acúrsio das Neves）说王子"憔悴地发着呆"，他跟跟跄跄地走在码头上，边走边哭。1807 年的玛丽亚一世已经因类似痴呆或其他的老年疾病接受治疗，但身体状况并没有好转。她于 1777 年即位，当时她才 43 岁。她被认为是葡萄牙的第一位女君主，尽管有些历史学家质疑这个称号应该属于 12 世纪莱昂的特蕾莎（Teresa of León）[①]。1792 年，玛丽亚一世的儿子若奥在女王精神失常后接管了她的职责。亲人的逝去对女王造成了很大伤害，在两年的时间里，她已经失去了心爱的丈夫、长子兼王位继承人、女儿和西班牙籍女婿，以及她的神父。与其他欧洲君主一样，她也因为法国大革命承受了严重的心理压力。

为了寻找治愈她疾病的方法，王室聘请了弗朗西斯·威利斯医生（Dr Francis Willis），他是一位对医学有着浓厚兴趣的英国牧

---

① 莱昂和卡斯提尔国王阿方索六世的私生女，教宗巴斯加二世曾承认她为葡萄牙女王。

师,并以在自家治疗精神病患者而闻名。他曾因成功治愈乔治三世（George Ⅲ）[①]而受到赞誉。18世纪末,在威利斯已经70多岁的时候,他被说服前往葡萄牙。据历史学家路易斯·德奥利韦拉·拉莫斯（Luís de Oliveira Ramos）称,葡萄牙王室支付的预付款为1000英镑,此外,他每在里斯本待一个月,就可以再获得1000英镑,他的旅费也由葡萄牙王室承担。然而他对玛丽亚一世的治疗还是失败了。根据今天的医学观点,很多人认为玛丽亚一世当时患有重度抑郁症。

然而,在离开里斯本的过程中,玛丽亚一世说了一番话,被认为是当时最清醒的言论之一。当马车穿过城市街道向贝伦驶去时,她对司机喊道:"别开得太快!他们会认为我们在逃跑!"然而,正如为玛丽亚一世作传的作家珍妮弗·罗伯茨（Jenifer Roberts）所描述的那样,紧张的局势还是逐渐影响到女王。当她的马车到达码头时,摄政王正在那里等她,她变得歇斯底里,拒绝踏上泥泞的地面。她也许是从其他人的表现中捕捉到了什么,高声大喊:"我不想!我不想!"最终,一名海军军官奉命将她抱起并放到皇家小船上。

撤离计划在此之前只是"纸上谈兵",从未排练过,这样看来这次撤离还算是顺利的,尽管远非完美。目睹了一切的欧泽比奥·戈梅斯（Euzébio Gomes）在他的日记中指出,堆放着"3万件东西"的码头上"一片混乱和骚动"。有的财物在主人登船后还被滞留在河岸上,其中就有来自王宫的6万册书籍。1810—1811

[①] 英国汉诺威王朝第三位君主。

年，法国人离开后，这 317 箱书籍分成 3 批被运走了。与此同时，也有物品被带上船但主人却留在了河岸上的情况。此外，阿库尔西奥·达斯内维斯说，当疏散船准备就绪时，却发现一些水桶被偷了，人们争先恐后地寻找新的。他说："本想几天之内准备好一切，结果却是一团乱麻，最后只能带上在漫长航行中绝对不可缺少的东西。"

正如散文家爱德华多·洛伦索（Eduardo Lourenço）所描述的那样，这艘挪亚方舟在匆匆忙忙不眠的日子之后，终于准备好将旧世界带入新世界。但在出发前，一场大风暴来袭，船只不得不在塔古斯河原地等上痛苦的 36 小时。令人伤脑筋的插曲让乘客有机会凝视岸边的热罗尼莫斯修道院，它矗立在那里，默默地提醒着人们逝去的美好时光。

船队最终于 11 月 29 日星期日起航，次日上午 8 点法军就抵达了里斯本城门。这就相当于当朱诺将军闯入前门时，王室成员从后门溜走一样。纵观其历史，葡萄牙一直试图在大国之间奔跑，以智取胜，并在他们无法企及的范围内突飞猛进。但躲避无法永远奏效，19 世纪的葡萄牙，就像在 16 世纪一样，被擒住了。

后来，一些人指责王室的离开，并认为这是可耻的。19 世纪后期，历史学家奥利韦拉·马丁将这次航行称为"令人尴尬的事件"，并认为其后果可与 1755 年的地震相提并论。他写道："3 个世纪前，葡萄牙人满怀希望和渴望来到印度；1807 年它前往巴西的行为却像是奔丧。"也有一些人认为在这种情况下离开才是最明智的做法。

按照计划，在塔古斯河河口，由悉尼·史密斯（Sidney Smith）

爵士指挥的英国皇家海军舰艇中队正在等待。史密斯爵士因在与拿破仑的斗争中的壮举而成为英国的民族英雄，此次他派出4艘船只护送葡萄牙人横渡大西洋。1808年1月10日上午11点左右，船队穿越了赤道，玛丽亚一世成为第一个进入南半球的欧洲君主。然而，船上的条件远称不上豪华。漫长的旅程和时下政局带来的困扰令人深感不适。船体狭小，缺乏体面的厕所设施，食物和水是严格分配的，虱子迫使葡萄牙上流社会的成员将假发丢到船外，一艘船上的妇女还被迫剃光了头。最后，舰队于1月22日抵达圣萨尔瓦多，并于3月7日抵达里约热内卢，也就是王室的新定居地。

法国的入侵为一个悲惨的时代定下了基调。在19世纪初，里斯本不仅经历了皇室和统治阶级的逃亡、首都地位的丧失和外国军队的占领，而且还遭受了5次政变、2次革命、2次军事叛乱、1场内战和国家破产。19世纪的标志性特征就是动乱。在那些年里，葡萄牙常常像飓风中的风筝一样飘摇不定。

在逃离之前，摄政王留下了一份让他最信任的6个人掌权的皇家法令，同时也给人们留下了焦虑。这6个人将组建理事委员会或摄政委员会，在他缺席期间管理国家。在11月26日的法令中，若奥向他的人民这样解释这一切：

> 我们希望避免防御可能带来的致命后果，对我们来说，防御弊大于利，只会带来流血事件，并且可能会冤枉穿越我们的国家并承诺没有敌意的军队；我意识到他们是专门为皇室而来的，如果我离开王国，我忠诚的臣民就不会那么惊慌了。因此，为了臣民的利益，我决定与女王陛下，即我的母亲，以及所有

第六章 外国统治、动荡和诱惑

王室成员前往美洲,并在里约热内卢市定居,直到和平恢复。

此外,摄政王还坚称法国军队将受到热烈欢迎,"只要他们留在这个王国,他们就会得到妥善安置和帮助,不会受到任何侮辱,如有恶性事件发生,我们会严厉惩罚任何这样做的人"。摄政王当然知道他颁布的法令会被强大的入侵者发现,他这样写显然是想为那些留下的人赢得好感。

拿破仑的军队以无敌著称,它统治了欧洲大陆,而对当时疏于训练的葡萄牙军队来说,站出来虽然是光荣的,但却注定要失败。因此,摄政王希望法国人像表面上的盟友一样受到欢迎。朱诺将军到达里斯本时没有遭到任何抵抗。理事委员会和里斯本共济会的代表——朱诺也是共济会成员——拜见了入侵者。朱诺率领一支由2000名士兵组成的先遣分队,在暴雨中行军,希望在皇室成员离开前赶到。共有6000名法国军人驻扎在里斯本,许多人被安置在寺院里,僧侣们不得不离开寺庙、搬到乡村。其他人则在葡萄牙贵族和中产阶级的家中免费吃住。

朱诺将军为里斯本人民提供了与摄政王略有不同的观点。1807年11月30日,里斯本周围张贴了以朱诺的名义发布的致居民公告。公告用法语和葡萄牙语写着:"我的军队将进入你的城市。"朱诺表示,他的意图是拯救里斯本和摄政王,使其免受英格兰的"恶意影响"。他说,摄政王被其顾问误导了,从而被敌人掌控。朱诺还说,摄政王"根本没有考虑他的臣民,你们的利益因少数朝臣的懦弱而被牺牲"。最后,他总结道:"我的主人——伟大的拿破仑——派我来保护你们,我会保护你们的!"

事实证明，朱诺的预测大错特错。接下来9个月的里斯本是肮脏和血腥的，因为朱诺的手下想努力控制的是欧洲最大的城市之一，并且这里有欧洲最喜欢反叛的群众之一。法国的占领给葡萄牙留下了极为深刻的伤痕，以至于这次占领成了葡萄牙语中仍然被广泛使用的典故。

朱诺对里斯本人民说的那些好话都是谎言，他保护里斯本人民的承诺也不过是其邪恶野心的遮羞布。他的妻子劳雷（Laure）在她大量的回忆录中写道，拿破仑对朱诺将军的命令很简洁："即使巴西王子承诺向英格兰宣战，也不让步。进入里斯本，夺取船只，占领港口。"征服葡萄牙就是最终的目标。朱诺迅速篡夺了权力，他把理事委员会纳入麾下，还接管了公共行政部门。他也占有了摄政王没带走的那些财富，即他的宫殿、家具、马车。朱诺自己留下最好的一些物品，然后让他的高级官员分享剩下的。数不清的宝藏从葡萄牙被运到法国。在某种程度上，它们是战利品，这也说明了法国对进入葡萄牙的解释是虚假的。

法国人像所有在此之前和之后来到里斯本的外国人一样，对这里糟糕的卫生状况感到震惊。一群群凶恶的流浪狗整夜狂吠，处处有黑暗和泥泞的街道，危险潜伏在阴影中。尽管1803年的一项法令限制只能在特定时间倒夜壶，但事实上污物仍然会无法预测地从街道的窗户里飞出。只有拜沙区部分经过重建的街道是通风且铺设良好的。1808年4月，由法国管理的城市警察颁布了一项法令，宣布将杀死流浪狗，此外还禁止在上午11点后在城市街道上放养奶牛和山羊。阿库尔西奥·达斯内维斯承认法国的占领改善了一些城市的问题，街道变得更清洁、光线更好、晚上出门也更安全。当然，这样的改善也符合法国的利益。

里斯本的社会生活当然有所改善。葡萄牙语短语"viver à grande e à francesa"意为"大而法式的生活",指的是奢侈华丽的生活方式,据说这个词就是源于这一时期。朱诺选定了他在里斯本的住所,就是位于希亚多的阿莱克林街(Rua do Alecrim)金特拉(Quintela)家族宫殿,这座宫殿至今仍然矗立在那里。金特拉家族是里斯本最富有的商人家族之一,他们的家靠近市中心。他们以爱办盛大派对闻名,这可能也影响了朱诺的选择。朱诺和他的军官们在这座豪宅里举办了很多场舞会和宴会,他们来到里斯本还得到了该市红衣主教若泽·弗朗西斯科·米格尔·安东尼奥·德门东萨(José Francisco Miguel António de Mendonça)[1]和首席检察官若泽·玛丽亚·德梅洛(José Maria de Melo)的祝福。葡萄牙的贵族和著名商人都出席了宴会。劳雷·朱诺以挥霍无度闻名,她的奢侈让其丈夫负债累累。在占领里斯本不到两周后,朱诺得知他的第一个儿子在法国出生了,他为此举办了一个光鲜的派对,邀请当地社会的精英参加。

斗牛是当时最受欢迎的娱乐活动。虽然这项活动主要是为了迎合工人阶级的口味,但贵族和外国人对其也很感兴趣。由于里斯本没有固定的斗牛场地,斗牛常在临时搭建的木环中进行,这些木环架设在露天场所,包括商业广场。更精致的场地就是圣卡洛斯剧院(Teatro de São Carlos)了。剧院的建设费用是由里斯本商人支付的,随着中产阶级在 1755 年地震后逐渐重组,他们的财富在城

---

[1] 1788 年 4 月 7 日开始担任里斯本市红衣主教。——编者注

市重建期间激增。剧院于1793年落成，葡萄牙皇室也是这座剧院的老主顾。

据说，朱诺喜欢去圣卡洛斯剧院，在那里他会与上流社会的女士和军官的妻子调情。当时这座剧院还被称为圣卡洛斯皇家剧院，剧院里会上演意大利的歌剧，表演者也常是意大利艺术家，还包括著名的阉伶歌手。这座剧院位于希亚多区，取代了1755年倒塌的皇家歌剧院，它具有直截了当的新古典主义风格，由若泽·达科斯塔·席尔瓦（José da Costa e Silva）设计，与米兰的拉斯卡拉（La Scala）大剧院非常相似，连3个入口拱门都很像。众所周知，它具有完美的声学效果，尽管其他一些方面不太成功。它的第一批座位因为不够舒适而被换掉了，另外，照亮整个歌剧院的牛油蜡烛还会散发出难闻的气味。圣卡洛斯剧院于1854年被国家收购，成为圣卡洛斯国家剧院（Teatro Nacional de São Carlos），19世纪后期又做了一些修缮，改变了音响效果。20世纪30年代这里又进行了一次重大整修。如今，除了常规节目外，每逢夏季，这里迷人庭院的树下还会举办免费的户外音乐会。

朱诺和他的军官们都有着自大的野心。朱诺此时36岁，在同侪中迅速崛起后，渴望充分利用"里斯本计划"来实现自己的梦想。从1793年开始，在8年里，他从军士晋升为拿破仑的副官、准将和师上将，1800年被任命为巴黎总督，1804年被派往里斯本。朱诺因其傲慢和有时不明智的行为而被人起了"风暴"（la Tempête）的绰号，此外，他也被人比作唐璜[①]。在担任葡萄牙首都

---

① 以英俊潇洒及风流著称的传说人物，在文学作品中多被用作情圣的代名词。

第六章 外国统治、动荡和诱惑

特使 5 个月后,他前往奥斯特利茨战役(Battle of Austerlitz)参战。随后,在法国对俄战争的卢比努战役(Battle of Loubinoux)中,他的误判导致他被解除了指挥权。离开里斯本后,在他职业生涯的后期,朱诺表现出了一些精神失常的症状,甚至会赤身裸体参加舞会。他于 1813 年自杀。他的名字被刻在巴黎的凯旋门上。

朱诺的军队在里斯本驻扎了大约 6000 名士兵,但这并不足以消除当地的异议和叛乱。事态难以控制的第一个迹象出现在 12 月 13 日星期日。法国阅兵式在罗西乌广场举行,朱诺和他的高级军官们穿着全套制服出现在集结的部队面前。数以千计的当地人纷纷前来观看。法国大炮鸣响在圣若热城堡的城墙的上方,葡萄牙国旗被降下,法国三色旗在所有人的注视下升起。法国士兵大喊:"皇帝万岁!"

这是一场奇观,一场展示新掌权者的仪式。这场仪式为葡萄牙的屈辱赋予了物理和象征意义,但事与愿违。事实证明这是朱诺的一次严重误判。不满的声音开始在人群中蔓延开来,一些人开始对法军大喊大叫,法军虽然听不懂,但完全理解其中含义。法国士兵对人民的情绪感到不安,便向人群开火。人们纷纷逃到小街上,但流血事件并没有就此停止。几个小时后,里斯本人民向法国巡逻队投掷污物和石块。一些法国士兵被殴打和刺伤。于是法国人开始用大炮镇压暴徒,而葡萄牙人则用棍棒反击。这场混乱才仅仅是一个开始。

朱诺并没有吸取教训。他着手解除葡萄牙军队和民兵的武装并让他们复员,为了避免聚集,圣诞节弥撒也被禁止了。朱诺还禁止渔民出海,以防他们将消息传递给潜伏在塔古斯河入口处的英国皇家海军舰艇。但是,他的策略再次被证明是错误的。海上贸易枯竭让这座靠海吃饭的城市感受到了危机。人们开始失去工作,经济崩溃一触即发。葡萄牙人对法国的敌对情绪也越来越外露。

1807年12月23日,远在米兰的拿破仑向葡萄牙投下了一颗重磅炸弹。他签署了一项法令,要求葡萄牙支付1亿法郎。这是一个令人瞠目结舌的数额,傲慢且没头没脑地凭空而来。本质上,拿破仑是在要求葡萄牙进贡。该法令还下令没收王室和所有随其前往巴西的人的资产,包括宗教相关人士的资产。这些公告发表在已成为占领者喉舌的《里斯本公报》(Gazeta de Lisboa)上。警察局局长皮埃尔·拉加德(Pierre Lagarde)负责管理报纸,将葡萄牙皇家徽章从刊头上取下,以法国皇家鹰徽取而代之。

1808年2月1日,在罗西乌广场宗教裁判所举行的仪式上,朱诺宣读了一份公告。公告说,王室离开后,就丧失了管理葡萄牙的权利,拿破仑希望这个国家由军队首领朱诺以他的名义管理。阿库尔西奥·达斯内维斯将其描述为"葡萄牙的死刑判决"。宫殿外设立了12门大炮,朱诺被严密保护着,法国军队在从总部到罗西乌广场的路线上排成一列。

阿库尔西奥·达斯内维斯认为,由朱诺组建的新委员会来管理这个国家是一种讽刺,法国政府实际上是在当地傀儡的帮助下执政的:

> 新政府是真正的军事政府,由总司令领导,分为几个部门,每个部门都有法国干事和葡萄牙顾问。这些顾问就像机器人一样,完全服从朱诺将军的意志,他们进入这个组织只有两个明确的动机:一是欺骗葡萄牙人民说葡萄牙人也参与了执政,二

是利用葡萄牙人。因为作为葡萄牙人，他们可以让一些最危险的操作变得更容易，而且朱诺和他的任何手下都没有管理王国所需的知识。

反对法国统治的运动在春天正式开始。马德里起义[①]的消息传遍了边境。葡萄牙城镇爆发了起义，法国人的霸道态度引发了不满。朱诺解散了葡萄牙军团，试图消除葡萄牙的抵抗力量。但那些被迫复员的人，就像在2003年与美国作战的前伊拉克军队一样，成了非正规部队抵抗的支柱。朱诺派出了残暴的路易-亨利·卢瓦宗（Louis-Henri Loison）将军镇压起义。由于一次狩猎事故，卢瓦宗只剩一条手臂。所有被他召见的人都可能一去不回，因此今天葡萄牙语中使用的口语表达"ir ao maneta"（字面意思是"去见一只胳膊的人"），指的就是某人或某物预计有去无回。起义者被行刑队处决。朱诺看起来越来越像一个暴君。事件超出了他的控制范围。

1808年8月，在里斯本以北约70千米处爆发的维梅鲁战役（Battle of Vimeiro）中，英国军队在后来的威灵顿（Duke of Wellington），即亚瑟·卫尔兹力爵士（Sir Arthur Wellesley）[②]的率领下击败了法国军队，这表明朱诺在葡萄牙的统治时期接近尾声了。根据《辛特拉协定》（Convention of Sintra，该协定是在里斯本签署的，而不是在里斯本以西的辛特拉，但签署的消息是从那里通过信函发

[①] 1808年5月2日，西班牙马德里数万名城市贫民在爱国军官的领导下，袭击被法国军队所占领的各交通要道和据点，与法军展开激烈巷战。起义最终被法军镇压，起义者惨遭屠杀。——编者注

[②] 英国陆军元帅、首相（1828—1830年，1834年在任）。——编者注

送的），朱诺和他的军队被允许返回法国。他们于9月15日登上前往法国的船只。埃加伯爵艾雷斯·若泽·马里亚·德萨尔达尼亚（Aires José Maria de Saldanha）和朱诺一起上了船，他是法国人的狂热支持者，他还曾在他里斯本的宫殿为法国人举办了盛大的派对，他的妻子埃加伯爵夫人也与朱诺有染。

法国的占领持续了大约9个月。在接下来的两年里，法军两次入侵葡萄牙，但都没有到达里斯本。在里斯本的恩特雷坎波斯广场（Entrecampos Square），有一尊夸张的雕像是献给半岛战争（Peninsular War）中的葡萄牙英雄的。这是一个世纪的生动开端，但未来一切只会变得更糟。

最后一批法国士兵于1808年12月离开，留下葡萄牙人民对那些被认为是通敌者的仇恨和恩怨。同月的一天晚上，3名葡萄牙士兵在街上逮捕了多明戈斯·塞凯拉（Domingos Sequeira），当时他正在马里亚尔瓦侯爵（Marquis of Marialva）家吃晚饭，马里亚尔瓦侯爵是一位杰出的外交官，曾在摄政王若奥手下任职。塞凯拉作为葡萄牙浪漫主义绘画的先驱，在法国入侵时担任阿茹达宫的绘画总监。他被指控在里斯本一家咖啡馆里诽谤摄政王。

塞凯拉1768年出生于贝伦。他在玛丽亚一世的赞助下前往罗马学习，并在意大利成名。他于1796年回国，但没有人买得起他的作品，他对此深感失望。1800年，他在贝伦以西的拉韦拉斯（Laveiras）的一座修道院中成为加尔都西会（Carthusian Order）[①]的一名僧侣。在那里的两年里，他创作了一些大型的宗教作品。

---

① 天主教隐修修会之一。该会持守简朴严苦生活，禁食肉类。——编者注

第六章　外国统治、动荡和诱惑

1802年，摄政王若奥任命他为第一位宫廷画家。

在法国占领期间，塞凯拉与后来成为卢浮宫馆长的艺术爱好者路易·尼古拉·菲利普·奥古斯特（Louis Nicolas Philippe Auguste）相处融洽。塞凯拉还曾受雇为朱诺画肖像，并试图展现出这位法国将军"保护里斯本"的场景。但这幅画并未完成，朱诺也不喜欢这幅画。但是无论如何，人们还是借此对塞凯拉提出了指控，说他与法国人合作。

塞凯拉被指控用这幅朱诺穿着轻骑兵制服的肖像美化侵略者的形象，并损害了葡萄牙的形象。塞凯拉抗议说他不是自愿的，他不得不服从朱诺的要求，否则他就得离开这个国家。他还说，即便他受到了强迫，但他还是在作品中说服朱诺，将代表里斯本的人物描绘成悲伤的形象，还体现了里斯本受到葡萄牙民族天才的保护。塞凯拉还说他拒绝画朱诺要求的其他作品。尽管如此，他还是在阿尔法马的利穆埃鲁监狱度过了接下来的9个月。

塞凯拉最著名的作品之一挂在里斯本的安蒂加国家艺术博物馆（Museu Nacional de Arte Antiga）。这是一幅1813年的版画，名为《阿罗约斯的施食处》（*Sopa dos Pobres em Arroios*），被认为是最重要的葡萄牙艺术作品之一。它描绘了救济汤被分发给农村地区的穷人的情景，他们的庄稼在1810年的第三次入侵中被法国军队摧毁，因此在里斯本寻求庇护。塞凯拉的其他重要作品，例如著名的《路易斯·德·卡蒙斯之死》（*A Morte de Camões*）只剩草图留存至今。他的其他作品被带到了前往巴西的船上。

***

当塞凯拉23岁,尚未成为葡萄牙浪漫主义运动最著名的画家之一和19世纪30年代知识分子的领军人物时,加雷特正在里斯本郊区田园诗般的奥迪韦拉什(Odivelas)区漫步。在那里,他绕道进入了圣迪尼斯和圣贝尔纳多(Mosteiro de São Dinis e São Bernardo)哥特式教堂,参观了14世纪的迪尼斯陵墓。他看到的场景使他愤怒,也让他铭记于心。这座安葬着葡萄牙最受尊敬的君主之一的坟墓竟然处于无人管理、年久失修的状态。那天下午的经历让加雷特铭记于心。7年后,也就是1829年,在他自我流放期间,他在伦敦出版的作品集中写下了这段屈辱的幻想破灭的经历。他通过这件事意识到,19世纪的葡萄牙正在腐烂。

"我从未感到如此深切和悲伤的失望,"加雷特在《抒情诗,若昂·米宁诺》(*Lyrica, de João Mínimo*)中写道,看到"伟大的国王……被遗弃,被蜘蛛网覆盖,毫无体面"的坟墓,他反思道:"在英格兰或任何其他基督教国家,教堂内外的墓葬纪念碑都是受到尊重和崇敬的,但是在这里它们被毁坏,铭文难以辨读,有些还用现代石膏修补……多么不体面,真是民族的耻辱!"

在加雷特所处的时代,的确发生了很多令人震惊的事情。权力和性引诱了王室,也引诱了他们的对手。受法国大革命启发的理想主义者踩在葡萄牙头上,而保皇党则为维护王室荣耀奔走。各派人士的不满为里斯本街头的叛乱和流血提供了肥沃的土壤。

拥有700年历史的奥迪韦拉什修道院就像一个故事的宝库,反映了那个时代。兰开斯特的菲利帕(Philippa of Lancaster)是冈特

第六章 外国统治、动荡和诱惑

的约翰之女,她在 1387 年与若奥一世的婚姻确立了英葡联盟的地位,她曾在该修道院躲避里斯本肆虐的瘟疫,并于 1415 年死在这里。她是路易斯·德·卡蒙斯在《卢济塔尼亚人之歌》写到的"光辉一代"的母亲:她 9 个成年的孩子中有 7 个在扩张时代的葡萄牙历史上留下了自己的印记。在孩子们启程前往休达之前,她的长子杜阿尔特(Duarte)①、佩德罗(Pedro)和亨利(即后来的亨利〔航海家〕)到修道院拜访了她,她在那里祝福了他们并赠予他们剑。然而,在她的儿子在北非获得胜利之前,瘟疫夺走了她的生命。

这座修道院的历史里也不乏丑闻。在 17 世纪,阿方索六世(Afonso Ⅵ)②仍然保持着一项可以追溯到迪尼斯时期的宫廷传统:与奥迪韦拉什的修女偷情。在 18 世纪,差不多有 20 余名修女被判犯有与贵族先生们的"多情罪行"。两名修女都为多情的阿方索六世神魂颠倒,后者曾答应让其中一位——安娜·德莫拉(Ana de Moura)——成为他的王后。然而,若奥五世国王在情场上超越了所有前任君主。

若奥五世是一个无可救药的好色之徒,也很会说甜言蜜语。修道院的女士们和她们著名的白色果酱都吸引着若奥五世。他在奥迪韦拉什修道院和很多不同的女子生了孩子。宫廷里还因此流传出一个笑话:君主非常虔诚,连他的情人都是修女。这些非婚生的子女住在首都的一座豪宅中,该豪宅名为阿赞布雅宫(Palácio

---

① 葡萄牙阿维斯王朝国王(1433—1438 年在位),有"哲学家国王"之称。——编者注
② 葡萄牙布拉干萨王朝国王(1656—1683 年在位),若奥四世之子,身体部分瘫痪,以无能和愚蠢著称。——编者注

da Azambuja），现在是西班牙大使的住所。他们因为住在帕利亚旺（Palhavã），也被人称为"帕利亚旺的孩子们"（Meninos de Palhavã）。

若奥五世最喜欢的情妇是修道院的院长玛德雷·保拉（Madre Paula）。她比国王年轻 30 岁，并为国王生了一个儿子，取名若泽（José）。据说玛德雷·保拉在修道院的住处极为奢华。她在两层楼占用了 15 个房间，用金银装饰，铺设厚厚的地毯，并装有枝形吊灯。此外还有一个按照修道院规范布置的修女房间供她使用。

另一项为修道院带来恶名的活动是露天诗歌比赛，被称为"outeiros"。修女们从窗户扔下纸条，等待在露台上的诗人们则通过即兴朗诵这些纸条组成口头诗来竞赛。其中不乏一些淫秽词句。这一传统一直持续到 19 世纪中叶，加雷特也是其中一位参与者。如今，奥迪韦拉什成了一座城市，距离里斯本市中心仅 10 千米。这座修道院如今被低矮的公寓街区和停放的汽车包围着。

1295 年，迪尼斯为这座属于西多会（Cistercians）[①] 的女子修道院亲自铺了基石。这座修道院历时 10 年才建成，成为葡萄牙最大的修道院之一。后来，该修道院被多次改建，17 世纪初新建了教堂，18 世纪初建了回廊。迪尼斯被安葬在葡萄牙的第一个皇家陵墓中，灵柩上有一尊哥特风格的卧式雕像。他也是葡萄牙历史上第一位被允许安葬在教堂内的在俗信徒。

在 1755 年的地震中，巨墓上方的圆顶倒塌，严重损坏了雕刻。地震后，修道院的一部分以新古典主义风格重建，但直到大约 1 个

---

① 天主教隐院修会之一，强调安贫、简朴及隐居生活。——编者注

世纪后,国王佩德罗五世(King Pedro V)①的王后才尝试修复一部分陵墓。这位埃斯特法尼娅王后(Queen Estefânia)的努力无疑是出于好意,但修复时使用的都是 19 世纪的技术和风格,导致修复效果一团糟。迪尼斯在雕像上的形象大变样,衣服、头发和胡须都是按照他死后几个世纪流行的风格进行改造的。他手中的剑和他的马刺等符号消失了。握着剑的手还留在那里,仿佛握着衣摆一样。甚至他的王冠也以 19 世纪的风格重新制作。尽管没有找到关于该墓的原始文件,但当灵柩在 20 世纪 40 年代由里斯本地理学会(Lisbon Geographical Society)打开时,迪尼斯的骨架完好无损。迪尼斯去世时已是 63 岁高龄,但是骨架表明他仍有完整的牙齿。到了 21 世纪,葡萄牙政府仍以没有资金为由推迟修复这座陵墓,最终在 2017 年将其修复完成。

迪尼斯是葡萄牙最受尊敬的君主之一。他在位 46 年,当时欧洲很少有统治稳定的时期,所以他的在位时间长得惊人。他创造了很多个第一:他被认为是葡萄牙第一位识字的君主;他在里斯本靠近希亚多区的卡尔莫广场创立了葡萄牙的第一所大学,这所学校后来搬到了科英布拉;他率先确立葡萄牙语为葡萄牙的官方语言;他在 1297 年与卡斯提尔王国签订了《阿尔卡尼塞斯条约》(Treaty of Alcanices),确定了葡萄牙的现代边界;他于 1308 年与英国签署了葡萄牙的第一个贸易协定。他还与罗马教廷重新建立了关系,并发展了航海和农业。他因此被称为"农夫国王"。当然,最出名的

---

① 葡萄牙国王(1853—1861 年在位),斐迪南二世与玛丽亚二世之子。——编者注

是，他写了不少游吟诗人的诗歌和音乐。

然而，当他的儿子[①]与他开战时，迪尼斯的长期统治走向了不幸的结局。阿方索担心他的父亲将王位传给他同父异母的兄弟阿方索·桑谢斯（Afonso Sanches）——这个私生子是父亲的宠儿，并且和父亲一样有游吟诗人的天赋，受到葡萄牙王室的关注。在1320—1324年内战期间，里斯本曾遭到强烈地震的袭击，人们将地震解释为上帝对父子之间的流血事件感到愤怒的表现。1325年，当迪尼斯去世，阿方索四世（Afonso Ⅳ）[②]继位时，这个国家的命运终于尘埃落定。

加雷特回顾过去时，他正处于对19世纪的不满情绪中，因此迪尼斯被他形容得过于理想化了。不过，与加雷特所处的19世纪20年代的疯狂相比，迪尼斯统治下的那段时间的确是较为辉煌的过去。在当时那个不守规矩的10年里，葡萄牙似乎正在失去自我意识，政治、社会和经济都被破坏。这一切始于波尔图的葡萄牙一八二〇年革命[③]，当时正盛的法国大革命影响到了葡萄牙。葡萄牙的起义受到平等、民主、三权分立和尊重人民权利等原则的启发。革命旨在恢复国家的荣誉和尊严，试图让葡萄牙摆脱在击败法国后留下来并挤压葡萄牙贸易的英国人，并要求当时的葡萄牙国王若奥

---

① 即后来的阿方索四世。——编者注
② 葡萄牙勃艮第王朝国王（1325—1357年在位）。——编者注
③ 葡萄牙资产阶级革命。拿破仑战争结束后，葡萄牙实际受英国控制，在西班牙1820—1823年革命影响下，1820年8月24日波尔图驻军发动起义。——编者注

六世（João Ⅵ）①从巴西回到葡萄牙，尽管他显然不情愿。加雷特曾陷入了早期狂热的自由主义热潮之中，但最终，政治和爱国主义都令他不满。

虽然加雷特被称为花花公子，但他在表达自己的立场上非常坚定和勇敢。当他还是科英布拉大学法学院的学生时，他对葡萄牙一八二〇年革命表示支持。随着革命的命运摇摆不定——并最终引发了自由党和专制派之间的内战——加雷特不得不两次逃离葡萄牙，并在国外度过了3年的时间。如果不逃走，他就可能被关进可怕的阿尔法马利穆埃鲁监狱。1827年他就曾在那里待过几个月。当时，他和里斯本日报《葡萄牙人》（*O Portuguez*）的一些记者被指控煽动叛乱。

加雷特在利穆埃鲁监狱的那段时间，加入了一些名人的小团体。当时，多明戈斯·塞凯拉和著名诗人巴尔博扎·杜博卡热（Barbosa du Bocage）②都被关押在那里。坐落在圣若热城堡下方的利穆埃鲁监狱在14世纪初曾是一座铸币厂，14世纪后期成为一座中世纪的王宫，1383年，还未成为国王的若奥一世就是在这里杀死了安代罗伯爵。15世纪末，利穆埃鲁成为法院和监狱，并在1755年地震后被重建为里斯本的主要监狱。它因其恶劣的环境和传染病而臭名昭著。奥利韦拉·马丁斯在加雷特所在的时代这样描述这座监狱："人们被堆叠起来，有人用木棍赶着这些杀人犯，进

---

① 葡萄牙国王（1816—1826年在位），玛丽亚一世与佩德罗三世之子。——编者注

② 葡萄牙浪漫主义文学先驱。代表作有诗歌《纯粹的真理》（又名《理性的呼声》）、《铁的真理》（又名《可怕的永存幻想》）。——编者注

入那些充满苦难的脏破房间。他们遭受棍棒殴打,每天只能分到一块面包和飘着一点绿叶的清汤。"如今,利穆埃鲁成了地方法官培训中心。

加雷特创作了不少诗歌和戏剧,并于 1846 年出版了《故乡之行》(Viagens na Minha Terra),这本书就像一个时代的写照,带有大量讽刺意味,书中融合了各种写作风格,如新闻、政治分析、从里斯本到圣塔伦的旅行手记等,所有这些都在小说的背景下被展现给读者。这本书是对当时社会的反思。

葡萄牙一八二〇年革命达成了目标:贝雷斯福德将军(General William Beresford)和他的英国军官离开,葡萄牙举行了第一次选举,通过了一部承诺平等和自由的宪法。1821 年 4 月,若奥六世和其他王室成员也返回了里斯本。在此之前,1820 年 9 月 27 日,当临时委员会(Provisional Junta)成员和革命军从波尔图抵达里斯本时,罗西乌广场上是一片欢腾的景象。J. H. 萨拉依瓦在《葡萄牙简史》中引用了一位目击者的话:

> 罗西乌广场上挤满了人,满到再也装不下了。你所能看到的只有成千上万的人头和面孔。广场两侧建筑物的窗户里也都是人。"万岁!"的叫喊声回荡在四周,伴随着挥舞的帽子和数不清的白手帕,因为人很多、动作很大,那景象看上去非常美丽。

若奥六世离开里斯本将近 14 年,尽管朱诺在第 13 年的时候就撤出葡萄牙了。自从他的母亲玛丽亚一世在巴西去世后,这位君主

第六章 外国统治、动荡和诱惑

正式登基。在经过一系列推迟后,他终于乘坐着以他名字命名的帆船回到了里斯本。船在国家绳索厂(Cordoaria Nacional)锚定,这家低矮、细长的绳索工厂,仍然矗立在贝伦河畔边,并成为展览场地。大约 4000 人从巴西乘坐 2 艘护卫舰和 9 艘商船与若奥六世一起航行。1821 年 4 月,若奥六世在他的船上接待了里斯本当局的代表团后,在商业广场附近登岸,圣若热城堡和河畔堡垒鸣礼炮庆祝。若奥六世前往阿茹达宫,在那里他接受并颁布了葡萄牙的第一部宪法,这部宪法将他的臣民变成了公民。当年,还是摄政王的若奥离开里斯本时,还没有如此多的戏剧性事件发生,然而他一回到里斯本,不久后在葡萄牙和巴西都有大戏上演。

1822 年 9 月 7 日,佩德罗王子在父亲不在该领土的情况下宣布巴西独立,并以佩德罗一世的身份登上巴西王位。3 周后,若奥六世在里斯本签署了葡萄牙宪法,这剥夺了国王的绝对权力并任命了制宪议会,但国王仍可享有丰厚的特权。10 月 1 日的签署仪式是在内塞西达迪什宫(Palácio das Necessidades)新国会成员在场的情况下进行的。12 点 24 分,会议开始两个多小时后,国王才带着他的随从进入,坐在为王室预留的讲台上。离开里斯本时仅有 5 岁的米格尔王子(Prince Miguel)[①]此时和他在一起,但若奥六世的西班牙妻子卡洛塔·华金纳(Carlota Joaquina)没有出席。人们注意到了她的缺席,认为这是一个不祥的迹象,后来人们的猜测被证明是正确的。若奥六世在讲台的宝座上宣布,他支持新的君主立宪

[①] 葡萄牙亲王,若奥六世次子,拒绝承认《葡萄牙一八二二年宪法》。——编者注

制为"大众意志的表达"。在他签字后,民选议员的呼喊声响起:"Viva a Constituição! Viva o melhor dos reis!"(意为"宪法万岁!最伟大的国王万岁!")而若奥六世回答说:"Viva o soberano Congresso!"(意为"议会万岁!")

其他人则深感不满,因此一场扼杀自由主义梦想的阴谋孕育而生。雪上加霜的是,叛乱再次来自若奥六世的家族内部。19世纪初的动荡还历历在目,里斯本又将经历另一场混乱和流血的痉挛。

1823年5月,在与母亲卡洛塔·华金纳密谋之后,佩德罗王子的弟弟米格尔王子领导了一场反革命,其目的是推翻自由党政权,恢复君主专制并撕毁《葡萄牙一八二二年宪法》。若奥六世看到自己的命运悬而未决,便选择支持他的儿子。政变赢得很多葡萄牙民众的支持,他们希望国王解散议会。

但这还没有结束。卡洛塔·华金纳正在幕后操纵一切。当她拒绝参加丈夫签署宪法的活动,并认为那是一种投降行为时,当局就将她从里斯本的本波斯塔宫(Bemposta Palace)带走了。这座宫殿是布拉干萨的凯瑟琳(Catherine of Braganza)[①]在她的丈夫英格兰国王查理二世(Charles Ⅱ)去世后居住的地方,自1837年起它成为葡萄牙军事学院(Portuguese Military Academy)的所在地。卡洛塔·华金纳被从本波斯塔宫带到了大约30千米外辛特拉的拉马良庄园(Ramalhão quinta),希望将她与发生在里斯本的阴谋隔离开来。但是,事实上隐居让她有了更多的空间来计划另一场阴谋。自

---

① 若奥四世之女。因身为罗马天主教徒且未有子女,在英国不受欢迎。威廉三世即位后回到葡萄牙。——编者注

第六章 外国统治、动荡和诱惑

由党政府听到了一些风声,还在里斯本上城区的福尔摩沙街(Rua Formosa,现称为世纪街)的一家印刷店发现了呼吁恢复专制统治的小册子。然而,所谓的"福尔摩沙街阴谋"也可能是逮捕那些同情卡洛塔·华金纳的人的借口。

米格尔王子与父亲的关系也产生了裂痕,王位的诱惑太大了,令他难以抗拒。再加上他咄咄逼人的母亲一直在他耳边吹风,告诉他要抓住机会并拯救王室。1824年4月,米格尔终于建立了里斯本驻军,并让他的父亲搬到了本波斯塔宫。他号称是为了保护君主,但这只是迫使若奥六世交出王位的诡计。然而,若奥六世在英国和法国的帮助下,教训了他自以为是的儿子。若奥六世假装出去兜风,在英国和法国大使的护送下,直奔停泊在塔古斯河的"皇家海军温莎城堡"号(HMS Windsor Castle)。若奥六世在这艘船上召见了他的儿子,并在英国的强大支持下告诉米格尔,他将被解除军队指挥权并被流放奥地利。若奥六世后来为船员们颁发了奖章,以感谢他们的支持。

1826年3月,若奥六世在本波斯塔宫去世。他的长子被宣布为葡萄牙国王佩德罗四世(Pedro IV),当时他是巴西皇帝佩德罗一世,因为他在9岁时拒绝返回这片他已经离开的土地,佩德罗为放弃巴西王位并返回里斯本设定了条件。葡萄牙必须接受他制定的宪章,该宪章改编自他为巴西建立的宪章。另外,他还要求他的女儿玛丽亚在成年后嫁给他的兄弟米格尔王子。怀着对自由党的善意,他起草的这部新宪法赋予人民权利,同时也确保君主对民选官员的决定拥有否决权。里斯本的罗西乌广场正式名称为佩德罗四世广场(Praçade D. Pedro IV),在那里,一尊1870年竖立的国王铜像矗立在一根 27 米高的柱子上。这位君主穿着将军的制服，右手拿着他的《葡萄牙一八二六年宪章》。这座市中心广场也成为人们为宪法大打出手的战场。1831 年，第四步兵营面对忠于米格尔的部队，捍卫佩德罗四世。超过 300 人在这场血腥的市中心冲突中丧生。

继承葡萄牙王位几年后，佩德罗四世放弃了巴西王位，但随后便被背叛。他的兄弟米格尔从流放中返回里斯本，并声称葡萄牙王位属于他。米格尔在想要恢复旧特权的贵族和神职人员的支持下试图夺回国王的绝对权力。兄弟间就此开战。

除了兄弟的背叛外，佩德罗的 4 个姐妹也站在了米格尔一边。两兄弟间的战争始于 1832 年。佩德罗率领一支自由党支持者军队抵达葡萄牙，加雷特也加入了他的学术营，重新投入战斗。次年，佩德罗军队的首领特塞拉公爵（Duke of Terceira）[①]，在从南方一路奋战后占领了里斯本。7 月 24 日上午，他的部队从南岸的阿尔马达（Almada）越过塔古斯河，在索德雷码头登陆。他们进入城里，但那里没有人和他们作战，因为米格尔的部队在黎明前就逃离了里斯本。1870 年，一座公爵雕像矗立在了七月二十四日大道（Avenida 24 de Julho）的尽头，凯斯杜索德雷火车站外的特塞拉公爵广场（Praça Duque da Terceira）上。

1834 年，内战以保皇党在两次战斗中的失败告终，米格尔再次流亡。他于 1866 年在德国去世，但在 1967 年，他的遗体被空运到里斯本并安葬在圣维森特教堂。

---

① 即安东尼奥·若泽·迪索萨，后担任葡萄牙首相（1836 年，1842—1846 年，1851 年，1859—1860 年在任）。——编者注

第六章 外国统治、动荡和诱惑

19世纪上半叶的混乱仍未结束。1836—1837年10个月的时间内,发生了多次革命、政变和叛乱,6年后发生了另一次政变。随后,1851年由萨尔达尼亚公爵、陆军元帅若昂·卡洛斯·德萨尔达尼亚领导了一次起义。叛乱至此才大致结束。与此同时,葡萄牙的经济停滞不前。在欧洲其他地方,工业革命如火如荼,葡萄牙则陷入了无休止的危机之中。1846年的一场金融危机迫使成立于1821年的里斯本银行(该国第一家银行、其印章由多明戈斯·塞凯拉设计)与专门从事政府债务的国民信托公司(Companhia Confiança Nacional)合并为葡萄牙银行,现在是葡萄牙的中央银行。

1834年自由党的胜利是一个里程碑,标志着已有百年历史的秩序被颠覆了。奥利韦拉·马丁斯将其描述为葡萄牙历史上"最伟大、最直接的社会和政治变革"。此次革命限制了君主的权力。法律制度、税收和不同权力领域之间的关系被彻底重塑。这一时期的标志性措施就是针对长期以来一直与王室联姻的天主教会的,即解散宗教秩序并没收其修道院以供世俗使用。葡萄牙政府打算削弱教会的影响力。

1834年5月30日,葡萄牙政府下令解散男性骑士团的宗教机构并将其资产国有化。约27年后,1861年4月4日——当最后一位隐居修女去世时——女修道院也遭遇了同样的命运。在里斯本,教会不得不放弃数十座修道院以及教会经营的学院、医院、收容所和其他财产。这些前宗教建筑被改作学校、法院、医院、军营、邮局和其他机构。这些措施总体上并没有改变里斯本的面貌,因为这些建筑大多还是被保留下来了,只是这座从13世纪起就充斥着宗教建筑的城市特征被改变了。

1834 年《埃武拉-蒙特公约》①颁布后，14 世纪由民族英雄佩雷拉在希亚多建起的卡尔莫修道院变成了第三区法院；建于 1570 年的圣本图·达索德修道院（São Bento da Saúde Monastery）成为葡萄牙议会大楼；1633 年曾作为剧院开业、在 1677 年成为修道院的博阿奥拉（Boa Hora）大楼最终变成了法院。国家美术馆和国家图书馆搬进了圣弗朗西斯科城修道院（São Francisco da Cidade Monastery），与里斯本市政府共用这座建筑。国家音乐学院接管了卡埃塔诺的修道院，而科学院则入驻了方济各会耶稣修道院（Franciscans' Convent of Jesus）。17 世纪的圣若阿纳修道院（Santa Joana Convent）位于庞巴尔侯爵广场（Praça do Marquês de Pombal）环形交叉路口附近的圣玛尔塔街（Rua de Santa Marta），在 20 世纪，那里因里斯本人民支付交通罚款的警察局而闻名，到了 21 世纪还被收购并改造成了豪华酒店。

其他建筑物的结局更为激进和残酷，他们被部分拆除或全部拆除，土地也被出售。其中之一就有位于希亚多的圣三一教堂（Santíssima Trindade Monastery）。政府曾计划在 1834 年将其改造成法院，但最后将土地分割并出售给了私人投资者。随着当局重新绘制了城市的街道规划，这座修道院也被部分拆除，为三位一体新街（Rua Nova da Trindade）的修缮让路。一些人对那些被粗暴对待的建筑物的消逝感到遗憾。1837 年，加雷特曾写道："我们毁灭事物，因为毁灭就是那个时代的任性。"

---

① 1828—1834 年葡萄牙发生米格尔战争，1834 年米格尔在埃武拉-蒙特向其兄佩德罗投降，并签署《埃武拉-蒙特公约》，葡萄牙恢复君主立宪制。——编者注

第六章 外国统治、动荡和诱惑

然而，还是有一座著名的建筑物逃脱了如此悲惨的命运，并且在 1755 年的地震中基本毫发无损，那就是红衣主教修道院。其创始人的名字（路易莎·德塔沃拉）曾被庞巴尔试图抹去。这是一座小小的宗教屋，里面住着 20 名左右的修女。它在世纪街上闹中取静地矗立着，修道院内部的装潢幽静舒适且保存完好。漂亮的内饰包含一些非凡的 17 世纪艺术，融合了巴洛克和洛可可风格，就像水果蛋糕一样丰富。据说，这座修道院没有遭到掠夺，是因为派去评估的税务检查员在报告的底部给他的上级写了一张便条，称应该在外面设置警卫以保护这座修道院。这座教堂有迷人的回廊和引人注目的衣橱。另一个有趣的地方是，这里是为数不多的塔沃拉家族遗迹之一。庞巴尔曾想重建这里的一部分建筑作为对塔沃拉的惩罚，但这却意外地使这座修道院被保留下来了。红衣主教修道院就像城市的一座迷你博物馆，值得游人到访。

***

葡萄牙王室的逃亡、法国的入侵以及随之而来的混乱政治时代阻碍了里斯本的发展。也许这一切的最佳体现就是阿茹达宫，那可以说是 19 世纪最杰出的建筑项目。

这座被称为"皇家小屋"的临时木制公寓位于阿茹达山上，1755 年地震后深感不安的王室在那里安家了。这座木屋于 1794 年被烧毁。若奥六世认为这里有美好的田园风光，还可以看到塔古斯河的壮丽景色，远眺大海，正是建宫的好地方。建筑工程于 1796 年开始，但不久后因缺乏资金而停止。建筑工作于 1802 年恢复，但在 1807 年朱诺入侵时再次被中断。1813 年又重新开始建设，尽管到1821年葡萄牙王室从巴西返回时仍然进展甚微。1834年，自由党的胜利再次叫停了这项工程。从1826年起，这座宫殿偶尔会被用作皇家住所或举办皇家活动的场地，尽管它尚未完工。

由于花了太久时间酝酿，阿茹达宫起初是被设计成一座巴洛克式宫殿，但落成的时候成了一座新古典主义宫殿。它是藏书丰富的皇家图书馆所在地，也存放了18世纪巴黎银匠弗朗索瓦-托马·热尔曼（François-Thomas Germain）①制作的精美餐具（其中大部分是若奥六世于1821年从巴西带回的），还存有多明戈斯·塞凯拉的壁画。米格尔曾在宫殿宏伟的王座厅宣誓维护《葡萄牙一八二六年宪章》，到了20世纪，伊丽莎白二世在此会见过中国领导人和美国总统比尔·克林顿。1968年，宫殿成为博物馆。不过，还有一处没有被提到：宫殿的后墙。阿茹达宫曾经是，而且现在依然是一座美丽的建筑，但如果转到宫殿的后面，就会发现它的背面缺乏保护且丑陋。这种状态会至少保持到2018年12月。200多年来，葡萄牙政府一直以资金不足为由或故意忽视这座宫殿的修缮。2016年9月，葡萄牙当局终于决定是时候完成这项1796年就开始的工作了。

随着1834年后内战②气氛的平息，人们越发希望弥补失去的时间。也许这种复兴努力的最大文化象征是位于罗西乌广场北侧的玛丽亚二世国家剧院（Teatro Nacional D. Maria Ⅱ），它于1846年开

---

① 法兰西皇家银匠，洛可可风格代表。除法国王室外，也为俄国及葡萄牙王室制作银器。——编者注

② 指米格尔战争。——编者注

放。该项目由加雷特提出,这个国家大剧院还被赋予了教育公民的功能。它的位置在前宗教裁判所的旧址上,这并不是一个政治符号(宗教裁判所已在1836年被烧毁),但这表明了宗教裁判所的那一页被翻过去了。宗教裁判所的权力在18世纪下半叶已经被削弱,最后一次火刑是1761年焚烧马拉格里达神父,但直到一八二〇年革命才让宗教裁判所的火苗正式熄灭。

废墟被拆除,剧院作为自由主义时期最重要的公共建筑,由意大利建筑师福尔图纳托·洛迪(Fortunato Lodi)以新古典主义风格建造。优雅的立面上有6根柱子,取自已经不存在的圣弗朗西斯科城修道院。剧院顶部是戏剧家维森特的雕像,两侧则有一些代表悲剧和喜剧的人物。剧院的早期发展并不顺利,因为革命时期的余波仍然加剧了参与经营剧院的知名人士之间的竞争。建筑物中的渗水是另一个问题,但更严重的问题是,音响效果太差,以至于观众很难听到舞台上的演员说台词。

开场作品是一部由雅辛托·洛雷罗(Jacinto Loureiro)执导的五幕历史剧《阿尔瓦罗·贡萨尔维斯,女士们的守卫者,或英格兰十二人》(Álvaro Gonçalves, o Magriço, ou os Doze de Inglaterra),改编自《卢济塔尼亚人之歌》里关于12个葡萄牙侠义骑士去英国的故事。后来,剧院经历了被诅咒般的黑暗时刻。1964年12月2日晚上,国家剧院在上演莎士比亚的《麦克白》(Macbeth)时着火了。根据迷信,这出戏是被诅咒的,这就是为什么剧院里的人把它称为"苏格兰戏"(the Scottish play)而不敢直呼其名,生怕不祥会降临到自己头上。起火原因被认为是短路。第二天的《新闻日报》以戏剧性的方式讲述了这场损失,花了整个头版的篇幅报道这场灾难,并刊登了一张占据大部分版面的照片。加粗的标题写着:"麦克白的诅咒"("Macbeth's Curse")。这张照片的视角是从上城区俯瞰拜沙区,能看到巨大的烟柱升起,照片上面的注释写着:"在沉睡的首都中心,一个火山口打开了,无情地,魔幻地,催眠般地,将余烬吹过整个城市。"

重建后的国家大剧院并不是唯一一座遭遇厄运的19世纪标志性建筑。里斯本的市政厅(Paços do Concelho)也遭受了灾难。在1755年地震后,市政府失去了办公场所,1774年,他们搬进了一座新的、专门建造的大楼,靠近商业广场,由震后建筑师欧热尼奥·多斯桑托斯设计。该建筑在1863年几乎被一场大火完全摧毁,经过15年的重建后,正面采用了法国雕塑家阿纳托尔·卡尔梅尔(Anatole Calmels)的新古典主义风格。然而,在保守的里斯本,卡尔梅尔的现代主义风格太过前卫。立面三角形山形墙的浅浮雕是里斯本第一尊完全裸体的男性公共雕像,而且还是正面朝前的。它引发了城市丑闻,很多人谴责它的不道德,也产生了一些笑话。报纸《每日画报》(*Diário Ilustrado*)上就提到,一个男人带着他的两个侄女穿过市政厅外的广场并告诉她们:"不要看,女孩们,这很不雅。"其中一个女孩回答说:"你说得对,叔叔,我们注意到了。"

市政厅于1880年重新开放,但1996年的另一场大火又烧毁了楼上的部分。重建工作在此开展,人们希望按照原样恢复该建筑物的特征。今天,这座大楼以漂亮的阳台和令人难忘的楼梯而闻名,楼上还有一个圆顶。

19世纪最伟大的政治家之一萨尔达尼亚公爵领导的政府于1851年上台,此后葡萄牙的命运发生了转变。在深陷于19世纪上

第六章 外国统治、动荡和诱惑

半叶数十年的政治角力之后，1851 年 4 月，萨尔达尼亚试图煽动一场夺取政权的军事起义。他以为自己失败了，于是逃到西班牙西北部避难，但不久之后有人告诉他，他在葡萄牙赢得了广泛的军事和民众支持。这一切迫使不情愿的玛丽亚二世（Maria Ⅱ）[①]——作为君主立宪制国家的领袖——对萨尔达尼亚作为国家领导人表示祝福。两年前，玛丽亚二世解散了前萨尔达尼亚政府，这促使这位退伍军人发表了对玛丽亚二世决定的反对意见。当他在广受赞誉的情况下凯旋时，大仇得报的他带领军队经过内塞西达迪什宫，玛丽亚二世不得不佯装和蔼可亲，并接受他的敬礼。

这些变化就像一记发令枪，开启了政治的稳定局面，后续的一段时期也被称为"Regeneração"（葡萄牙语的"再生"）。经过半个世纪的混乱后，里斯本终于要迎来半个世纪的进步了，此后里斯本才变成了现代化的欧洲首都。

谋划并推动这座城市在社会和技术方面的进步的人是一位政治家。当他 31 岁加入萨尔达尼亚政府时，他仅仅因在议会中的少数演讲而闻名，但后续他证明了自己的精力充沛、果断和勤奋。他就是新成立的公共工程、贸易和工业部负责人安东尼奥·马里亚·丰特斯·佩雷拉·德梅洛（António Maria Fontes Pereira de Melo）[②]，他在葡萄牙历史上留下了属于自己的印记。他是一个对工作充满热情的人，不喜欢政治阴谋，也不图财。这让他不像是里斯本政治阶

[①] 葡萄牙布拉干萨王朝女王（1826—1853 年在位），若奥六世孙女，巴西皇帝佩德罗一世之女。——编者注

[②] 葡萄牙政治家、工程师，曾 6 次担任财政部部长和公共工程部部长，3 次担任葡萄牙总理。

层的典型成员。为他作传的作家、历史学家玛丽亚·菲洛梅娜·莫妮卡（Maria Filomena Mónica）这样描述他："他没有在晚上阅读法国小说、玩桥牌、关注谣言的习惯，而是忙于为军事杂志写文章、写序言、研究发明。"

丰特斯·佩雷拉·德梅洛监督了葡萄牙全国数百千米的新道路和十几座桥梁的建设，他也监督了葡萄牙第一条火车线路和电报网络的建设。他还将公制引入葡萄牙。在里斯本，丰特斯·佩雷拉·德梅洛为人民留下了丰厚的遗产。他把里斯本港、圣塔阿波罗尼娅（Santa Apolónia）火车站和里斯本到辛特拉的铁路留给了这座城市。其后，他还策划了热罗尼莫斯修道院的修复工作，并建立了唐娜埃斯特凡尼亚（Dona Estefânia）医院。他还资助了在塔古斯河上引进蒸汽船的项目，并创立了里斯本的工业和贸易研究所及农业研究所，旨在引进现代欧洲方法和技术。

在发展日益成熟的首都过上美好生活的梦想吸引了越来越多的贫困农村人口。里斯本的人口从19世纪中叶的约20万人激增至约30万人。人们大规模地挤进城市，房屋不得不加盖楼层，阿尔法马和莫拉里亚变得像蚂蚁的巢穴一样，街道拥挤不堪。乞丐和暴徒也常在街上出现。

里斯本的城市发展在19世纪下半叶加快了步伐。里斯本最重要的公共工程项目，也是那个时期葡萄牙最大的公共工程项目之一，博纳维斯塔路堤（aterro da Boavista），就是在那时落成的。这个巨大的土方工程需要从河流中开垦土地，并在七月二十四日大道曾经所在的地方建造堤岸。该项目由工业研究所所长维托里诺·达马西奥（Vitorino Damásio）执行。向西出城的道路也使得

第六章 外国统治、动荡和诱惑

里斯本伸展开来，给了城市更多喘息的空间。道路将索得勒码头与桑托斯和阿尔坎塔拉联系起来。河堤沿岸绿树成荫的小路尤其受人们欢迎。这是一个能让人放松的地方，可以逃离城市狭窄和恶臭的旧区。1873年，从罗西乌广场到贝伦的首都的第一辆马拉有轨电车也运行了，该铁路还被称为"美国铁路"（caminhos de ferro Americanos）。1900年，它们被电车取代。

堤坝还改善了海滩淤泥和废物堆积过量的情况。在一段时间内，塔古斯河仍然是里斯本的粪坑。1855—1857年暴发了霍乱（超过3000人死亡）和黄热病（超过5600人死亡）。1755年地震后新建的建筑和街道都设有排水管和下水道，但地震前在此已拥有房屋的业主却不愿给房子铺设管道。因此，里斯本公共卫生的百年问题并没有得到解决。

在半岛战争①期间访问里斯本的英国军官塞缪尔·布劳顿的反应与和他正在战斗的法国人的反应相同。在他1809年于伦敦出版的来自伊比利亚的信件集中，他回忆起从海上接近里斯本。他报告说，这是"一座在崇尚旅行的人眼中以白色威严崛起的威严之城"。但仔细观察，他发现"到处都是肮脏、贫穷和不幸的混乱"……他对"肮脏的苦难"嗤之以鼻，尤其是"água vai"，即乱扔便盆，这也让法国人感到恶心。

然而，尽管每个人都认为里斯本需要卫生方面的改造，但里斯

---

① 拿破仑战争中的一场主要战役，交战方有西班牙、葡萄牙、英国、法国。该战争从1808年法国军队占领西班牙开始，至1814年第六次反法同盟打败拿破仑的军队结束。——编者注

本缺乏所需资金。1858年5月24日，一项市政法令下达，阿尔法马和莫拉里亚才下达了建设全市污水管网的命令，尽管这项工程需要几十年才能覆盖到整个城市。政府为了推动清洁工作，应市议会的要求，于1864年决定成立一个委员会，制定"改善首都的综合计划"。该项目也在丰特斯·佩雷拉·德梅洛的国家规划框架内。

里斯本"发胖"了。唐娜埃斯特凡尼亚医院的开业在19世纪80年代催生了临近的埃斯特凡亚街区（Bairro da Estefânia）。20世纪初，里斯本继续向东扩建，继续延伸至今天被称为雷斯上将大道的主干道。这座城市正在远离它的摇篮——塔古斯河。

1874年接任里斯本市议会总工程师的弗雷德里科·雷萨诺·加西亚（Frederico Ressano Garcia）[1]也成为里斯本发展的核心人物。他在巴黎路桥学院（École des Ponts et Chaussées in Paris）接受培训，引进了最新的工程技术和时尚。雷萨诺·加西亚帮助里斯本成为一座现代化城市。他扩大了公共交通（包括里斯本著名的缆车）、供水网络、下水道等基础设施，并将里斯本扩展到北部。他从奥斯曼男爵（Baron Haussmann）[2]在巴黎的案例和伊尔德方斯·塞尔达（Ildefons Cerdà）[3]在巴塞罗那的工作中汲取了灵感。雷萨诺·加西亚为里斯本的面貌带来了深远的变化。

---

[1] 葡萄牙工程师和工程学教授、政治家和官员，因在19世纪的最后25年里指导里斯本市的扩建和城市更新而闻名。他负责规划和建造的里斯本工程有自由大道、庞巴尔侯爵广场、七月二十四日大道、欧里克绿地街区等。

[2] 法国官员，曾担任巴黎大规模改建工作的负责人。——编者注

[3] 西班牙城市规划师、政治家，负责巴塞罗那市的扩建和改造，也是现代城市主义的创始人之一。——编者注

第六章 外国统治、动荡和诱惑

在雷萨诺·加西亚的指导下，公园、花园和林地在城市规划中有了新的位置。它们被视为休闲和社交的健康场所，关乎生活质量。位于上城区边缘的圣佩德罗-德阿尔坎塔拉（São Pedro de Alcântara）花园是 1964 年拍摄到火灾中的国家剧院照片的地方，如今这里因其一览无余的圣若热城堡景观而成为热门的旅游景点，它的建造也是新政策的一部分。大教堂对面的埃什特雷拉花园也已开放，那里仍然提供绿树成荫的人行道、种满睡莲的池塘和草坪。这个花园是著名的《星辰之狮》（*Leão da Estrela*）①中主人公的家，它是 1871 年由殖民地管理员派瓦·拉波索（Paiva Raposo）捐赠的，以 20 世纪一部流行的电影命名。

宽阔的林荫大道如雨后春笋般涌现，成为赋予新城市活力的动脉。市中心的自由大道就像是迷你的香榭丽舍大街，也是这项政策的最著名成果。它为雷萨诺·加西亚向北推进一批新大道的建设提供了支柱和基础。其中有 20 多条大道，包括丰特斯-佩雷拉-德梅洛大道（Avenida Fontes Pereira de Melo）和现在被称为共和大道（Avenida da República）的一条路。

自由大道是一条林荫大道，有悬垂在繁忙道路上的梧桐树，和郁郁葱葱的侧向花园，花园里有棕榈树和鱼塘。它将复兴广场与庞巴尔侯爵广场的环形交叉路口连接起来。《葡萄牙指南》说它是"欧洲最漂亮的大道之一"，尽管该指南认为沿线的建筑物"通常品味低劣，几乎没有建筑尊严"，"当（建筑物）试图显得不平庸时，

---

① 拍摄于 1947 年的葡萄牙电影，也是葡萄牙影史上最著名的喜剧片之一。——编者注

它们又会显得冷酷或自命不凡，有的门窗还有阿拉伯风格"——这显然是指当地饼干大亨孔塞桑·席尔瓦（Conceição e Silva）在自由大道226—228号的房子。这种摩尔式复兴风格当时在里斯本很流行。位于共和大道的坎普-佩克诺斗牛场就是这种时尚的一个突出例子。它以马德里的丰特-德尔贝罗（Fuente del Berro）斗牛场为蓝本，后者现已不复存在。葡萄牙建筑师安东尼奥·迪亚斯·德·席尔瓦（António Dias de Silva）增加了3座带有圆顶的塔楼。由于其洋葱形圆顶，有人将其称为"里斯本的克里姆林宫"。第一次斗牛于1892年在那里上演。3名斗牛士在竞技场中丧生。2名"forcados"——指那些抓住并紧紧抱住冲锋公牛脖子的年轻人——也死在了那里。

罗萨·阿劳若（Rosa Araújo）是19世纪70年代里斯本的市长，他也被称作自由大道之父，一举创造了城市的徽章。虽然到了20世纪晚期，这条大道显得破败了起来。它在21世纪早期拥有了另一次复苏，这主要归功于房价上涨和奢侈品店的入驻。但这里依然是城市里受污染最严重的地方。

自由大道是从"公共步道"（Passeio Público）蜕变而来的，"公共步道"是一座罗西乌广场旁的带栅栏门公园，建于1764年。潮湿的土壤铺满了菜园，地震瓦砾也被清理干净，让这片土地更加稳固。这是葡萄牙第一座法式公共公园，也是启蒙思想的产物，人们希望和自然联结并从中受益。

在"公共步道"开放后的第一个10年，人们还不怎么把它当作有趣的去处。这个公园很小，以对称形式设计，风景也一成不变。尽管如此，若昂·保罗·弗莱雷（João Paulo Freire）还是在他

1932 年的《承载我时间和往事的里斯本》(*Lisboa do meu tempo e do meu passado*）一书中写道，这座公园提供给缺乏娱乐活动的城市居民们一些慰藉，在此以前，那些人"只在宗教游行或者在火刑柱上烧死人的时候"才聚在一起。

在 19 世纪 30 年代，这座公园被扩建了，增加了一个小湖、更多种类的树，以及一个音乐台。它开始以城市花园闻名，更多的人去那里游玩了。那里有了音乐会、焰火表演，引来了很多观众，但只接纳上流人士群体。为了把乞讨者和其他不受欢迎的人拒之门外，公园规定只有打领带的男人才能入内。连王室成员也会去那里散步。在油气灯于 1851 年被启用后，里斯本的生物钟也因此被改变了，更多的可能性得以实现，在夜晚的公园里散步的活动在几天内就吸引了上千人。

葡萄牙 19 世纪著名的小说家凯依洛斯热衷于记录社会习俗，他把在"公共步道"上散步称作一种"惨淡的快乐"。比起看风景，人们去那里更多是希望自己成为风景。这座公园是里斯本资产阶级在周末的时尚去处。在凯依洛斯的小说《巴济里奥表兄》(*O Primo Basílio*）里，它是病态社会愿景的象征。小说里，一名里斯本的女佣嫉妒她的女主人，厌恶女主人用不义之财买来新衣服，在"公共步道"里炫耀。[①] 凯依洛斯的另一本小说《马亚一家》(*Os Maias*）里的一个角色曾说："里斯本就是葡萄牙。在里斯本以外什么都没有。"

[①] 参见［葡］埃萨·德·盖罗斯：《巴济里奥表兄》，范维信译，花山文艺出版社 1994 年版，第 71—74 页。——编者注

凯依洛斯的雕像伫立在阿莱克林街上，马路对面就是朱诺在1807年占领的宫殿。凯依洛斯是19世纪70年代被称为"Geração de 70"的先锋之一。19世纪30年代的加雷特和埃尔库拉诺从浪漫主义中寻找灵感，而新一代的文学家则从现实主义和科学中寻找灵感。这是一代年轻又有天赋的知识分子，他们被欧洲层出不穷的新事物和可能性所激发。这一群人里还有卡米洛·卡斯特洛·布兰科，他只花了两周的时间就写出了他最著名的代表作《失落的爱》（Amor de Perdição）。卡米洛·卡斯特洛·布兰科一生陷入颠覆道德边界的情感丑闻中，最后他因染上梅毒而失明，他对着自己的右太阳穴开枪自杀了。他在45年左右的时间里写了超过100本书。当时的另一位杰出的名人是安特罗·德·肯塔尔（Antero de Quental）[①]，他具有敏锐的智慧，是哲学家和历史学家，也是一名演说家。他为社会公正和思想自由而抗争。他有自由党的血统，他的祖父安德烈·达庞特·德·肯塔尔（André da Ponte de Quental）曾是《葡萄牙一八二二年宪法》的签署者。

19世纪70年代的这些知识分子大多在国外旅行，并自视为新葡萄牙的萌芽——因为当他们望向窗外时，他们看到的是一片破碎的景象，多年来的混乱在这片破碎的土地上刻下了伤痕。在1871年的3月，他们在希亚多的里斯本赌场（Casino Lisbonense）租了一间位于一层的房间，这个房间有着高高的窗户和天花板，坐落在阿贝戈阿里亚广场（Largo da Abegoaria）的一条倾斜的街道上。在那里，他们计划举办10次"民主座谈会"（Conferências

---

[①] 葡萄牙诗人，科英布拉一代领袖，反抗浪漫主义。——编者注

Democráticas）。凯依洛斯后来说,这是葡萄牙的"科学革命第一次有了舞台"。但他们的座谈会只举办了 5 次,就被当局勒令停止了。

凯依洛斯是第四场讲座的讲师,讲座主题为《新文学,或作为艺术表达的现实主义》（"The New Literature or Realism as an Expression of Art"）。肯塔尔则选择了一个更广泛、更有争议的话题,他的演讲主题是《伊比利亚人民颓废的原因》（Causas da Decadência dos Povos Peninsulares）,他毫不留情地花了精彩的 1.2 万字试图解答葡萄牙为何成为欧洲的落后者。他认为原因之一是宗教保守主义（他还提到了其他原因,如政治集权和扩张时代催生的懒惰）。他的指责直指天主教堂。教会很少会收到这样毫不掩饰、毫不妥协的批评。由于 1868 年西班牙已经有一场起义推翻了伊萨贝拉二世（Isabel Ⅱ）[①],而法国正是巴黎公社在执政的时候,葡萄牙当局因此感到不安。于是一项皇家法令随即叫停了这些讲座。

葡萄牙落后于欧洲这件事是无可争辩的。凯依洛斯说,里斯本仍然像一个大村庄,街道像非洲一样,几乎没有商店,大部分购物都依赖挨家挨户的街头小贩,"aguadeiros"卖桶装水,"leiteiros"卖牛奶,"lavadeiras"背着成捆的衣服叫卖,"padeiros"则是卖篮子里的面包。里斯本的第一家百货公司"希亚多大型商场"（Grandes Armazéns do Chiado）于 1894 年开业,大约比巴黎和伦敦

[①] 西班牙女王（1833—1868 年在位）,斐迪南七世长女。在西班牙一八六八至一八七四年革命中被推翻,1868 年 9 月底流亡法国,1870 年在巴黎宣布退位,让位于长子阿方索十二世。——编者注

的第一家同类商店晚了一个世纪。葡萄牙公路上的第一辆汽车是于 1895 年 10 月从法国用船运到里斯本码头的。这是一辆庞阿尔和勒瓦索尔（Panhard et Levassor）汽车，购买者是居住在里斯本南部 150 千米处的圣地亚哥-杜卡森（Santiago do Cacém）小镇的年轻贵族若热·达维列斯（Jorge d'Avillez）。他花了 3 天时间开车回家。

***

1890 年 1 月 12 日，星期日，这一天是里斯本警察忙碌的一天。数千名高喊爱国口号的抗议者在市中心游行，暴徒向英国领事馆和葡萄牙外交部投掷石块，砸碎窗户。学生们聚集在商业广场的马蒂纽咖啡厅外，高呼着口号走向希亚多。警察和骑兵被派去平息骚乱。这一切从下午一直持续到深夜，共有 50 多人被捕。

愤怒挥拳的反抗是在一场至今仍被视为葡萄牙国耻的事件——葡萄牙在对非洲领土的对峙中向英国投降后几小时爆发的。英国一直是葡萄牙历史久远、表面上也最亲密的盟友，因此人们对这一事件的反应尤为强烈。从现在往回看，那个时刻就是蝴蝶效应产生的时刻。时任大学教授、后来成为国家领导人的马尔塞洛·卡埃塔诺（Marcello Caetano）[1] 从现实政治角度解释了人们天真想法的破灭，并表示"无论联盟多么密切和长久，都没有任何友好条约可以让强国放弃利益或缓和他们对小国的非分之想，如果小国没能先拥有意识、智慧和对自己国家事务的热情的话"。

---

[1] 葡萄牙总理（1968—1974 年在任），国民同盟领导人。1974 年四二五革命中，其独裁统治被推翻，后流亡巴西。——编者注

第六章 外国统治、动荡和诱惑

麻烦的根源是5年前的柏林会议，它引发了所谓的"争夺非洲"事件。欧洲列强在距里斯本2000多千米的地方相遇，并引入了一套有效的殖民占领规则：只有你驻扎并经营了这片领土，才能证明这片领土是你的。而葡萄牙自扩张时代以来，一直没有足够的人口在它广袤的海外殖民地定居。

还有一个问题。葡萄牙人想要拥有从非洲西部的安哥拉到东部的莫桑比克之间全部的领土，这样可以将非洲东海岸到西海岸串起来。这种野心被简称为"Mapa Côr-de-Rosa"（粉红地图计划），这个计划对葡萄牙来说非常重要。这是陆军上尉亚历山德雷·德塞尔帕·平托（Alexandre de Serpa Pinto）提出的浪漫主义想法。他就像英国的斯坦利（Henry Stanley）[①]和利文斯通（David Livingstone）[②]那样，是探险家和国家偶像。平托是1877—1879年葡萄牙第一次官方科学考察队的领队，这次考察进入了非洲大陆的中心。他把冒险经历写成了两本书，名为《我如何穿越非洲》（Como eu atravessei a África），引起了大众的想象。成立于1875年的里斯本地理学会也是这次享有盛誉的探险活动的幕后推手。

但英国自己也有从开罗到开普敦的帝国野心，1890年1月11日，伦敦直言不讳地警告葡萄牙人不要试图干涉此事。当天上午9时，英国驻里斯本特使乔治·格林·彼得（George Glynn Petre）通知葡萄牙海军部部长恩里克·德巴罗斯·戈梅斯（Henrique de Barros Gomes），驻扎在英国觊觎的非洲地区的葡萄牙军队必须撤离。潜

---

① 英国探险家，曾深入非洲内陆地区，以发现刚果河而闻名。——编者注
② 英国传教士、探险家、医生。曾3次考察非洲，发现恩加米湖、维多利亚瀑布等地。——编者注

台词是:"不然的话……"这条消息被称为英国的"最后通牒"。那个星期六晚上,大约两周前才登基的卡洛斯一世召集国务委员会召开紧急会议,会议开到凌晨一点后仍未结束。

葡萄牙人别无选择,只能服从伦敦的要求。就像朱诺入侵时一样,他们被困在魔鬼和深蓝色的大海之间。葡萄牙在军事上的实力无法与英国匹敌,英国的战舰——包括新一代现代战列舰中的"巨人"舰(HMS Colossus)——已经部署到直布罗陀和西班牙西北部的维哥(Vigo)以及在莫桑比克附近非洲东海岸的桑给巴尔(Zanzibar),这是明显的武力展示。无论是否是最长久的盟友,葡萄牙都不会幸免于阿尔比恩(Albion)[①]的背信弃义。当时著名漫画家皮涅罗的一幅漫画描绘了约翰牛(John Bull)[②]站在非洲,并用指向里斯本(以贝伦塔为代表)的一杆枪发射最后通牒。

许多葡萄牙人被卡洛斯一世的妥协激怒了,爱国热情和反英情绪高涨。共和党人嘲笑王室没有骨气和叛国,因为他们屈服了。人们高呼平托的名字和爱国口号,在城市的街道上游行。他们聚集在里斯本地理学会的大门前,因该学会的秘书长将葡萄牙国旗降下半旗。一群暴徒闯入被共和党人视为保皇党巢穴的圣卡洛斯国家剧院,在晚间表演的第一幕和第二幕之间大喊:"今天没有演出,今天是哀悼日!"1890年1月12日的《世纪报》(*O Século*)问道:"里斯本会被轰炸吗?"第二天,共和党报纸《论辩》(*Os Debates*)

---

① 阿尔比恩是大不列颠岛的古称,此处指英国。
② 英国的拟人化形象,出自18世纪英国作家约翰·阿巴思诺特(John Arbuthnot)的讽刺小说《约翰牛的生平》。——编者注

第六章 外国统治、动荡和诱惑

的头版标题直接就是《叛国》。

同月,还出现了一首激动人心的歌曲,这首歌也抓住了公众的情绪。后来,在 1911 年,它被选为葡萄牙的国歌。它由阿尔弗雷多·凯尔(Alfredo Keil)[①]创作,他请了海军军官和诗人恩里克·洛佩斯·德门东萨(Henrique Lopes de Mendonça)为其写词。这首歌是《葡萄牙人》(*A Portuguesa*),包含着振奋人心的团结号召:

> 海上的英雄,高贵的人民
> 英勇与永恒的国度,
> 让今天再次彰显
> 葡萄牙的辉煌吧!
> ……
> 武装起来!武装起来!
> 捍卫疆土!保卫领海!
> 武装起来!武装起来!
> 为祖国战斗吧!
> 冒着炮火前进,前进!

里斯本街头的一些抗议者在唱这首歌时,还将"canhões"(大炮)一词改为"Bretões"(英国)。在被选为国歌之前,这首歌就

---

① 葡萄牙浪漫主义作曲家,也被认为是葡萄牙最后一位重要的浪漫主义画家。——编者注

已经非常受欢迎了，以至于里斯本的剧院都播放这首歌，其歌词还被印在沙丁鱼罐头和饼干包装上。

最让人沮丧的是，自14世纪结盟以来，英国人和葡萄牙人似乎一直相处得很好。他们曾经非常不同，现在也很不同，但以前他们似乎可以互补。英国人的热情、脚踏实地的态度和周密的计划与热情、富有灵感和适应能力强的葡萄牙人形成了鲜明对比。但英国人的自身利益总是高于一切，因此他们利用了葡萄牙。正如法国神职人员和外交官阿贝·德普拉特（Abbé de Pradt）所说："葡萄牙只为英格兰而存在。可以说，葡萄牙完全被英国吞噬了。"此前，庞巴尔就已经看穿了他不喜欢的英国人，并将葡萄牙对英国的依赖视为国家落后的主要原因之一。

19世纪初，葡萄牙曾是英法代理人竞争的战场。英国人帮助葡萄牙人赶走了朱诺之后，他们就在葡萄牙定居下来。最初，英国人非常受欢迎。布劳顿说，里斯本以"公众的欢呼"欢迎英国军队。英国中尉赖特·诺克斯（Wright Knox）在1809年10月的一封信中这样描述亚瑟·卫尔兹力爵士，也就是后来的威灵顿受到的欢迎：

> 几天前，他高调地进入里斯本，受到了当地的民兵和志愿者的欢迎，在城堡里，每分钟一次的鸣枪活动持续了半个小时，民众似乎对他表示了善意或崇敬。次日，他被摄政（议会）接待，他被允许不受限制地指挥这个国家的军事事务和参与民事事务。

第六章 外国统治、动荡和诱惑

当卫尔兹力于 1813 年返回里斯本逗留 4 天时，人们再次向他致意。

1809 年，在当时身处巴西的摄政王的祝福下，威廉·贝雷斯福德将军被英国任命为葡萄牙陆军首领，军衔为元帅。他的任务是使葡萄牙当地部队现代化，并使该部队与英国的部队兼容。贝雷斯福德将他的总部设在阿尔坎塔拉的埃加宫（Palácio da Ega），这座房子原主人的妻子曾与朱诺有染，后来这座房子在与法国人的战斗中被用作医院。贝雷斯福德引入了新的训练方法，将葡萄牙军队变成了一支更强大的战斗力量。

然而，在 1814 年卫尔兹力击败拿破仑的军队后，公众开始对英国在葡萄牙的非官方殖民统治感到不满，贝雷斯福德成为众矢之的。随着贝雷斯福德开始干预葡萄牙政治，他的情绪和霸道态度引发了其与摄政委员会的摩擦。尽管如此，贝雷斯福德还是于 1815 年航行到巴西，并带着摄政王授予他的更大的权力返回。贝雷斯福德表现得像管治殖民地的总督似的，而且他只提拔英国军官，看低葡萄牙人。反英民族主义的种子因此在葡萄牙人心中萌芽了。

贝雷斯福德越来越成为人们蔑视的对象，1817 年，他在葡萄牙的滑铁卢来了。他残酷无情地镇压被他视作"自由党反对现状的阴谋"的葡萄牙军官起义事件，目的是在首都树立自己的权威，但结果却适得其反。

领头起义的是戈梅斯·弗莱雷·德安德拉德（Gomes Freire de Andrade），他是一个经历丰富的人物，有着曲折的冒险历史和多变的忠诚。他既被人称为烈士，也被称为自由主义的英雄先驱，也有人认为他是叛徒。德安德拉德就像是一个充满反差的调色板。他出生在维也纳，父亲是葡萄牙驻奥地利宫廷大使，是一位贵族。葡萄牙王室去巴西时，把他留在葡萄牙负责一些军事单位，但他被要求与朱诺合作。德安德拉德的手下被法国占领军整合，成了著名的葡萄牙军团，继续在欧洲其他地方与拿破仑作战。德安德拉德于1815年滑铁卢战役之后返回葡萄牙，英国人并不看好他。他也是葡萄牙最大的共济会会堂之一的创始人，该会在他家举办了第一次会议。

1817年3月，在贝雷斯福德的命令下，12名男子在里斯本被围捕，其中就包括德安德拉德。他被带到里斯本以西的圣若昂-达巴拉（São Julião da Barra）沿海堡垒的塔楼，被单独监禁了3个月。其他人则被带到利穆埃鲁监狱。10月15日，经过程序严重违规的审判，十几人被判处绞刑。法院还裁定，包括德安德拉德在内的8人的尸体应该被斩首并火化，他们的骨灰被扔进海里。

3天后，这些人被处决。德安德拉德在他被关押的堡垒被绞死。其他11人被带到坎波-德桑塔纳（Campo de Santana）接受绞刑。据记者兼历史学家劳尔·布兰当（Raúl Brandão）回忆，10月18日是一个阳光明媚的日子。下午2点，经过漫长而痛苦的宣读后，这些人被带了出来。没有被要求烧死的4个人的棺材被放在绞刑架旁边。士兵们阻拦着那些前来观看可怕场面的人。整个过程进行得极其缓慢，日落之后仍未结束。行刑由摄政委员会秘书米格尔·佩雷拉·福尔雅斯（Miguel Pereira Forjaz）监督，他是一位坚定的保皇党人，也是一个以残忍闻名的人，还是德安德拉德的堂兄。夜幕降临，处决继续进行，此时福尔雅斯说出了一句令人毛骨悚然的话："幸运的是，有月光。"

第六章　外国统治、动荡和诱惑

这一页并没有很快翻过。事实上，这是导致葡萄牙一八二〇年革命的因素之一。它也加深了人们对贝雷斯福德的敌意，当贝雷斯福德前往巴西和葡萄牙王室磋商日后返回里斯本的事宜时，他被直接拒绝入境。1879 年，这座城市露天屠宰场的长期所在地桑塔纳被更名为烈士陵园（Campo dos Mártires da Pátria）。通往该陵园的是戈梅斯·弗莱雷路，司法警察局的总部就设在这里。

对英国来说，葡萄牙这片一度对自己充满敌意的大陆成了一个宝贵的立足点。从 1386 年英国理查二世和若奥一世签订的《温莎条约》开始，他们陆续签订了许多条约、协定和公约。1654 年，克伦威尔（Oliver Cromwell）与若奥四世签订的一项条约还授予了英国人在葡萄牙的广泛特权。这些特权包括在里斯本辟出一块供英国人埋葬死者的地方，而这正是英格兰新教区与葡萄牙宗教裁判所发生冲突的焦点。宗教裁判所的阻挠导致这片墓地在 50 多年内都没能启用。

圣若热公墓最终建立在圣若热教堂对面圣若热街（Rua São Jorge）的一块土地上，这块土地以前被称为军事墓地，现在被称为英国公墓。小说家亨利·菲尔丁（Henry Fielding）[①] 就于 1754 年被埋葬在这块墓地。他坟墓的确切位置已经不得而知，但是 1830 年的一次公开募捐筹集了足够的资金，在那里为他建造了一座纪念碑。但是第一座英国圣公会教堂的修建则要等到宗教裁判所的权力在 19 世纪初减弱时才完成。第一座圣若热教堂于 1886 年被烧毁，

[①] 18 世纪最杰出的英国小说家、戏剧家，也是 18 世纪英国启蒙运动的代表人物之一，被称为"英国小说之父"。代表作为《弃儿汤姆·琼斯的历史》《阿米莉亚》。——编者注

第二座教堂在 3 年后重建，至今仍屹立不倒。

尽管英、葡两国之间时有磕绊，但英国王室对里斯本的访问仍令许多葡萄牙人感到高兴。1903 年 4 月，英国国王爱德华七世（King Edward Ⅶ）登基后的第一次出国的目的地就是葡萄牙首都。他拜访了葡萄牙国王卡洛斯一世，卡洛斯也是他的第二个堂兄弟。内塞西达迪什宫为此次参观特地进行了翻新，还修建了新的卫生间。这位英国君主在阿茹达宫也受到了接待，并出席观看了圣卡洛斯国家剧院的演出。在他离开后，里斯本最大的城市公园以他的名字命名为爱德华七世公园（Parque Eduardo Ⅶ），该公园位于自由大道的尽头、庞巴尔侯爵广场环岛后。

1957 年，英国女王伊丽莎白二世（Elizabeth Ⅱ）的到来引起了更大的轰动。她乘坐的一艘皇家游艇沿着塔古斯河航行，船尾的小渔船鸣着笛。女王和爱丁堡公爵在商业广场下船，在那里迎接他们的是人山人海。巨大的广场被阅兵式完全占据，葡萄牙空军飞过。随着雨水的到来，他们乘坐马车穿过拜沙区和自由大道，前往爱德华七世公园。拥挤的人行道上，男人们挥舞着帽子，女人们挥舞着白色手帕，孩子们则挥舞着葡萄牙国旗和英国国旗。女王参观了里斯本的葡萄牙国家马车博物馆，在宽敞的市政厅吃了午饭，并收到一匹卢西塔尼亚马作为礼物。在阿茹达宫的一场宴会上，总统克拉维罗·洛佩斯（Craveiro Lopes）[1]在演讲中说："在一个不断变化的世界中，我们两国之间 600 年的合作是一个光辉的合作典范。愿

---

[1] 曾任第 122 届葡属印度总督、葡萄牙共和国总统（1951—1958 年在任）。——编者注

它激励子孙后代。"再没有人轻率地提到当年的"最后通牒"。

法国和英国为葡萄牙人的世纪画上了句号。对葡萄牙来说，19世纪是在灰暗中结束的。基础设施改善的支出掏空了国库。19世纪下半叶，葡萄牙外债占国内生产总值的比例从31%上升到75%。债务利息支出占国家收入的一半。1890年经济危机，伦敦巴林银行（Baring Brothers）发生危机后，国际债务市场干涸。葡萄牙随后拖欠债务并宣布破产。里斯本不得不推迟修建地铁的计划。当时，伦敦于1863年率先开设了地铁，其他欧洲城市纷纷效仿。在里斯本，这一想法于1885年首次被讨论，3年后制定了一份纲要计划，但是却没有资金来执行。在此之后，这座城市又等了60年才最终成为里斯本大都会，因为，下一个世纪也同样艰难。

第七章

双桥记

第七章　双桥记

你可以在里斯本到处搜寻萨拉查的痕迹，但不会有什么收获。这位统治葡萄牙超过 30 年的人，也是 20 世纪葡萄牙政治舞台上最重要的人物，然而在首都里斯本，他却不会被人想起。他建立独裁政权，以铁腕手段平息了持续多年的政治纷争；他思路敏捷，使葡萄牙与其他中立国家①一道毫发无损地度过了第二次世界大战，但也令葡萄牙深陷非洲旷日持久的殖民战争泥潭；他使这个国家脱离了冷战集团对立的魔掌；他以审查制度、秘密警察和奥威尔式的宣传攫住葡萄牙人民的脖颈；他希望葡萄牙文化如同奇丽的琥珀般永世流传，因而禁止了可口可乐；他确保政府收支平衡，为葡萄牙经济带来 6% 的年增长率，尽管大多数人民是文盲，且仍然在贫苦中挣扎过活。这座城市的历史中已经没有了他的痕迹。人们已经将萨拉查束之高阁。

结束卡埃塔诺政权的康乃馨革命就不同了。首都到处都是关于这场事件的醒目标志。1974 年 4 月 25 日的军事政变开启了葡萄牙的民主化道路，以这一事件命名街道和广场是广泛宣传这一历史转折点的一种快速方式，因为葡萄牙的现代信仰之一便是：康乃馨革命是完全正确的，而卡埃塔诺是完全错误的。

---

①　瑞士、瑞典、西班牙、葡萄牙、爱尔兰和土耳其（直到 1945 年 2 月同盟国胜局已定时才加入同盟国阵营）均在第二次世界大战中保持中立。

关于这一历史人物的回避最显而易见的例证是里斯本一座约2千米长的桥的名字。这座桥位于阿尔坎塔拉和阿尔马达之间的塔古斯河上。这座桥于1966年通车，并被命名为"萨拉查大桥"（Ponte Salazar），其庄严、对称，与为它开具支票的人的稳重性格相称。1974年，人们毫不客气地将萨拉查的名字从桥上抹去。葡萄牙金属加工联合公司（Sorefame）的工人们爬上脚手架，用大锤兴高采烈地把白色混凝土柱子上的黑色铁字敲落下来。在几次重击之后，一个"S"、一个"A"、一个"Z"，掉在了草地上。一个新的名字登场了：四月二十五日大桥（Ponte 25 de Abril）。

从那天到1986年葡萄牙加入欧洲经济共同体，值得画一条直线[①]。新的时代值得拥有新的象征。瓦斯科·达·伽马大桥（Ponte Vasco da Gama）建于这座旧桥以东约10千米处。它造型新颖，线条优美，给人以清风拂面之感，它雄踞于稻草海之上，横跨数千米。这座大桥留存着20世纪90年代末葡萄牙的神气：葡萄牙已证明它的批评者们是错误的，并跻身欧元体系下的欧洲精英国家之列。"瓦斯科·达·伽马大桥"这个名字是个稳妥的选择。至少在葡萄牙，没有人会对达·伽马发牢骚。此外，这个名字还能使世人想起葡萄牙那些光辉的往日，这算是这个名字额外吸引人的一点。

这两座桥不仅仅是繁忙的物理交通线路。它们也象征性地连接着这座城市的过去和鲜明的现代性。两者都象征着20世纪的里斯本。但在它们中任一座出现之前，里斯本和葡萄牙已迷失在政治流沙中，并播下了开启卡埃塔诺长期统治的种子。

---

① 喻指大桥。

第七章 双桥记

***

皇家马车正在等待卡洛斯一世、阿梅莉亚王后（Queen Amélia）、路易斯·菲利佩王子（Prince Luis Filipe）和他的弟弟曼努埃尔王子（Prince Manuel）[①]，那是1908年2月1日，星期六，载着他们横渡塔古斯河的轮船在下午5点过后不久停靠在商业广场。王室结束在葡萄牙东部的狩猎之旅返回首都，里斯本的各种革命阴谋层出不穷。4天前，一场政变未遂，随后罢工和动乱达到顶峰。而在前一年，有两枚炸弹在里斯本爆炸。卡洛斯一世支持的政府普遍不受欢迎，共和派对君主立宪制的反对越来越强硬。

葡萄牙王室成员登上敞篷马车，沿着广场西侧快步走远。目的地是内塞西达迪什宫。当马车经过时，在广场的拱廊上经过的人都举起帽子致意。当马车左转进入阿塞纳尔街（Rua do Arsenal）时，葡萄牙历史上最戏剧性的事件之一发生了。

32岁的小学教师、蓄着浓密胡须的曼努埃尔·布伊察（Manuel Buiça）从一个墨绿色的街边售货亭后走出来，从斗篷下掏出一把曼利夏–舍瑙尔（Mannlicher-Schönauer）栓动步枪，单膝跪地并开了枪。布伊察一枪击中卡洛斯一世的喉咙，打碎了他的颈椎。卡洛斯一世当场毙命。他的同谋是24岁的职员阿尔弗雷多·科斯塔（Alfredo Costa）。科斯塔从另一侧跃上马车。他手持勃朗宁左轮手枪，也击中了卡洛斯一世。还有7周才满21岁的葡萄牙王储路易斯·菲利佩王子拔出了他的科尔特手枪。随后，科斯塔朝菲利佩

[①] 即后来的葡萄牙末代国王曼努埃尔二世（1908—1910年在位）。——编者注

的胸部开了一枪，布伊察打的另一枪则击中了菲利佩的面部。阿梅莉亚王后拼命护着年仅 18 岁的曼努埃尔王子，挥舞着在码头收到的一束鲜花抽打着科斯塔。车夫一鞭马，马车疾驰而去，最后驶入了海军兵工厂的大门。在那里，卡洛斯一世和王储被宣布死亡；王后和她最小的儿子性命无虞，不过小王子的右臂因飞来的子弹受了伤。

而在广场，警察和骑马的卫兵赶来，当街射杀了这两个袭击者。一名旁观者也在混乱中被误射身亡。袭击者的尸体被拖到附近的市政厅，在那里展出供人拍照。警方怀疑，他们还有其他弑君的共犯，但是这些共犯可能随着人流四散而逃了。

葡萄牙国王和他的长子在里斯本街头被杀一事，登上了欧洲各报的头版。他们彼时乘坐的马车如今在里斯本的国家马车博物馆展出，上面的弹孔仍然清晰可见。在商业广场和阿塞纳尔街的拐角处，墙上的一块石牌简明扼要地记录着：卡洛斯一世和路易斯·菲利佩王子在此地"为国捐躯"。但说来奇怪，这块小石牌被放置得特别高，以至于大多数路人甚至都没有注意到它。

就像 19 世纪的开篇一样，20 世纪初的葡萄牙也以一片血腥开场，政治和社会混乱以及随之而来的街头暴力在里斯本轮番上演。1908 年的弑君事件开启了终结葡萄牙长达 7 个世纪的君主统治的进程。卡洛斯一世的小儿子继位，成为曼努埃尔二世，但他尚年幼、资历尚浅，也没有足够的智慧来扭转局势。[①] 君主制的信誉和声望

---

① 为保存布拉干萨王朝脆弱的统治，曼努埃尔二世在即位当年便遣散了独裁者若奥·佛朗哥（João Franco）及其整个内阁，邀请海军上将阿马拉尔组阁，并邀请复兴党、进步党人参加，这被共和派和社会主义者视为一次巨大的胜利。在曼努埃尔二世统治的两年时间里，内阁经历了 7 次改组，政局一片混乱。

第七章 双桥记

已经受损,到了难以为继的地步。葡萄牙人也受够了里斯本的政治争端,受够了国家的落后,受够了教会的专权和王室的骄奢淫逸。

事实上,就新君主统治下授予王室的额外资金一事,议会内部积怨已久,1908年7月,矛盾终于爆发,在里斯本郊区阿门多埃拉(Ameixoeira)上演了一场著名的剑术决斗。共和党议员阿丰索·科斯塔(Afonso Costa)指责他在议会的死对头佩尼亚·加西亚(Penha Garcia)伯爵在其执政期间批准向王室成员秘密支付款项。决斗于7月14日上午11点在里斯本的传统决斗地点进行,这里位于今天里斯本机场所在地以北几千米处。凯依洛斯在他的作品中多次提及这个城市决斗的首选地点。(奇怪的是,2016年,警察在阿门多埃拉的同一地点制止了一场手枪决斗。据推测,敌对双方来这里决斗是因为有恩怨要解决,也是因为这里有种历史感。)

乔舒亚·贝诺列尔(Joshua Benoliel)的摄影为1908年这场著名的事件留下了影像资料。贝诺列尔被誉为葡萄牙新闻摄影之父,在其大部分职业生涯中都在为里斯本的《世纪报》工作。他经常陪同卡洛斯一世出访,他记录了共和派和保皇派之间的里斯本巷战,还拍摄过第一次世界大战中佛兰德斯战壕中的葡萄牙士兵。

佩尼亚·加西亚伯爵的剑术更胜一筹,对决以佩尼亚·加西亚伯爵获胜而科斯塔手臂负伤告终。伯爵一方的君主制支持者说,伯爵不愿意杀死科斯塔,因为他不想帮他的对手变成共和事业的殉道者。但第二天,科斯塔手臂吊着绷带回到议会,开始了一如往常的言语攻击。

共和国不久就诞生了。卡洛斯一世惨死两年后,分水岭终于到来。经过长达36小时震撼里斯本的激烈巷战,市中心的街道上满是路障和大炮，海军护卫舰从塔古斯河炮击了国王的王宫，共和党人在市政厅宣布胜利，贝诺列尔的照片记录下了这一刻。然而，胜利并非已成定局。在很长一段时间内，结果都并不明朗。

多年的失意和筹谋终于在 1910 年的那个秋天迎来了关键时刻。9 月 29 日，共和党高层和军事支持者聚集在位于圣卡洛斯国家剧院外广场上的共和党总部。在那里，他们下定决心：他们将拿起武器反抗现有政权。4 天后，他们在埃斯佩兰萨街（Rua da Esperança）106 号的房屋 3 楼又召开了一次会议，那里是他们其中一人的母亲的家。他们商定，起义将于次日，即 10 月 4 日星期二凌晨 1 点开始，里斯本将成为他们的战场。

葡萄牙历史最悠久的报纸《新闻日报》于 10 月 5 日当天就出版了 4 版新闻，试图完整复述过去 24 小时内发生的混乱事件。头版的时间线部分展示了来自里斯本各地记者和目击者极为详细的叙述。当天夜晚，步兵、骑兵和炮兵部队来到自由大道、丰特斯-佩雷拉-德梅洛大道、罗西乌广场和市中心的拜沙区，可怕的枪战爆发。剧烈的爆炸使建筑物摇摇欲坠，街道上不断回荡着爆炸的声响。许多路障匆匆被建起。几乎没人敢冒险外出，一些人在交火中负伤，而商店则一直紧闭着门。

忠于君主的军队在海湖（Mar Largo）路面上的罗西乌广场设立了总部。寡不敌众的共和党人在自由大道一头的环岛（Rotunda）处建立了据点。起初，只有第十六步兵团（Regimento de Infantaria 16）和第一炮兵团（Artilharia Um）加入了兵变，其中只有几百人坚守在环岛，这里也成为起义的起点。最终，这部分人战胜了困难，以少胜多。携带枪支的民众帮助了他们，他们并肩站在用作路障的

第七章　双桥记

公园长椅、木板和被砍倒的树后。当地人还给他们带来了食物和水。

共和党取胜的关键是停泊在塔古斯河上的海军巡洋舰"阿达马斯托"号（*Adamastor*）和"圣拉斐尔"号（*São Rafael*）。两艘巡洋舰的船员加入了起义，并于10月4日下午3点左右转移到商业广场对面的阵地，开始炮击罗西乌广场的保皇派。那里的部队在混乱中纷纷散去，缓解了环岛的压力。与此同时，越来越多的保皇派军队倒戈，加入共和党一方。

"阿达马斯托"号奉命向西移动，并占据山顶上的内塞西达迪什宫对面的位置。一份手写命令指示船长炮击宫殿。命令还补充说："小心你的目标。"因为宫殿四周都是民房。这里如今是葡萄牙外交部的所在地，对曼努埃尔二世王宫的轰炸破坏了外墙和一些房间。在礼宾司负责人办公室的墙上仍然可以看到其中的一枚炮弹。另一枚炮弹象征性地击中了飘着皇家旗帜的旗杆。曼努埃尔二世从后门逃走，乘汽车来到首都以北40千米处马夫拉的宫殿，后来在直布罗陀寻求庇护。

黎明时分，保皇派打出一张王牌，在俯瞰自由大道的托雷尔斜坡上放了一门大炮。大炮向环岛和下面的爱德华七世公园开火，把共和军战士吓坏了。但是，对抗进行到此时，停泊于河中的所有船只都已选择拥护共和事业。他们威胁要向拜沙区开火，并且登陆、攻击保皇派在罗西乌广场的后方。

国王的逃亡，加上越来越多的士兵、水手加入共和党一方，保皇派并没能坚持多久。战斗结束时，里斯本街头有60多人死亡，700多人受伤，其中许多是平民。共和党旗帜在圣若热城堡上空升起。共和党领导人前往市政厅。上午11点，该党最年长的成员之

- 239 -

一若泽·雷尔瓦斯（José Relvas）在阳台上对楼下的民众宣布："由于每个人都团结在共同的理想之下，葡萄牙人民、陆军和海军现在宣布，葡萄牙是共和国。"如今，10月5日仍然是葡萄牙的国定假日。

这一重大事件让《新闻日报》陷入一种夸张和健忘状态：

> 里斯本市，这片美丽而珍贵的土地，素有珍视和平的传统，却成为最悲惨、最苦痛之事上演的舞台，从周一晚上开始——很多葡萄牙人的血，只有葡萄牙人的血——被泼洒在这里的，是我们的同胞们的鲜血，是在进步与和平胜利的道路上前赴后继的英雄们的鲜血。

胜利者的脚步一刻不曾停歇。10月6日，市议会的一次特别会议对里斯本一些街道的名称做了变更（这也预示着1974年康乃馨革命之后会发生什么）。雷萨诺·加西亚大道（Avenida Ressano Garcia）成为共和大道，而安东尼奥·玛丽亚·德阿韦拉尔大街（Rua António Maria de Avelar）更名为十月五日大道（Avenida 5 de Outubro）。一周后的会议上进行了更多改动：国王街（Rua d'el-Rei）变成了商业街（Rua do Comércio）；以阿梅莉亚王后命名的城市大道变成了"雷斯上将大道"，以海军上将卡洛斯·坎迪多·多斯雷斯（Carlos Cândido dos Reis）①的名字命名。在只有最初两个兵团加入起义时，多斯雷斯便自杀了，他以为起义注定会失败。

---

① 宣传反对君主制和教会滥用权力的共和党领袖之一。——编者注

第七章 双桥记

葡萄牙还有了新国歌——《葡萄牙人》。不过，新生的共和国还需要一张面孔作为她的象征，就像法国的玛丽安娜（Marianne）[①]一样。葡萄牙选择的海报女郎是伊尔达·普加（Hilda Puga）。这个16岁的女孩是拜沙区奥古斯塔街（Rua Augusta）一家衬衫店的售货员。雕塑家西蒙斯·德阿尔梅达偶然遇见并选中了她。事实证明，伊尔达·普加是个很有意思的人物。她的孙子努诺·马亚（Nuno Maia）在2016年告诉葡萄牙《快报》（Expresso），他的祖母实际上"非常支持君主制和天主教，极端保守"，爱国情感使然令她接受了这份工作。伊尔达的父亲经营着一家砖厂，生意兴隆，后来生意不再景气，于是去了巴西寻找更好的致富门路。伊尔达的母亲作为监护人陪同她前往西蒙斯·德阿尔梅达工作室参加了模特课程，这位雕塑家创作出一个裸露乳房的半身雕像。伊尔达结过婚，又离过婚，这在当时来看是不像话的，不过直到20世纪70年代，伊尔达的肖像都一直出现在葡萄牙硬币上。她于1993年去世，享年101岁。

反教权情绪在民众中普遍存在。共和党获胜后，里斯本至少有4所修道院和宗教学院遭到袭击，两名牧师被杀。政府指示警方将神父带离街头，以"避免（遭受）虐待"。10月20日，几名被拘留在利穆埃鲁监狱的神父接受了人类学测试，这是一种伪科学测试，目的是分析犯罪行为与相貌之间的联系。

1911年8月24日，葡萄牙共和国的第一任总统诞生了，他就

[①] 法兰西共和国的国家象征之一，是共和制度、自由与理性的拟人表现。

是阿里亚加（Manuel de Arriaga）[1]，由议会选举产生。《先锋报》（A Vanguarda）的头版标题称这是"历史性的一天"。在其担任总统前，人们眼里的阿里亚加是里斯本的一位顶级律师，有着出色的公共演说才能，也是个彻底的共和主义者。阿里亚加是一位讨人喜欢的知识分子，有一双慈祥的眼睛，留着山羊胡子，大礼帽下面是长到耳垂以下的灰白色头发。这位71岁的业余诗人住在奥尔塔塞卡宫（Palácio da Horta Seca），现在这里是葡萄牙工业部[2]所在地，紧邻希亚多区的路易斯·德·卡蒙斯广场。阿里亚加就这样开始了他作为国家元首的任期。这是因为里斯本的人口已经增长为约45万人，而乘马车沿河向西前往他的官方工作地点贝伦宫（Palácio de Belém）耗时太久了。

贝伦宫的历史可以追溯到18世纪，是1755年大地震发生时若奥五世下榻的地方。虽然这座历史名胜长期以来排在阿茹达宫之后，阿茹达宫更为宏大、繁华，且建在山上更远的地方，但贝伦宫有其自身的魅力：它就坐落在河畔，通体粉红，宫外有共和国国民警卫队（Guarda Nacional Republicana）的骑兵执勤，他们身着正式制服，佩剑和头盔被擦得锃亮。如今国务委员会（Council of State，政治协商机构）[3]的会议室曾经是玛丽亚二世设立的舞厅。

---

① 葡萄牙第一共和国的第一位民选总统和第一任总检察长，任期为1911年8月24日至1915年5月29日。

② 据原文"Industry Ministry"译出。现葡萄牙主管经济的政府部门是葡萄牙经济部（Ministry of Economy）。

③ 国务委员会是共和国总统的政治协商机构，由总统担任主席，负责就总统的一系列行动，或在总统提出要求时就总统如何行使职责提出建议。

第七章 双桥记

当国家元首人在宫殿时,总统的旗帜——中间有国家盾牌的绿色旗帜——就会飘扬起来。

后来,总统阿里亚加带着妻女搬进了贝伦宫,以节省上下班时间,他是要支付房租的。就这样,阿里亚加又继续做了4年总统,直到1915年一场政治危机爆发,阿里亚加被迫辞职,在共和国国民警卫队的护送下走出了贝伦宫。2004年,他的遗体被移至国家先贤祠。

第一共和国的时代也是动荡的时代。正如军事历史学家努诺·莱莫斯·皮雷斯(Nuno Lemos Pires)所评论的那样,"从1908年到1926年,在葡萄牙真实发生的是一场持续不断的、越来越糟糕的、断断续续的内战"。在这16年中,出现了8位总统和45届政府。西多尼奥·派斯(Sidónio Pais)[①]总统在罗西乌火车站被暗杀。1920—1925年,共发生了300多起涉及炸弹的事件。街头暴乱也并不罕见。1915年,里斯本发生军事政变,这场政变推翻了皮门塔·德卡斯特罗(Pimenta de Castro)政府。该政府的领导人们迅速躲进了位于希亚多区卡尔莫广场的共和国国民警卫队军营(这里也是1974年被推翻的独裁者[②]首选的避难所)。待到尘埃落定之时,里斯本的街头约有100人毙命,数百人受伤。

当然,在第一次世界大战期间,骚乱可以说是稀松平常的了。对选择中立的葡萄牙来说,早期的一战更像远方的轰隆声,尽管人

---

① 葡萄牙独裁者,于1917年12月发动政变推翻民主政体,掌握政权,1918年4月当选为总统,同年12月死于暗杀。——编者注

② 即1974年在康乃馨革命中被推翻的萨拉查的继任者马尔塞洛·卡埃塔诺。

们还是能感受到食物和燃料严重短缺的影响。但葡萄牙的领导人们意识到，他们需要介入这场冲突，才能在战后绘制世界地缘政治版图时，坐在胜利者的桌上。因此，1916年2月23日，葡萄牙在本国港口扣押了德国和奥匈帝国的军舰①。结果显而易见：德国于3月9日对葡萄牙宣战。

1917年1月，3艘英国轮船驶出里斯本，往北方行进，船上载着葡萄牙的第一批参战士兵。此前，来自葡萄牙各地的数千名新训练出来的军人已经乘火车抵达里斯本。马车将物资和设备运往阿尔坎塔拉码头，拖船将士兵、装备和补给带到船上。葡萄牙远征军（Corpo Expedicionário Português）踏上了寻找荣耀的征程。总共有大约5.5万名葡萄牙士兵前往西线与德国人作战，其他士兵则前往莫桑比克参战。

根据历史学家伊萨贝尔·佩斯塔纳·马克斯（Isabel Pestana Marques）的说法，总共有2288名葡萄牙人在1917—1919年的军事行动中丧生。在1918年4月臭名昭著的利斯河战役（Battle of the Lys）中，近400人阵亡，6500多人被俘。1917年7月26日下午，扫雷舰"罗伯托·伊文思"号（Roberto Ivens）在航道上撞上了德国潜艇UC54在位于布日乌以南4海里②处埋下的水雷，成为第一艘在战斗中沉没的葡萄牙海军舰艇，共有15人死于塔古斯河河口。"罗伯托·伊文思"号被炸成两半后迅速沉没，不过有7名船员幸免于难。这是一战离里斯本最近的一次。

---

① 根据原文译出，亦有说是商船。
② 1海里约为1852米。

第七章 双桥记

在 20 世纪初政治和社会动荡的迷雾中，里斯本的一个骗子制造出了那个时代欧洲最大的金融诈骗案之一。发生在 1925 年的这一著名案件在国际上被称为"葡萄牙纸币危机"（Portuguese Bank Note Crisis）。这起丑闻引发了巨大轰动，最终破坏了人们对葡萄牙金融体系的信心，并给伦敦最著名的印刷公司之一蒙上了阴影。

骗局的策划者是阿图尔·阿尔维斯·多斯雷斯（Artur Alves dos Reis）。他来自里斯本，父亲是破产的殡葬业从业者。凭借其过人的魅力、巧舌如簧的口才和盛气凌人的行事做派，阿尔维斯·多斯雷斯摆脱了自己卑微的出身。他 17 岁时与玛丽亚·路易莎·雅各贝蒂·德阿泽维多（Maria Luísa Jacobetty de Azevedo）喜结连理。妻子很好，然而，妻子富裕的家庭看不起阿尔维斯·多斯雷斯，他决心向他们展示自己的价值。

阿尔维斯·多斯雷斯的胆识令人叹为观止：20 多岁时，他伪造了一张大学文凭，然后去了非洲挣大钱。[1] 同样是用伪造的手段，阿尔维斯·多斯雷斯成为安哥拉铁路系统的代理负责人和公共工程督察员。带着美名和口袋里满满的钱回到里斯本后，阿尔维斯·多斯雷斯更加胆大，开始开空头支票。这让他因欺诈指控入狱，但由于技术问题，他只服刑了一个半月。而这 6 个星期足以让阿尔维斯·多斯雷斯构想出他最宏大、最大胆的骗局，这个计划堪称"天才之举"：他不会伪造钞票，但会伪造信函，他要求银行印刷真实的钞票并且发送信函给他。

---

[1] 阿尔维斯·多斯雷斯伪造了牛津大学的毕业证书，在婚后迁到葡萄牙当时的殖民地安哥拉生活。

阿尔维斯·多斯雷斯与一群国际同伙伪造了葡萄牙银行（葡萄牙的特许货币发行方）的签名和信笺，并把伪造文件交给了为葡萄牙印制纸钞的伦敦沃特洛父子公司（Waterlow & Sons Limited）。葡萄牙银行，现在是葡萄牙的中央银行，在那时还是一家私人机构，总部和今天一样位于拜沙区圣茹利昂街（Rua de São Julião）。阿尔维斯·多斯雷斯诱使这家伦敦印钞厂发行了20万张面值500埃斯库多①的钞票。它们的的确确是真钞，一面印着达·伽马的头像。而这一发行总额几乎相当于葡萄牙年度国内生产总值的1%——令人咋舌。

在28岁的年纪，这个高明的骗子一跃跻身顶级富豪行列。上流社会的生活与他极为相称。一张著名的照片显示，阿尔维斯·多斯雷斯多少是注重穿着打扮的，他的白帽子向后翘起，脖子上系着领结，上衣口袋里放着一块精心打理的手帕。他在圣马萨尔街（Rua de São Marçal）购置了一座豪宅——这座建筑如今被英国文化协会（British Council）占用，不过，阿尔维斯·多斯雷斯从未真正住在那里。他收集多处知名房产，为他的妻子购买昂贵的珠宝（据说其中一条项链的价格是圣马萨尔街豪宅价格的一半）和高级定制时装。然后，他接着伪造合同，开始疯狂收购汽车和矿业公司，还成立了一家银行，打算收购葡萄牙银行。

炫耀过后便是身败名裂。阿尔维斯·多斯雷斯的高调炫耀引起里斯本一些权势人物的注意和嫉妒。媒体开始关注并调查阿尔维斯·多斯雷斯是如何发家的。1925年12月，也就是阿尔维斯·多斯雷斯从伦敦沃特洛父子公司收到第一批非法钞票的10个月后，

---

① 葡萄牙共和国原来的法定货币（现已采用欧元）。

第七章 双桥记

里斯本《世纪报》发布了调查报告，这个造假帝国轰然倒塌。

这位诈骗大师被捕并入狱5年。他的审判于1930年5月在里斯本的圣克拉拉（Santa Clara）法院开庭。阿尔维斯·多斯雷斯的身上几乎没什么可信的东西，他的"功绩"激起了公众极大的想象和兴趣。根据律师弗朗西斯科·特谢拉·达莫塔（Francisco Teixeira da Mota）2008年的传记，各家报社共派出22名记者前往报道这一审判。入狱期间，阿尔维斯·多斯雷斯曾试图自杀，改信新教，然后承认了罪行，称他被指控的8名同伙是无辜的。他被判处20年徒刑，但于1945年提前获释。1955年，心脏病发作夺去了他的生命。阿尔维斯·多斯雷斯死时一无所有。

这个殡仪员的儿子几乎差点让葡萄牙银行破产。他的骗局使葡萄牙的经济出现异常。通过打击国家的核心——印钞能力——这场骗局也损害了葡萄牙国家货币和政府的信誉。这一事件连同其他许多事件都在为葡萄牙第一共和国的信誉倒塌火上浇油。一些人就认为，阿尔维斯·多斯雷斯促成了1926年结束葡萄牙第一共和国、为萨拉查的统治打开大门的军事政变。

1926年5月28日的起义——值得注意的是没有流血——在葡萄牙北部的布拉加（Braga）爆发。从那里，起义的领导人领导了一场"进军里斯本"运动，带领追随者们一路来到权力中心。在广泛的民众支持的推动下，他们很快取得了胜利，6月6日，曼努埃尔·戈梅斯·达科斯塔（Manuel Gomes da Costa）将军在人群的欢呼声中带领1万多名士兵走上自由大道，庆祝他夺得政权。

萨拉查离开科英布拉大学的教授职位，在政变后的第一届政府中担任财政部部长这一令人望而却步的艰苦职位——这届政府要面对的经济状况令人窒息、亟须复苏。萨拉查只坚持了两个星期。即使是对头脑相当清醒的萨拉查来说，政治局面也太过于混乱了。然而，在获得对公共支出的否决权后，他于1928年重返政府。他的集权之路已然开始。

同年，葡萄牙赢得了一场被视为对英国30年前屈辱性最后通牒的反击报复。6月1日凌晨5点起，里斯本街道上的车辆开始靠右行驶，不再靠左行驶。在全国其他地区，这一变化从午夜开始。《新闻日报》在其尾页刊登了一则轻松的故事，讲述里斯本如何应对这一转变。报纸指出，没有发现关于损坏的报告，并补充说，"每个人都觉得它非常有趣"。报纸称，这座城市的交通"就像一场舞会，但舞伴们认不出彼此的脚步"。

萨拉查于1929年再次提出辞职，他被财政部的地毯绊倒、摔断了腿后卧床休养，总统卡尔莫纳（Óscar Carmona）[①]说服了他放弃辞职的决定。在里斯本的权力走廊中，没有人认为萨拉查会有多大作为。萨拉查39岁，十分干瘦，憔悴不堪，声音沙哑，举止像个乡村牧师。但首都这些老于世故的人犯了国际领导人后来也会犯的错误：他们低估了他。萨拉查将在政府一直任职至20世纪60年代末。

即使是伟大的诗人费尔南多·佩索阿也看到，在经历了将近20年的无情而致命的冲突之后，需要建立温和的独裁统治。"葡萄牙的军事独裁，"他写道，"在今天既合情合理又有其必要。"佩索阿最初也对萨拉查很友善，因为萨拉查为人很正直，并使葡萄

[①] 葡萄牙总统（1928—1951年在任），元帅。1926年发动政变，推翻了戈梅斯·达科斯塔政权，任总理兼陆军部部长，实行独裁统治。——编者注

第七章 双桥记

牙重整旗鼓，尽管他的热情后来退却了。

佩索阿之于里斯本就像詹姆斯·乔伊斯（James Joyce）之于都柏林和弗兰兹·卡夫卡（Franz Kafka）之于布拉格。佩索阿诗意地感叹，发出热烈的爱的宣言："哦，里斯本，我的家！（*Oh, Lisboa, meu lar*！）"在一个令人神魂颠倒的爱情宣言中，里斯本这座城市是佩索阿的缪斯女神，她也是 20 世纪诗人切萨里奥·韦尔德（Cesário Verde）[①]的缪斯女神。佩索阿是一位城市肖像画家，几乎是一位点彩画家。他的《不安之书》（*Livro do Desassossego*）是葡萄牙 20 世纪的文学杰作之一，在这本书中，人物的生活大多在里斯本展开。《不安之书》在佩索阿有生之年并未成书，是由他保存在箱子里的手稿片段汇编而成，于 1982 年，即他死后 47 年出版。《不安之书》采用日记的形式，充满了焦躁不安的沉思。这座城市巧妙地"游走"于人物之间，或是将他们"挤开"。"我的大部分感受和想法都归功于我作为簿记员的工作，因为前者的存在是对后者的否定和逃避。"这位作者写道。

如果我必须填写一份列出文学影响的问卷，我会首先在虚线上写下韦尔德的名字，但如果没有塞尼奥·瓦斯科（Senhor Vasques）、簿记员莫雷拉（Moreira）、出纳员维埃拉（Vieira）和办公室勤杂员安东尼奥的名字的话，[②]这份名单将是不完整的。而

[①] 葡萄牙诗人，通过引入口语和探索表达方式复兴了葡萄牙诗歌。——编者注

[②] 这些名字都是《不安之书》中的人物的名字。佩索阿在散文和诗歌中几乎不使用本名，而是通过"异名者"的身份进行写作。这些"异名者"甚至有自己的传记、个性、政治观点和文学追求。（中文译名参见［葡］费尔南多·佩索阿：《不安之书》，刘勇军译，中国文联出版社 2014 年版。——编者注）

在他们每一个名字之后,我都会用大写字母写下这一关键地址:**里斯本**。

佩索阿和他富有诗意的异名者们通常乘坐著名的 28 号电车,如今这趟电车总是挤满了游客。电车从市中心的马蒂姆·莫尼斯广场,经内塞西达迪什宫开往山顶的"幸福公墓"(Cemitério dos Prazeres)——这是个好名字。佩索阿喜欢他所出生的这座城市的氛围感——小而安逸、乡村般的感觉,甚至在他工作的市中心周围也是如此:

> 在高高的、静止的太阳下,看着这些满载稻草的马车、这些空箱子、这些步履缓慢的行人,从一个村庄来到这里,这对灵魂是多么美好啊!
>
> 我自己,孤独一人,透过我办公室的窗户看到他们,我被改变了:我在一座安静的省城,我在一个不知名的小村庄里无所事事,而且,我很快乐,因为我能感觉到自己的存在。

令佩索阿恼火的是,里斯本,甚至整个葡萄牙在国外并不广为人知。在返回祖国之前,他十几岁时就读于南非的德班高中[①],但那里的人普遍对葡萄牙历史没什么了解,这让佩索阿大为光火——这个国家最著名的海角就是由葡萄牙命名的。1988 年,研究人员发现佩索阿曾试图纠正这一局面。他们在佩索阿数千页未发表的手稿中发现了他用英文写的一本里斯本指南。它的标题是《里斯本:

---

① 德班(Durban)是南非东部的一座港口城市。

第七章 双桥记

游客应该看什么》，约 100 页篇幅，最终于 1992 年由地平线图书（Livros Horizonte）作为一种新奇出版物问世。说实话，它称不上是一本书。事实上，作为欧洲最重要诗人之一的作品，购买它的人可能会觉得自己吃亏了。这本指南带领游客穿过葡萄牙首都里斯本的主要景点，置身于"群山之上明亮的房屋群中"。这也是一部严肃的作品，提供门票价格和开放时间，没有任何诗意的修饰。由于佩索阿非常急切地想将人们的视线转向里斯本，他不断重复叙述葡萄牙英雄和他们的航海冒险。就像德戈伊斯在其 16 世纪的《里斯本城市说明》（Description of the City of Lisbon）中的文字一样，佩索阿有时是在过度讴歌：

> 对从海上来到这里的旅行者来说，里斯本，即使从远处看，也像梦中的美景一般，金色的阳光洒下，里斯本在明亮的蓝天背景前显现出清晰的轮廓。穹顶、纪念碑、古老的城堡凸出耸立于众多房屋之上，就像这个令人愉快的受祝福之地的远方报信者。

里斯本有大量的纪念佩索阿的事物：牌匾、绘画和一座雕像，他的一所故居现在成为博物馆。旅游景点包括佩索阿在希亚多区的出生地，在圣卡洛斯国家剧院对面的 4 层公寓里，佩索阿一直住到 5 岁才离开；附近的殉道者教堂（Igreja dos Martires），这是他受洗的地方，教堂的钟声令他着迷；还有一家"巴西人"（A Brasileira）咖啡馆，这是希亚多区一处波希米亚人常去消遣的地方，以及位于商业广场的马蒂纽·达阿拉达（Martinho da Arcada）咖啡馆，这位酗酒的诗人在去世前 3 天还曾与德阿尔马达·内格雷罗斯去过那里；以及位于欧里克绿地（Campo de Ourique）的费尔南多·佩索阿故居（Casa Fernando Pessoa），他在那里度过了生命中的最后 15 个年头。

1935 年 11 月底，佩索阿因胆结石发作被送往上城区的圣路易斯医院（Hospital de São Luís），但很快就与世长辞，年仅 47 岁。佩索阿被安葬在幸福公墓，并于 1988 年搬到热罗尼莫斯修道院。1954 年，德阿尔马达·内格雷罗斯为里斯本合兄餐厅（Os Irmãos Unidos）——波希米亚人经常在那里用餐——绘制了一幅油画肖像，画中，佩索阿的身材尤为纤细，他坐在桌子旁，留着一贯的标志性小胡子，头上也戴着他标志性的帽子和圆框眼镜。这幅画如今在费尔南多·佩索阿故居展出。"巴西人"咖啡馆门外有一尊佩索阿的等身青铜雕像。

就在萨拉查的政治生涯开始之际，他便交出了令人满意的答卷：在 1928—1929 年，他实现了财政盈余。里斯本的精英们惊得倒吸一口气。看起来，萨拉查创造了奇迹。这一成功将他推上了权力的王座。军方于 1932 年指定萨拉查成为政府首脑（他将在这个职位上一直待到 1968 年）。萨拉查起草了一部新宪法。这部宪法赢得了广泛的支持，并且自 1933 年起生效，它也确立了"新国家体制"（Estado Novo）——这一体制将在接下来的 41 年中掌控这个国家的一切。

并非所有人都为此开心。1937 年有人企图刺杀萨拉查。萨拉查和他的老管家玛丽亚以及她监护的一个名叫米卡斯（Micas）的孩子住在里斯本租来的房子里。玛丽亚和米卡斯两人都是跟着萨拉

第七章 双桥记

查从科英布拉来到里斯本的。(萨拉查终身未婚。)这座两层楼的房子位于贝尔纳多·利马街(Rua Bernardo Lima),离庞巴尔侯爵广场不远。他们在后院养了鸡和兔子。萨拉查的邻居之一、著名歌手玛丽亚·费尔南达·梅拉(Maria Fernanda Mella)这样评价他:"他从不和任何人讲话。他性子冷淡……总是一副很严肃的样子。他从不笑或做任何类似的事。"事实上,社交上的繁文缛节并非萨拉查的强项,他永远不会拥有亲民的风格。

萨拉查过去常常从那里去到朋友若苏埃·特罗卡多(Josué Trocado)①家里的私人教堂做礼拜。7月4日星期日的早上,他侥幸逃过一劫。那时,萨拉查正要从他的别克牌公务车里起身下车,一枚威力巨大的炸弹被引爆了。石块、屋顶瓦片的碎片飞溅,烟雾弥漫。人们尖叫着逃跑。爆炸在街道上留下了一个深坑。若阿金·维埃拉(Joaquim Vieira)就这一事件写了一本书,他写道,由于袭击者的误判,炸弹的目标毫发无损。维埃拉认为,逃脱的肇事者属于人民阵线(Frente Popular)②——一个由共产主义者、无政府主义者和工会主义者组成的联盟,而萨拉查在西班牙内战中对弗朗西斯科·佛朗哥将军的支持激怒了他们。

这一事件使人们意识到有必要采取适当的安全措施。葡萄牙政府征用了位于圣本图议会大楼后面带围墙的花园中的一座19世

---

① 葡萄牙医生、教师、记者、作曲家。——编者注
② 西班牙第二共和国时期的一个左翼政治联盟,具有反法西斯统一战线组织的性质。成立于1936年1月,同月,该联盟赢得西班牙大选;1939年,西班牙首都马德里被叛军攻占,人民阵线政府垮台,人民阵线也随之不复存在。该联盟的意识形态是进步主义、共和主义和反法西斯主义。该联盟主张废除君主制,实行政教分离

纪豪宅，萨拉查于1938年5月在翻修完成后搬到了那里。他一年中的大部分时间都在那里度过，直到1970年去世，这里现在仍然是葡萄牙总理的官邸。萨拉查位于贝尔纳多·利马街的老房子于2014年报价550万欧元出售。

第二次世界大战考验着萨拉查的政治和外交能力，但他足够精明，能够带领他的国家毫发无损地渡过难关。葡萄牙置身于冲突之外，一边保持中立，一边向双方出售钨和沙丁鱼罐头。不过，里斯本却在很大程度上置身于这场激烈的冲突之中。庞大的间谍队伍意味着葡萄牙首都的事态发展也影响着世界上的大事。

1940年纳粹入侵法国后，数以万计的难民匆匆逃往里斯本——欧洲大陆唯一自由和中立的港口——他们在那里等待穿越大西洋前往美国。1942年由亨弗莱·鲍嘉（Humphrey Bogart）和英格丽·褒曼（Ingrid Bergman）主演的电影《卡萨布兰卡》（Casablanca）提到了这条逃生路线，在影片结尾，里克让伊尔莎登上飞向里斯本和自由的飞机。①

20世纪早期的一系列文化名人都曾路过里斯本。他们包括演员泰隆·鲍华（Tyrone Power）②和罗伯特·蒙哥马利（Robert Montgomery）③；导演亚历山大·柯尔达（Alexander Korda）④、

---

① 里克、伊尔莎是电影《卡萨布兰卡》中的主人公的名字。
② 美国演员，二战期间曾作为海军飞行员参与南太平洋战事。代表作为《控方证人》《弃船》等。——编者注
③ 美国导演、制片人、演员，二战期间担任海军少校。代表作有《爱情准则》《太虚道人》等。——编者注
④ 英国导演、编剧、制片人，主要作品有《第三人》《汉密尔顿夫人》等。——编者注

第七章 双桥记

让·雷诺阿（Jean Renoir）[①]和金·维多（King Vidor）[②]；作家安托万·德圣-埃克苏佩里（Antoine de Saint-Exupéry）[③]、阿瑟·库斯勒（Arthur Koestler）[④]和托马斯·曼（Thomas Mann，他将里斯本描述为"候车室"）[⑤]；艺术家如马克·夏卡尔（Marc Chagall）[⑥]和马克斯·恩斯特（Max Ernst）[⑦]；著名收藏家佩姬·古根海姆（Peggy Guggenheim）[⑧]——据说她的珠宝在罗西乌中央车站旁边的金狮咖啡馆（Café Leão d'Ouro）引起了轰动；以及包括若泽·奥尔特加·伊·加塞特（José Ortega y Gasset）[⑨]和汉娜·阿伦特在内的知识分子，汉娜·阿伦特曾与丈夫在药学会大街（Rua da Sociedade Farmacêutica）6号住过4个月。欧洲王室也来过，有些时候，还留下来了。

[①] 法国电影导演，代表作有《游戏规则》《大幻影》等。——编者注
[②] 美国导演、编剧，1979年获奥斯卡终身成就奖。代表作有《群众》《公寓街景》等。——编者注
[③] 法国作家、飞行员，二战时在对抗纳粹德军的一次任务时失踪。代表作为《小王子》《风沙星辰》等。——编者注
[④] 英籍匈牙利作家，代表作有《中午的黑暗》等。——编者注
[⑤] 德国作家，1929年获诺贝尔文学奖。代表作有《布登勃洛克一家》《浮士德博士》等。——编者注
[⑥] 俄国超现实主义画家。——编者注
[⑦] 德裔法国画家、雕塑家，达达主义和超现实主义代表，被誉为"超现实主义的达·芬奇"。——编者注
[⑧] 美国犹太收藏家，二战期间在纽约建立画廊收留流亡艺术家。——编者注
[⑨] 20世纪西班牙最伟大的思想家之一，著有《没有主心骨的西班牙》。——编者注

泛美航空公司（Pan American Airways）①于1939年就开始运营第一条跨大西洋的航空邮件服务航线，从纽约经里斯本到马赛。"扬基飞剪"号（Yankee Clipper）也可以搭载少量乘客并经亚速尔群岛飞往里斯本，飞艇在那里降落在塔古斯河上，滑行到城市东侧的鲁伊武角海事机场（Cabo Ruivo Maritime Airport）。这种波音水上飞机停靠在一个伸入河中的长木码头的尽头，小船负责接驳乘客。然而，大多数难民是乘船离开的，当地人称他们的城市为"欧洲的码头"。

刹那之间，贫穷、落后的里斯本就直面现代化了。在萨拉查的这个与世隔绝的首都的街道上，现在可以听到欧洲语言的大杂烩。外国人坐在咖啡馆外面，翻阅着外国报纸。外汇的涌入带来了经济上的暴利。里斯本从沉睡的偏远城市变成了繁忙的战时中心。

柏林记者欧热内·蒂林格（Eugene Tillinger）在1940年写道："对任何以前了解这座城市的人来说，它在如此短的时间内发生了如此巨大的变化，会即刻令人震惊。"

这里的生活节奏每天都在加快。越来越多来自法国和德国占领区的移民来到这里。在市中心的罗西乌广场，你几乎听不到葡萄牙语。此外，你会无意中听到许多其他语言，主要是法语、英语和德语，但也有波兰语、荷兰语和佛兰芒语。里斯本的一切都售罄了……旅馆人满为患，浴室全被租了出去，浴室的地板上铺着被褥。咖啡馆和餐馆都挤满了人。对这座城市来说，这样的光景真的是久

---

① 从20世纪20年代至1991年倒闭前，它是美国的主要航空公司之一。泛美航空把旗下大部分飞机都以"飞剪"（Clippers）命名，"飞剪"一词则取自19世纪的高速帆船——飞剪船（clipper ship），这些客机能进行洲际飞行。

第七章 双桥记

违了。这时这座城市充满着生命力。

起初，当地人会对他们看到的情况感到震惊。突然之间，里斯本的街头有不戴帽子的男人游来逛去，还有穿着短裙、涂着口红的女人，她们独自坐在咖啡馆外面抽着烟。历史学家玛丽亚·若昂·卡斯特罗（Maria João Castro）说，有几种风尚时兴起来。一些里斯本人去到理发店，要求剪个"难民头"——也就是短发。其他里斯本女性开始模仿外国人的打扮，穿着短袖连衣裙或短裙。萨拉查的政权对这一切皱起眉头。1941年，葡萄牙政府出台禁止男人和女人在海滩上过度裸露肉体的法律。葡萄牙政府声称，这是为了"公共道德"的利益，也是试图防止本地习俗的"腐化"。该法律规定了人们可以展示或必须遮盖的身体区域，精确到厘米。贴在海滩上的规定允许男性将背部裸露至腰部，但女性的背部最多只能露到腰部以上10厘米，而且女士的泳装必须包括一条能遮住大腿至少1厘米的裙子。

有一名难民在里斯本留下了更持久的印记。卡洛斯特·萨尔基斯·古尔本基安（Calouste Sarkis Gulbenkian）在土耳其和伊拉克因石油生意获利颇丰，是当时世界上最富有的人之一，在欧洲遭到战乱破坏的情况下，他也在这个避风港寻求个人的安宁。从1942年到1955年去世，古尔本基安一直住在里斯本著名的阿维兹酒店（Hotel Aviz），尽管酒店有许多只住一夜的君主贵胄，他仍是酒店的明星客人。事实上，酒店工作人员称古尔本基安为"国王"（O Rei）。古尔本基安很富有，但为人吝啬，以挑剔难伺候著称，他住在酒店最好的52号房间。晚年，身体不大好时，古尔本基安一人就占了酒店25个房间中的10个，供他的多名秘书、护士以及他的许多猫咪使用。

为了感谢这座给了他一个家的城市，古尔本基安遗赠了他巨额财产的一部分，用于在里斯本创建一个以他的名字命名的机构。古尔本基安基金会现在仍然是里斯本最负盛名的文化机构之一。经过葡萄牙和法国政府之间漫长的谈判，古尔本基安收藏的大约6000件艺术品被送往古尔本基安基金会位于里斯本的古尔本基安博物馆。里斯本之友协会（Amigos de Lisboa）聚集着一群旨在保护城市文化财富的人，在古尔本基安死后一年，他被该协会追授为荣誉会员。

古尔本基安的儿子努巴尔（Nubar）参与了一场席卷里斯本的事业。那时的里斯本是阴谋的温床，曾被美国历史学家道格拉斯·惠勒（Douglas Wheeler）描述为"间谍之地"（spyland）。同盟国和轴心国双方的特工纷纷涌入这个中立城市，经营各自的地下网络，并彼此较量。阴谋和诡计、两面派做法和散布假情报是他们的日常。到二战结束时，英国军情六处在里斯本查明了1900名敌方特工和350名可疑人员。

有来自英国和德国的特工，也有来自法国、意大利、苏联、波兰和日本的特工。美国联邦调查局（FBI）和美国战略情报局（OSS，即后来的CIA）[1]也有代表派驻在此。位于自由大道附近阿莱格里亚广场（Praça da Alegria）上有一家名为至尊卡巴莱（Cabaret Maxime）[2]的俱乐部，那里是间谍的巢穴，也是里斯本

---

① OSS 即 Office of Strategic Services，美国战略情报局，存在时间为1942—1945年。CIA 即 Central Intelligence Agency，美国中央情报局。

② 卡巴莱是一种歌厅式音乐剧，这种音乐表演方式在欧洲十分盛行。

第七章 双桥记

版的演员亨弗莱·鲍嘉的"里克咖啡馆"①。德国特工主要住在自由大道上的两家酒店：蒂沃利酒店（Hotel Tivoli）和阿维尼达王宫酒店（Avenida Palace）。在阿维尼达王宫酒店的4楼有一条秘密通道，直接通往罗西乌火车站。英国特工则主要住在大都会酒店（Hotel Metrópole）和阿维兹酒店。除了为卡洛斯特·古尔本基安提供住所外，阿维兹酒店一度还住着罗马尼亚国王卡罗尔二世（Carol Ⅱ）②、意大利国王亨伯特二世（Umberto Ⅱ）③等许多君主。在与沃利斯·辛普森（Wallis Simpson）④乘坐"神剑"号（SS Excalibur）前往巴哈马之前，温莎公爵（Duke of Windsor）也曾在阿维兹酒店举办告别晚宴。这家酒店于1961年停业。

阴谋诡计层出不穷。施伦堡（Walter Schellenberg）⑤被希特勒派往里斯本，在温莎公爵离开前协助执行对公爵的绑架行动。达斯科·波波夫（Dusko Popov）同样住在阿维兹酒店，他代号"三轮车"（Tricycle），以英国军情五处双重间谍的身份在里斯本活动。英国军情五处在里斯本的办公室位于上城区的艾曼达大街（Rua da Emenda），里斯本当地的特别行动执行小组配属位于拉帕

---

① 电影《卡萨布拉卡》中男主角里克所开的咖啡馆，里克的扮演者为演员亨弗莱·鲍嘉。——编者注
② 罗马尼亚国王（1930—1940年在位），1938年发动政变，实行独裁，1940年9月在海内外压力下退位，逃亡西班牙。——编者注
③ 意大利王国末代国王（1946年在位），1946年6月被迫退位并遭驱逐，侨居葡萄牙。——编者注
④ 温莎公爵夫人。——编者注
⑤ 德国中央保安局高级官员，1942年拟订劫持温莎公爵的计划。——编者注

区的英国大使馆。贝特霍尔德·雅各布·萨洛蒙（Berthold Jacob Salomon）是一名犹太裔记者，在盖世太保的命令下，他在里斯本市中心遭绑架，并被送往德国，最后死于狱中。为英国军情五处工作的著名双重间谍胡安·普若尔（Juan Pujol）曾就诺曼底登陆日的登陆地点骗过了希特勒，他也在里斯本"开张营业"了。伊恩·弗莱明（Ian Fleming）在跟踪波波夫时曾在里斯本停留，据说附近的埃什托里尔（Estoril）赌场及其王宫酒店（Hotel Palácio）激发了他的第一部007系列小说《大战皇家赌场》（Casino Royale）的部分灵感。

唐纳德·达林（Donald Darling）是军情六处的官员，他通过军情九处负责盟军战俘越狱行动，在英国驻里斯本领事馆的支持下开展行动，开辟出经里斯本到英国的逃跑路线。努巴尔·古尔本基安作为达林的信使，与参与越狱行动的有关人员保持联络。卡洛斯特·古尔本基安曾是伊朗驻维希法国的大使，而努巴尔是商务专员。这意味着努巴尔可以进出法国的占领区。受过哈罗公学教育的努巴尔作风张扬，看起来不太可能胜任秘密特工，但这或许就是他成功的秘诀。

路过的游客记录了一些对里斯本的敏锐观察。德国政治记者卡尔·佩特尔（Karl Paetel）留意到贫富之间的鸿沟。"里斯本是美丽的，"他在1982年的自传中写道，"只要你留在（自由）大道，而不是误入阴暗的小巷，在那里，男人和女人在简陋的房屋门口用明火做着简陋的饭菜。"圣-埃克苏佩里则注意到当地人的忧郁情绪，这与外国人在这座城市感受到的安全感和解脱感形成鲜明对比。"1940年12月，当我穿过葡萄牙前往美国时，里斯本似乎是

第七章 双桥记

一个清澈而悲伤的天堂。"他写道。然而，真正让这位法国作家激动不已的是葡萄牙世界博览会——它就像童话故事中的场景，与当下严峻的现实相去甚远，他说："无视着欧洲，里斯本在狂欢。"

这场为期 6 个月的盛会是萨拉查精心策划的宣传活动。目标是在橄榄油、面包、大米和糖实行定量配给的物资短缺时期，团结葡萄牙人并坚定他们的民族信心。这场世博会的举办日期是 1140 年葡萄牙建国和 1640 年恢复独立的纪念日。其举办地点位于贝伦街区——葡萄牙伟大的象征性源头，在热罗尼莫斯修道院前，毗邻珍贵的塔古斯河。围绕世博会场地，未来将会发展出一个新的城市区域。展览本应该是临时性的，用灰泥和木头建造即可。然而，它的规模却采用了独裁者们偏爱的纪念性风格。展会于 1940 年 6 月 23 日开幕——同一天，希特勒游览巴黎并在埃菲尔铁塔前拍照留念。难怪圣-埃克苏佩里会感到震惊。

这场世博会是亮眼的。即使是奢侈的夜间灯光也是值得一看的，也让里斯本人眼前一亮。《新闻日报》在法德停战消息上方的头版报道中说，这是"一个伟大的全国性的场合"，将为葡萄牙人提供"快乐和自信的滋补品"。希特勒发来贺电，祝贺葡萄牙的两个纪念日，并祝愿葡萄牙繁荣昌盛。据说，丘吉尔什么都没有送来。

世博会取得了巨大的成功。官方统计数据称，6—12 月约有 300 万人次到访。2016 年，葡萄牙举办了一场回忆这场盛会的展览活动。小时候曾参观过那次世博会的老人回忆起自己对游行和烟花表演的惊叹。他们还记得公共广播系统和广告词的响亮声音，还记得未干的油漆和灰泥的气味，还记得看到黑人（有些人是第一次见），看到狮子、鳄鱼和猴子。出现在家庭自制黑白影片中的是一支游行队伍，其中少不了有一头大象在队伍中、身上披着葡萄牙国旗的镜头。

留存至今的展品只有大众艺术博物馆（Museum of Popular Art）——它从1940年世博会的"日常生活"部分改建而来，以及发现者纪念碑（Padrão dos Descobrimentos）。这座纪念碑在1940年采用的是钢铁和水泥结构，外层抹了灰泥。建筑师是科蒂内利·特尔莫（Cottinelli Telmo）①，而雕刻纪念碑侧面32个人物的是莱奥波尔多·德阿尔梅达（Leopoldo de Almeida）——他是葡萄牙独裁政权最喜爱的艺术家之一。这些雕像形制庞大——恰如其分，因为他们都是葡萄牙历史上的巨人。

尽管有人说要保留该纪念碑，但它还是被拆除了。不过在1960年——即亨利〔航海家〕逝世500周年之际——发现者纪念碑得以重建，重建后的纪念碑更为壮观，使用混凝土和粉红色的石材覆层。在阳光照射下，这块石头会在蓝天的映衬下熠熠生辉，或在日落时被夕阳熏烧出淡赭色的色调，充满生命力。

这座纪念碑模仿的是卡拉维尔帆船造型，上部的大帆飘扬，自河岸延伸到塔古斯河，以及自然而然地朝向南方。纪念碑高56米，其上的人物浮雕像是在邀请游客加入猜人物游戏，识别葡萄牙的历史名人。您可以看到达·伽马、迪亚士、路易斯·德·卡蒙斯和兰开斯特的菲利帕，以及名气稍逊一些的地图制作者、编年史家、战士和传教士。雕像人物的面部表情看起来恰如其分的高贵和刚毅。

---

① 葡萄牙建筑师、电影制片人、诗人、画家、记者。曾为第一部葡萄牙语有声电影《里斯本之歌》担任制片人。——编者注

第七章 双桥记

这座纪念碑已成为里斯本最著名、出镜率最高的地标之一。

在多年遭受共和党人的攻击后,天主教会更加坚定地与萨拉查站在同一阵线,为里斯本贡献了另一座地标。1940 年,葡萄牙主教颁布教令,如果葡萄牙能在第二次世界大战中幸免于难,"将在里斯本建造一座高大的耶稣圣心纪念碑"。他们想要的是像里约热内卢的救世基督像(Christ the Redeemer)那样的建筑物。不过战后筹款活动进展缓慢,直到 1949 年才在塔古斯河南岸铺下第一块石头。其余部分的建造始于 1952 年。这座里斯本大耶稣像(Santuário de Cristo Rei)是使用灰泥模型在原地建造的,大约 4 万吨混凝土被浇灌其中。1959 年,大约 30 万人参加了里斯本大耶稣像的落成典礼。这座雕像上的耶稣张开双臂,摆出迎接的姿势,从阿尔马达俯瞰里斯本。然而,走近观察时,这种效果就要打折扣了,因为留着长发和胡须的耶稣实际上正在低头沉思、看着河水,就好像有什么事情刚刚掠过他的脑海,他正在思考。

尽管在里斯本的任何建筑或纪念碑上都找不到萨拉查的名字,但萨拉查政权的建筑遗产遍布里斯本。他的存在与这座城市的建筑交织在一起,而且有太多东西无法被抹去。萨拉查和他的"新国家体制"上台后,迅速启动了一项庞大的公共工程计划。这不仅仅关乎宣传目的。该计划还吸收了因 20 世纪 20 年代国际金融危机导致的过剩劳动力。萨拉查担心,他那些贫穷、受教育程度低的人民可能容易受共产主义影响,而他厌恶共产主义。

尽管萨拉查的建筑大师正值壮年便死于车祸,但他作为葡萄牙有史以来最伟大的公共工程部部长之一被载入史册。杜阿尔特·帕谢科(Duarte Pacheco)在大约 10 年的时间里为葡萄牙的基础设施带来了实质性的改善,被视为葡萄牙现代城市规划的先驱。1932年7月,萨拉查任命帕谢科为他的内阁成员,担任公共工程部部长和通信部部长。这是一个新设立的政府职位,其部分目的是帮助整顿首都的住房混乱局面,重建秩序。

帕谢科和他的10个兄弟姐妹很早就成了孤儿,他从小就不得不打工养家。他在数学方面很有天赋,17岁时就进入了里斯本高等理工学院(Instituto Superior Técnico)的电气工程系。他在里斯本拜沙区的咖啡馆为学生提供一对一的私人课程,以维持生计。入职政府时,32岁的帕谢科已经是这家享有盛誉的学院的主任。帕谢科的工作效率惊人,成就也多得骇人。他也许是萨拉查手下最引人注目、最有活力的部长。他也是唯一一位同时担任公共工程部部长和里斯本市长职务的人。

当帕谢科于1932年加入萨拉查的内阁时,里斯本正面临着严峻的住房短缺问题。第一共和国时期的政府忽视了这个问题,几乎没有采取名副其实的住房政策。城市规划自1911年以来甚至没有更新过。与此同时,里斯本人口的激增带来了新房的无序建设,大量建在地下且卫生状况差的社区成批出现。里斯本的人口从1930年的近60万猛增到1940年的近70万。帕谢科于1938年1月1日就任里斯本市长,并着手整顿。

帕谢科的工作核心是《里斯本城市化和扩张总体规划》(*Plano Geral de Urbanização e Expansão de Lisboa*)。这一规划主要是艾蒂安·德格罗埃尔(Étienne de Gröer)的杰作,他是法国人,但出生于华沙,在巴黎是颇有名气的城市建筑师,帕谢科说服他从巴黎搬来了里斯本。德格罗埃尔撰写的计划确定了里斯本这座城市将如何

第七章 双桥记

在初始阶段的 10 年内（直到 1948 年）发展和改善。该计划涉及建设住宅区、道路、学校、园林，以及卫生系统。其重点是再次将城市向北扩建，新建设的大道像手指一样伸向乡村，接续雷萨诺·加西亚停手的地方。帕谢科在担任公共工程部部长的同时，监督了一些具有里程碑意义的行政和法律改革，例如有关规划许可和征用的法律，这为德格罗埃尔的设计付诸实践扫清了障碍。这项规划将这座更为广阔的城市大致塑造成今天的模样。通过多种方式，萨拉查在里斯本留下了自己的烙印。

帕谢科是 20 世纪 30 年代在里斯本兴起的新型廉租房的幕后策划者。这些住宅区被称为经济型住宅区（bairros de casas económicas），由独户住宅组成，其灵感来自 20 世纪的著名建筑师劳尔·利诺（Raul Lino），他设计了自由大道上的蒂沃利剧院（Teatro Tivoli）。利诺试图调和葡萄牙的传统与现代趋势，主张使用家庭住宅而不是公寓楼。他在 1933 年出版的《葡萄牙住宅》（Casas Portuguesas）一书中表达了对简单、朴素的建筑风格的支持。这些廉租房大多租给了低收入职工，包括文职人员，并且主要是公务员，租金根据他们的收入计算。这并不是由于萨拉查政权十分仁慈，而是因为该住宅计划旨在帮助遏制工人阶级的激进主义思想或行动——当时正在欧洲蔓延。它旨在通过授予房产的所有权来巩固政府的声望，并防止国家雇员的骨干——实际上是政府的执法者——被激进思想所诱惑。在支付 25 年的租金后，他们就能获得房屋所有权。

这些住宅区中最著名的一些位于阿茹达、阿尔瓦拉迪（Alvalade）、阿尔科多塞戈（Arco do Cego）、恩卡尔纳桑（Encarnação）和马德雷德乌斯（Madredeus）街区。例如，阿尔瓦拉迪经济型住宅区占地面积为230公顷，计划容纳约4.5万人。该建筑工程始于1947年，人们于次年开始搬入。阿尔瓦拉迪经济型住宅区由市议会建筑师若昂·法里亚·达科斯塔（João Faria da Costa）设计，他与德格罗埃尔合作密切，这一区域到现在也很受欢迎。

1935年3月11日的《新闻日报》对这些新型住宅大加赞美。该报写道，它们是"新国家体制建造的舒适、怡人、阳光普照的小房子"。（萨拉查政权还引入了审查制度，以"监督思想自由的行使"。）例如，在阿尔科多塞戈街区，建造了近500栋简单的两层和三层房屋。这些房屋是对称的，几乎完全相同，成排或为半独立式，有些带有细长的花园。这些漂亮的房子，沿着又短又窄的街道排布，外表涂着有趣的黄色、蓝色和粉红色。阿尔科多塞戈经济型住宅区有一所学校、几家咖啡馆和一个安静宜人的小公共花园。走进这个街区有一种"爱丽丝镜中奇遇"的感觉，因为在一座繁忙的西欧首都城市中，遇到这样一个宜人的圣地可并不寻常。这就是这些新街区应该给人的感觉：像小村庄一样，具有乡村风味。因此，帕谢科成功地将萨拉查对其人民和国家的保守思想转译为城市景观。萨拉查梦想着"um quintal para cada português"——即每个葡萄牙人都有一个金塔尔（quintal）。金塔尔是一种后院，大到可以饲养鸡、兔子并种植蔬菜。萨拉查希望每个葡萄牙人都拥有一个金塔尔，即使是在里斯本。然而，在20世纪40年代，面对迫切的住房需求，葡萄牙政府选择开始建造租金适中的4层公寓楼，还扩大了廉租房的住房资格范围。

帕谢科的市议会小心翼翼地将城市的两翼向北展开。例如，他

第七章 双桥记

在罗马大道（Avenida de Roma）沿线和周围，以及主要是田野的共和大道以东开发了住房。而雷斯上将大道将成为出城向北通往萨卡文（Sacavém）的主要道路之一。在雷斯上将大道的北端还建造了一个宏伟的广场，被称为阿雷埃罗广场（Praça do Areeiro）①。这里有高档公寓，其中一座塔楼高达11层。西多尼奥·派斯大道（Avenida Sidónio Pais）② 构成爱德华七世公园的一边，成为另一个享有盛誉的地点。

1941年，周报《行动报》（A Acção）颂扬了帕谢科手下"崭新而现代的里斯本"，"这个大村庄正在转变为大而美的城市"，向"乡野式城市"挥手告别。帕谢科的改造包括建造阿尔坎塔拉码头，使首都的港口设施实现现代化，以及建造贝伦河站，提供横跨塔古斯河的轮渡服务。帕谢科打开了城市向西扩张的大门，沿塔古斯河修建了边际海岸公路和世界上第一条四车道高速公路，从里斯本一直延伸到国家体育场。这条高速公路从庞巴尔侯爵广场的环岛出发，穿过后来被称为"杜阿尔特·帕谢科高架桥"（Viaduto de Duarte Pacheco）的阿尔坎塔拉山谷，到达30千米外的卡斯凯什（Cascais），1991年才完工。1937年高速路开始修建，1944年由萨拉查主持举办了落成典礼——也就是帕谢科去世一年后。杜阿尔特·帕谢科高架桥全长471米，最高可达27米，与渡槽大致平行。（帕谢科确实犯了一个错误：建造这条边际线路，并在旁边建造一

---

① 即弗朗西斯科·萨·卡内罗广场（Praça Francisco Sá Carneiro）。"阿雷埃罗广场"这个名字更广为人知。

② 在中国澳门有一条同名道路，被称为"士多纽拜斯大马路"或"士多鸟拜斯大马路"。

条郊区火车线路，这将里斯本与塔古斯河分隔开来。此后几十年他都为之遗憾。）

帕谢科还监督了新机场的建设。以前，国际航班降落在辛特拉附近的一个机场，但从1942年开始，它们降落在靠近里斯本的波特拉（Portela）机场。今天，波特拉机场是为数不多的几个位于市区内的欧洲国际机场之一，即将着陆的飞机在城市上空伴随着巨大的轰鸣声掠过，驶过国家图书馆（Biblioteca Nacional）上空时，阅览室的访客会被要求保持安静。

波特拉机场开业3年后，葡萄牙航空公司成立，总部设在里斯本。这家航空公司以3架达科塔DC-3飞机起步，该飞机最多可搭载21名乘客，并且只运营里斯本—马德里这条航线。3个月后，这家国有航空公司开通了长达2.5万千米的帝国航线（Linha Aérea Imperial）。这是一条殖民地航线，从里斯本出发，到达安哥拉首都罗安达，并跨越非洲大陆到达莫桑比克首都洛伦索–马贵斯。该航线全程往返需要花费15天，有12个中途停留。到20世纪40年代末，葡萄牙还开通了飞往巴黎、伦敦和塞维利亚的航线。该航空公司在20世纪后期经历了一段困难时期，那时，有些人颇不友善地打趣道，航空公司的意思就是"选乘其他航司"（Take Another Plane）。①

通过从塔古斯河谷采更多水，帕谢科还改善了城市卫生状况。他在里斯本西侧广阔的蒙桑图公园（Monsanto Park）发起并参加

---

① 葡萄牙航空的英文缩写为TAP，与"Take Another Plane"首字母缩写一致。——编者注

第七章 双桥记

了植树仪式,该公园如今因蜿蜒于森林中的自行车道和步道而备受赞赏。帕谢科是在他心爱的里斯本高等理工学院附近建造宏伟壮观的卢米诺萨喷泉(Fonte Luminosa)的主要推动者之一。在葡萄牙各地,帕谢科修建了新的道路、邮局、法院和监狱。在里斯本,他还负责建造了其他一系列至今仍然引人注目的建筑:国家造币厂(Casa da Moeda)、国家统计研究所大楼、圣玛丽亚医院和里斯本大学校园。在准极权主义的政权手中建造的这些标志性建筑有一个共同点:它们都是实用的、粗俗的,缺少优雅或精致。这种建筑风格缺乏温情,建筑线条就像与独裁者如出一辙般的僵硬,不过,它们在当时是很时尚的。阿道夫·希特勒的首席建筑师阿尔伯特·施佩尔(Albert Speer)①的影响也很明显。施佩尔曾于1941年到访里斯本,参加他名为"新德式建筑"(Neue Deutsche Baukunst)的巡回城市建筑展览的开幕式。帕谢科与总统卡尔莫纳都出席了展览开幕式,展览在为期两周的时间里吸引了超过10万名观众。

身兼通信部部长一职的帕谢科创立了葡萄牙国家广播公司(Emissora Nacional)。这家公共广播电台于1934年开始进入测试阶段,当时它播出的是古板乏味的古典音乐和新国家体制宣传内容。这为它赢得了"全国无聊之最"(Maçadora Nacional)的绰号。1935年,该广播电台正式运营,当时每天有两场广播,一场在午餐时间,另一场在晚上。它的第一个办公地点位于国会大厦和埃什特雷拉花园以南的克利亚斯街(Rua do Quelhas)。

---

① 德国军备和战时生产部部长(1942—1945年在任),曾创造德国经济的"施佩尔时代"。——编者注

可以说，帕谢科监督的最著名的项目是国家体育场（Estádio Nacional），这里至今仍被用于举办葡萄牙杯决赛。这个体育综合体的规划在 1933 年首次提出。葡萄牙各体育俱乐部要求萨拉查为重大赛事建造一个中央体育场，萨拉查满足了他们的要求。体育场在里斯本的选址引起了多番讨论。原本计划建在靠近市中心的大坎普（Campo Grande），或者蒙桑图公园，最后选择了里斯本西侧的贾莫尔河谷（Vale do Jamor）——19 世纪的作家加雷特和切萨里奥·韦尔德在他们的作品中提到过这里，这里以乡村和田园风光著称。该体育场的灵感来自为 1936 年夏季奥运会而建的柏林奥林匹克体育场，是希腊风格建筑，有一个中央场地和环形跑道，嵌在一片公园和林地中。新古典主义的设计也可以在具有纪念意义的看台上看到，葡萄牙总统会在决赛日将奖杯交给获胜球队的队长。

起初，体育场的开幕式计划与 1940 年的葡萄牙世界博览会同时举行，帕谢科也曾监督此事，不过最终开幕式是在 1944 年 6 月 10 日举行的。那是盟军在诺曼底登陆后的第 4 天，也是一个公共假日，新国家体制曾颁布法令将这一天设为赛马日（Dia da Raça）来庆祝。这是一个没有科学依据的模糊概念。从本质上讲，这只是更进一步宣传，旨在为葡萄牙人开辟一块独特的地方，让他们感到自己足够与众不同。康乃馨革命后，这天变成了葡萄牙日（Portugal Day）。

体育场的落成典礼表演十分隆重。大约有 5 万名观众观看了比赛，比赛以葡萄牙青年团（Mocidade Portuguesa）的健美操表演开始，该组织最初是以希特勒青年团为榜样的。大约 4000 名穿着白色短裤、袜子和体操鞋，赤裸着胸膛的男孩展示了他们的同步

第七章 双桥记

动作。然后是国家欢乐工作基金会（National Foundation for Joy at Work）——这是一个无懈可击的新国家体制名称的女子体操表演。为这一切画上句号的是当天的重头戏：那是一场在里斯本两家足球俱乐部间进行的友谊赛，双方分别是葡萄牙足球超级联赛冠军葡萄牙体育足球俱乐部（Sporting）和葡萄牙杯冠军本菲卡足球俱乐部。葡萄牙人从未经历过如此壮观的一天。萨拉查的宣传主管安东尼奥·费罗（António Ferro）告诉葡萄牙国家广播公司，这场盛事代表了"新葡萄牙的典范，对今天的信心和对明天的确定性"。显然，该政权非常关心战争的结果。

如果不是因为他的关键伙伴波尔菲里奥·帕尔达尔·蒙泰罗（Porfírio Pardal Monteiro），即使在今天，帕谢科的全面改革也不会让人感觉如此急迫。这位里斯本建筑师将这位公共工程部部长对葡萄牙城市化的新想法转化为由混凝土和石头构建的现实。蒙泰罗负责任、务实、技术娴熟，是葡萄牙现代主义建筑的先驱之一。他受命设计了许多城市地标，它们后来成为帕谢科遗产的一部分，比如国家图书馆、索德雷码头火车站、里斯本高等理工学院，以及《新闻日报》在自由大道的那个有名的总部，等等。

然而，帕尔达尔·蒙泰罗最引人注目的原创设计或许正是葡萄牙的第一座现代主义教堂。1933年，天主教会将位于市中心区的圣茹利昂教堂卖给了葡萄牙银行——后者希望扩建其所在场地。天主教会用这笔钱在"新大道"地区——靠近古尔本基安基金会今所在地——建造了一座新教堂。后来，该教堂被命名为法蒂玛圣母教堂（Igreja de Nossa Senhora de Fátima）——这个名称指的是位于首都以北130千米处的一片圣地。里斯本红衣主教曼努埃尔·贡萨尔维斯·塞雷热拉（Manuel Gonçalves Cerejeira）告诉帕尔达尔·蒙泰罗，他希望该项目能满足 3 个要求：它必须是"一座教堂，一座现代教堂，一座美丽的现代教堂"。建筑师照办了，而完工后的作品在传统主义者和现代主义者之间引发了一场甚为喧嚣的公开交锋。

教堂采用钢筋混凝土这种简洁实用的外部设计，这非常大胆。教堂内部可容纳约 800 名礼拜者，没有使用可能挡住祭坛视线的柱子，具有新哥特式风格，装饰着由德阿尔马达·内格雷罗斯设计的马赛克和大理石、雕塑和彩色玻璃。1938 年，红衣主教和葡萄牙总统卡尔莫纳出席了它的落成典礼。里斯本各报对该设计提出了热烈的评论，而这些报纸不太可能对红衣主教监督的项目嗤之以鼻。该教堂获得了葡萄牙的主要建筑奖项瓦尔莫奖（Valmor Prize），成为 20 世纪的一座丰碑。

不过，街头流行的说法就有所不同了。作家兼律师托马斯·里贝罗·科拉索（Tomás Ribeiro Colaço）在《葡萄牙建筑》(*Arquitectura Portuguesa*)杂志上写道："整个里斯本都在窃窃私语，说教堂很丑。"他说，因为害怕引起当局的怒火，没有人敢说出来。最常见的抱怨是这座建筑看起来不那么葡萄牙，它看起来很外国，事实上，帕达尔·蒙泰罗的灵感确实来自法国的教会风尚。红衣主教站出来为建筑师辩护。"关于（该建筑风格）是现代的这一点，我们甚至无法想象它是别的什么。过去的所有艺术形式相对于它们的时代来说都是现代的。"科拉索写道。

1943 年，帕谢科在返回里斯本参加内阁会议的途中因车祸受伤去世，年仅 44 岁。他广受葡萄牙人的欢迎，这在一定程度上是

第七章 双桥记

因为面对 1941 年 2 月 15 日席卷全国、造成数十人死亡和基础设施损毁的飓风,他采取了迅速而有效的应对措施。帕谢科的送葬队伍从市政厅开始,在那里举办了悬挂黑旗的守夜活动。他的棺材由里斯本高等理工学院的学生搬运,尔后被放置于马车上。士兵和当地民众在市政厅外的广场和拜沙区的街道上排成一列。帕谢科以军葬长眠于圣若昂山公墓(Cemitério do Alto de São João)。

由于早逝,帕谢科未能见到里斯本的梦想——建造一条地铁线路——成真:地下铁路建设自 19 世纪 90 年代以来被一再推迟。挖掘工作终于在 1955 年开始,4 年后的 12 月 30 日,里斯本大都会站向公众开放。这就像是送给这座城市的一份迟来的圣诞礼物,也是当地人翘首以盼的高潮——他们一直在街道上的缺口处注视着工程进展。开始营运的那天,人们从凌晨 3 点就开始排队入场。连自动扶梯对许多人来说都是新奇事物。

一天前,首班列车于上午 11 点 7 分离开复兴者(Restauradores)车站。列车载有总统阿梅里科·托马斯(Américo Thomáz)、里斯本红衣主教曼努埃尔·塞雷热拉和其他身份显赫的宾客。这条线路呈 Y 形,由私人特许经营,全长 6.5 千米,途经 11 个车站。1960 年,这条线路上有近 1600 万人次的乘客出行。2016 年,里斯本的地铁线网已经有 4 条线路了,全长 44 千米,有 56 个站点,出行量超过 1.53 亿人次。奥拉亚斯(Olaias)车站由里斯本建筑师托马斯·塔维拉(Tomás Taveira)设计,于 1998 年在一次扩建中启用,被认为是世界上最美车站之一。以华丽和张扬的标志性风格,这位建筑师在 1982 年还设计了这座城市惹眼的阿莫雷拉什(Amoreiras)购物和办公综合体,该建筑在视觉上令人震撼,有着彩色的外观,耸立的柱子和铁拱门构成的洞穴式布局。

萨拉查曾在 20 世纪 30 年代与希特勒走得很近，甚至会使用高抬右臂的纳粹礼，但他巧妙地与二战的战胜国达成了和解。葡萄牙甚至于 1949 年成为北约（NATO）的创始成员。但天际处也有乌云。

1958 年 5 月 16 日，被称为"无畏将军"的那个男人[①]回到里斯本，到达圣塔阿波罗尼娅车站。人群欢呼着迎接他。人们沿着他计划前往自由大道的路线期待着见到他。空军将军温贝托·德尔加多（Humberto Delgado）正在竞选总统，这种热烈的反应，他在本周早些时候访问波尔图期间也有体会。但当局不想这种场面在里斯本重演。拔剑的骑警冲向人群，驱散了他们，数十人被送往医院。

2016 年，里斯本的波特拉机场就以温贝托·德尔加多的名字重新命名。有记者曾问德尔加多：如果当选总统，会对萨拉查做什么。德尔加多的回答让葡萄牙人很满意。他冷冰冰地答道："我会炒了他，这是当然的。"国家元首没有行政权力，是有名无实的首脑，当时仍由投票选出，但投票权受到严格限制。萨拉查作为政府首脑和事实上的国家统治者，操纵了 1958 年的选举，之后由于德尔加多的无畏造成的尴尬局面，萨拉查改变了选举程序。1965 年，以缩写 PIDE 闻名的秘密警察[②]抓住了德尔加多，将他诱捕并在西班牙边境枪杀了他。

据德尔加多的女儿伊娃·德尔加多（Iva Delgado）讲述，巴西

[①] 即温贝托·德尔加多，他因讲话素来直率大胆而得此昵称。
[②] 即国家安全警备总署秘密警察。他们制造恐怖并用监禁和刑罚手段镇压反对人士。

第七章 双桥记

大使的住所过去与位于希亚多区的秘密警察总部只隔着一条狭窄的街道。她说，当大使的夫人抱怨秘密警察大楼里传来尖叫声时，警察告诉她那是外面电车经过时发出的刺耳声。

对新国家体制来说，德尔加多对萨拉查的勇敢反抗是一种不祥的警示。阿尔弗雷多·巴罗索（Alfredo Barroso）是被取缔的社会党的联合创始人，他将1958年视为一个里程碑，因为这一年新国家体制"开始真正动摇"，而这在很大程度上要归功于德尔加多。次年，在后来被称为"大教堂起义"（Revolta da Sé）的事件中，军官、平民和一名牧师联合，计划推翻萨拉查的统治。他们的一些秘密会议是在里斯本的大教堂举行的。他们的"起义"计划在3月11日晚进行，但在那之前，秘密警察捣毁了他们的团伙，将其中大部分人逮捕。1960年，在里斯本举行了一场纪念共和国10月5日成立的游行，警察对此进行了残酷的镇压。

1961年1月，主要的温和派政治家发表了《共和国民主化纲领》（"Programme for the Democratization of the Republic"）。该纲领分为13章，提出了全面、民主与和平的改革方案。第二天，他们中的许多人被秘密警察围捕并抓去审讯。有些人被关进监狱。在萨拉查的领导下，不同意见会招致残酷的对待。萨拉查的党羽选择的监狱是阿尔茹贝（Aljube），它靠近大教堂，如今是一座博物馆。阿尔茹贝一直以来都是作为监狱存在的。在收复失地运动之前，摩尔人将其用作监狱，后来这里成为教会监狱。自由革命后，它被用来关押犯有普通罪行的人，后来又成为女子监狱。从1928年起，新国家体制将其用于关押政治犯——这些人是未经审判就被关押在那里的。它的隔离牢房被用来折磨囚犯，通常是通过剥夺睡眠的方式，人称 curros，这是在竞技场中关押公牛的围栏的名称。

萨拉查要面对的问题纷至沓来。1961年2月，从安哥拉开始，战争在各殖民地爆发，在接下来的13年里，这些战争牺牲了大约9000名葡萄牙人，消耗了该国近一半的GDP。埃米尼奥·达帕尔马·伊纳西奥（Hermínio da Palma Inácio）是反对萨拉查政权的一个传奇人物，也曾被关押在阿尔茹贝。同年11月，他和5个同伙劫持了一架从卡萨布兰卡飞往里斯本的葡萄牙航空公司的超级星座飞机。达帕尔马·伊纳西奥命令飞行员在里斯本上空低空飞行，而他和他的同伙则将传单抛出门外，呼吁人们站起来反对萨拉查。

被称为"学术危机"的学生起义在20世纪60年代愈演愈烈。里斯本大学的学生发动罢课。秘密警察招募了葡萄牙军团（Legião Portuguesa）民兵来帮忙，残酷地粉碎了一次示威活动。1967年，葡萄牙得解决自己的"芭蕾玫瑰"（ballets roses）①丑闻，它类似于1959年席卷法国的那场丑闻——除了葡萄牙是独裁政权，以及事件被掩盖了这一点。妓女和年幼的女孩们在粉红色的聚光灯下舞动，有权势的政客、贵族与她们纵情狂欢，最年轻的女孩甚至只有8岁。第二年，反对萨拉查政权的声音从一个令人意想不到的地方传来。当时，大约200名天主教徒在1506年复活节大屠杀的发生地圣多明戈斯教堂举办夜间守夜活动，以抗议殖民战争。

外国游客很难不注意到里斯本许多人面临着狄更斯式的苦难。比如，美国作家玛丽·麦卡锡就曾对阿尔法马的"中世纪"贫困发表评论。在首都里斯本，赤脚的街头顽童很常见。社会关怀不足，

---

① 这个词有恋童癖的意思。

第七章 双桥记

文盲泛滥。从 20 世纪 50 年代中期开始,一波巨大的移民潮对萨拉查为他的人民提供的生活水平提出了严厉的控诉。约有 160 万葡萄牙人(占人口的 10% 以上)通过合法或非法的途径离开了这个国家。另一些人则从农村迁移到首都。1940 年,里斯本的人口约为 70 万,但到 1960 年已超过 80 万。

人口增长,尤其是塔古斯河南岸的人口增长,促成了新国家体制建设的最引人注目的项目及其最持久的物质遗产:一座当时欧洲最大的悬索桥。据说这是葡萄牙有史以来最大的公共工程项目。它也是葡萄牙强劲经济增长的广告招牌——葡萄牙成为欧洲自由贸易联盟(European Free Trade Association)的创始成员,并利用其低薪劳动力来增加出口。1960—1973 年,葡萄牙经济的平均增长率为 6.9%,与西班牙和希腊的增长率差不多。

前公共工程部部长帕谢科曾建议在塔古斯河上建一座桥。他曾赞成将里斯本与蒙蒂霍(Montijo)连接起来,蒙蒂霍距离塔古斯河河口约 20 千米,在稻草海的对岸。但政府最终选择了从阿尔坎塔拉到阿尔马达的更短的渡河通道,靠近塔古斯河逐渐变细的河口。中标者是美国钢铁公司(United States Steel Corporation)旗下的美国桥梁公司(American Bridge Company)。该公司之前在旧金山建造了奥克兰海湾大桥。

建设期间,任何时候都有多达 3000 人在施工,而这座桥花了将近 4 年的时间才完工。基岩在河面以下约 82 米的位置。在 20 世纪 90 年代进行的多次测试表明,这座桥可以承受 1755 年那样的地震强度。这座桥比计划提前 6 个月,而且在预算之内完工,人们将它视为独裁政权的大功一件,而这也部分解释了为什么即使在今天,仍有一些人表示认同萨拉查的强硬手段。

1966年8月,这座桥的落成典礼盛大举行,有1.2万名宾客出席,电视台实况报道,并举行了宗教祈福仪式。海军乐队奏响国歌,停在塔古斯河上的3艘海军舰艇鸣起21响礼炮,现场还合唱了亨德尔的《哈利路亚》。《新闻日报》的报道有些过火了,一张黑白照片占据了头版一半的版面,照片中,萨拉查的马车及摩托车警卫的随行队伍正在过桥,背景是里斯本大耶稣像。该报以一种与独裁统治相称的无可置疑的夸张报道称,"1亿欧洲人在电视上看到了旧大陆上最宏大、最美丽的桥梁"。这篇文章显得有点画蛇添足,因为它将这座桥称为"几个世纪以来滋养葡萄牙儿童想象力的梦想"。萨拉查为大桥剪彩,并宣称:"我感谢上帝,并宣布萨拉查大桥通车并为国家服务。"

尽管落成典礼当天礼炮齐鸣,欢呼声不绝于耳,而且比之于当时的其他工程,这座桥的规模相对宏大,但它并不是浮夸的花架子工程。其他领导人推行个人崇拜,萨拉查对这种做法不以为然。他对此表示厌恶。独裁只不过是自己的职责所在。

在通车的第一年,超过100万辆汽车通过了这座桥。如今,平均每天都有约15万辆汽车通过该桥。这座桥点缀了里斯本及其河口的美景,而不是破坏了美。长长的环状悬索形态优雅、端庄。钢结构涂层看似红色,但其正式的颜色名称是"国际橘"[①]。这座桥还改变了里斯本的生活方式。南岸郊区不断发展,进入城市的通勤量也在增长,城市居民在周末很容易到达卡帕里卡(Caparica)的

---

① 橘色之一,在国际上被广泛用作醒目标示的颜色。美国旧金山的金门大桥和飞机尾部的航空飞行记录器(即黑匣子)即采用此色。

第七章 双桥记

海滩。但令人沮丧的是，这座桥因自杀事件而闻名，人们弃车于桥面并从桥上跳下。此外，位于大桥北侧下面的阿尔坎塔拉街区的居民多年来一直抱怨从桥上掉落的碎片，包括轮胎、轮毂盖和狗（最令人失落的）。当局最后竖起了围栏。

之后，以1974年康乃馨革命的日期重新命名这座桥是一种象征性做法，标志着独裁统治的终结。但无论如何，里斯本人一直都称它为"Ponte Sobreo Tejo"（塔古斯河大桥），而不是"Ponte Salazar"（萨拉查大桥）。

萨拉查于1970年去世，去世前两年，在埃什托里尔的避暑别墅里，他坐的椅子垮塌，导致他身体受损。国葬在热罗尼莫斯修道院举行，之后他被送到里斯本以北250千米的乡村小镇——那是他的故乡——下葬。大学教授马尔塞洛·卡埃塔诺取代萨拉查成为政府首脑，但该政权已经是日薄西山，强弩之末。拖了十多年的显然无法取得胜利的殖民战争削弱了它的实力。西欧深刻的文化变革也在新国家体制的根基上留下了烙印。与此同时，骚乱正在初级军官中蔓延。一个星期四的黎明前，不满情绪惊人地爆发。

***

1974年4月25日，里斯本醒来，军队已经出现在街头，就像64年前共和党人站出来反对君主立宪制一样。军队中的不满情绪悄然凝聚成所谓的"上尉运动"。令人惊讶的是，强大的新国家体制掌权40年，此刻竟像薄玻璃一样，一记轻敲便碎了。这场秘密行动让葡萄牙人措手不及，也快到外国政府还没反应过来。康乃馨革命具有某种历史独特性：士兵们站起来反对文官独裁，目的是建立民主，而不是他们自己夺取权力，而且尽管社会在24小时内倒转，但只有5人被杀。

叛乱发生时，大约80%的葡萄牙军队部署在非洲。估计有150名军官和2000名士兵参加了政变，海军和空军最初处于观望状态。4月24日晚上，政变者通过在公共广播电台广播的代码启动了他们的行动计划。晚上10点55分，当里斯本广播电台阿尔法贝塔（Alfabeta）播放保罗·德卡瓦略（Paulo de Carvalho）的歌曲《我们说再见之后》（E depois do Adeus）时，第一个信号发出，意思是：开始了，就在今晚。DJ们也参与了计划，尽管他们并不确切地知道播放那首歌会释放出什么信号。

午夜过后20分钟，随着雷纳斯森萨（Renascença）电台的深夜节目"有限"（Limite）播放歌曲《格兰杜拉，朦胧之城》（Grândola, Vila Morena），另一首歌曲拉开了序幕。这是军队各单位离开军营并向预定目标前进的绿灯信号。

到凌晨4点整，政变已经实现了其早期目标。里斯本的起义者控制了公共电视台（RTP）的演播室、国家广播公司总部，以及该国主要的私人广播电台葡萄牙广播俱乐部（Rádio Clube Português）的场地。20分钟后，里斯本机场落入他们手中，6分钟后，起义者通过葡萄牙广播俱乐部的麦克风宣读了第一份公报，要求人们保持冷静并留在室内，随后奏响国歌。

路易斯·皮门特尔（Luís Pimentel）是起义者之一，时年30岁，是一名陆军上尉，他讲述了当天发生的许多不可能的，甚至可以说是离奇的事件。他所在的军事纵队从北部140千米的卡雷盖拉（Carregueira）进入里斯本，奉命夺取国家广播公司。他和手下在

第七章 双桥记

凌晨 3 点左右到达那里，两名手持机枪的警察正在大楼外放哨。皮门特尔害怕在街上发生枪战，于是战战兢兢地走近他们。但令他惊讶的是，警察对可能要发生的事情一无所知。皮门特尔向他们展示了他伪造的、指示他占领国家广播公司总部的命令。其中一名警察平静地回答并指了指："从下面那扇门过去，在你的左手边。"皮门特尔向他表示感谢并按响了门铃。门开了，他走了进去。他要求用电话，给指挥部打了电话，并发出了代码信息："我们在东京。"

凌晨 5 点左右，秘密警察局局长费尔南多·达席尔瓦·派斯（Fernando da Silva Pais）少校致电马尔塞洛·卡埃塔诺。"总统先生，"他说，"一场革命正在进行中。"他建议卡埃塔诺像 1915 年政府所做的那样，到位于希亚多区卡尔莫广场的共和党国民警卫队——传统保皇派——驻军总部以保安全。驻军总部清洁和洗衣服务负责人玛丽亚·德卢尔德斯·罗沙（Maria de Lurdes Rocha）安排了 5 个房间来接待这位国家领导人及其随行人员。卡埃塔诺大约在早上 5 点 30 分到达。一个多小时后，革命者发现他在那里。

黎明前，装甲骑兵部队在商业广场占据阵地，包围了广场上的政府各部门以及附近的里斯本市政厅、葡萄牙银行总部和警察总部。叛乱分子也守卫着萨拉查大桥，以防止任何政府增援部队从南方到达首都。呼应着 1910 年曾发生的事情，护卫舰"加戈·科蒂尼奥海军上将"号（Almirante Gago Coutinho）接到海军司令部的命令，在商业广场占据一席之地——海军司令部正在考虑对叛乱分子进行反击。但是，在塔古斯河南岸严阵以待的叛乱分子威胁说，如果该舰开火，他们将用大炮将其击沉。"加戈·科蒂尼奥海军上将"号遂撤退到稻草海。

在贝伦的国防部，工作人员用镐头在办公室墙上凿出一个洞。通过这个洞，国防部部长、海军部部长以及他们的参谋长逃到了隔壁的海军部图书馆。他们从那里前往附近阿茹达的第二枪骑兵团，他们于上午 9 点 40 分在那里建立了保皇派的司令部。

与此同时，数以万计的人无视让他们留在室内的呼吁。他们起初小心翼翼地出现，就像从地洞里出来进入光明区域，但很快，人群就挤满了里斯本的街道，场面洋溢着欢乐的情绪和自发的欢腾。萨拉查的新国家体制成为过去式了！陌生人拥抱彼此、拥抱士兵。卖花人将盛开的康乃馨插进士兵的枪管里。这就像葡萄牙人错过的爱之夏（Summer of Love）①。在那天外出的人们的回忆中，起义者的坦克履带在市区街道上啃噬着柏油碎石路面。他们还记得自己曾给叛乱分子带水、三明治和香烟。他们回忆起当时在空气中挥舞着拳头，高喊着口号："自由万岁！"（"Viva a Liberdade！"），"打倒法西斯主义！"（"Abaixo o fascismo！"）和"秘密警察去死！"（"Morte à PIDE！"）。

街道上越来越密集的人群意味着派往卡尔莫广场的军事纵队前进的步伐滞缓，而且坦克很难在里斯本的老街道上自如移动。专制派军队试图阻止起义纵队，但平民蜂拥而至庆祝，专制派军队最终加入了这场即兴的派对。陆军上校费尔南多·萨尔盖罗·马

---

① 一个社会现象，发生于 1967 年的夏天，当时有多达十万人汇聚在美国旧金山的海特–艾许伯里区的附近。嬉皮士也聚集在美国、加拿大及欧洲各国的主要城市，旧金山是这次社会运动的中心。爱之夏运动后来被称为"嬉皮士革命"，嬉皮士有时也被称为"花的孩子"。名为《旧金山》的歌唱道："如果你要去旧金山的话，请别忘了在头发上插满鲜花。在旧金山这座城市里，你遇到的人温柔善良。对于那些要去旧金山的人，今年夏天将充满爱的阳光。"

第七章 双桥记

亚(Fernando Salgueiro Maia)受命包围卡埃塔诺、外交部部长鲁伊·帕特里西奥(Rui Patrício)和信息部部长莫雷拉·巴普蒂斯塔(Moreira Baptista)所在的驻地。这个绿树成荫的小广场意外地成为起义的中心、决定葡萄牙前途命运的地方。

几百米外有更多好戏上演。数百人包围了位于希亚多区安东尼奥·玛丽亚·卡多佐街(Rua de António Maria Cardoso)的可恶的秘密警察总部。他们高呼"秘密警察去死!",唱着国歌,并向解放他们的武装部队致敬。秘密警察们躲在上了锁的门后。

与此同时,在卡尔莫广场,部队不得不组成一道警戒线,以阻止越来越多的平民前来——对他们来说,眼见即为实。人们爬上树、爬上灯柱、爬上广场上18世纪的石头喷泉、爬上坦克,观察局势的发展。下午3点10分,萨尔盖罗·马亚上校接到命令,向卡埃塔诺发出最后通牒。在数百人目不转睛地注视着他的一举一动、一言一行的情况下,他拿起扩音器说:"卡尔莫驻军注意,卡尔莫驻军注意。你有10分钟的时间投降。驻军的每个人都必须放下武器走出来,手举白旗,举起手来。如果你们不这样做,我们将摧毁这座建筑。"

警告没有任何回应,因此桑托斯·席尔瓦(Santos Silva)中尉从他的装甲运兵车的炮塔里用机枪扫射了驻军所在建筑的外墙。关于卡埃塔诺投降的谈判开始了。卡埃塔诺拒绝向下级军官投降,因此斯皮诺拉(António de Spínola)[①]将军被召到现场——他戴着单

[①] 1974年任葡萄牙临时总统。第二次世界大战期间曾以观察员身份随纳粹军队到苏德战场活动。1959年被任命为里斯本警备司令。——编者注

边眼镜,曾在非洲前线作战并敦促结束殖民战争,是士兵中的佼佼者。当他乘坐一辆没有标志的汽车到达时,欣喜若狂的人群围住了他。人们认为他的到来是革命成功的标志。弗朗西斯科·索萨·塔瓦雷斯(Francisco Sousa Tavares)是一位公开反对该独裁政权的政治家、记者和律师,他爬上岗亭,通过扩音器对着人群讲话。"葡萄牙人民,"他说,"我们正在见证一个历史性的时刻,这可能是自 1640 年以来从未有过的时刻:我们的祖国将解放。"

萨尔盖罗·马亚上校要求人群离开广场,以便安全带走卡埃塔诺。但没有人让步。魔仆出瓶,无可挽回,更何况事关重大。一辆装甲运兵车不得不倒退到驻军大门口,这样卡埃塔诺和他的官员们才能在晚上 7 点 30 分左右悄无声息地上车。22 岁的中士曼努埃尔·席尔瓦(Manuel Silva)负责驾驶这辆车,而他也只在电视上见过卡埃塔诺,据他说,这位被废黜的领导人平静地坐进车里,叹了口气:"好吧,这就是生活。"当车缓缓驶离时,两侧的人群将车拍得砰砰作响,高呼"胜利!胜利!胜利!"("Vitória!Vitória!Vitória!")。卡埃塔诺被带到蓬蒂尼亚(Pontinha)郊区的第一工兵团的起义军总部。后来,他流亡到巴西。

然而,秘密警察仍被封锁在他们附近的总部内。他们可能是在担心,在那么恶劣地虐待人民之后,自己的生命安全会受到威胁——或者怀疑自己会被"以牙还牙"。黄昏时分,他们决定孤注一掷,打开楼上的窗户,用机枪扫射,并向街上的人群投掷催泪弹。共有 4 人死亡,45 人受伤。一名秘密警察试图逃跑,士兵们朝他背后开枪射击。这座建筑现已改建为豪华公寓,外面有一块牌匾,上面写着:"1974 年 4 月 25 日晚上,秘密警察在这里向里斯

第七章 双桥记

本人民开火,杀死了费尔南多·热斯泰拉(Fernando Gesteira)、若泽·巴尔内托(José Barneto)、费尔南多·巴雷罗斯·多斯雷斯(Fernando Barreiros dos Reis)和若泽·吉列尔梅·阿鲁达(José Guilherme Arruda)。"

晚上 7 点 50 分,武装部队运动(Movimento das Forças Armadas,MFA)①签署公报,宣布独裁政府倒台。对于士兵们来说,这是漫长的一天,是恐惧、亢奋和欢快的一天。对葡萄牙来说,这一天显得更加漫长。"从来没有一天这么漫长。"一名公共电视台记者说。但是,人们仍然说这是他们一生中最快乐的一天。

在接下来的几周和几个月里,革命热情沸腾起来。农场工人将他们耕种的土地集体化,蓝领员工夺取了他们供职公司的控制权。人们对建立一个崭新的、更加公平的社会抱有极大的期望。萨特(Jean-Paul Sartre)、波伏瓦(Simone de Beauvoir)和加西亚·马尔克斯(García Márquez)来到里斯本,见证这一社会变革。罗马尼亚总统齐奥塞斯库(Nicolae Ceausescu)②也来了。

英国记者兼评论员伯纳德·莱文(Bernard Levin)在 1974 年 7 月 2 日的《泰晤士报》上撰文,将这场革命描述为"第二次里斯

---

① 葡萄牙武装部队中较低级别军官的组织。它推动了 1974 年的康乃馨革命,里斯本的军事政变结束了葡萄牙社团主义的新国家体制政权和葡萄牙殖民战争,使得葡萄牙在非洲的海外领土实现独立。

② 罗马尼亚社会主义共和国党和国家最高领导人,1955 年当选为罗马尼亚共产党中央委员会总书记,1974 年 3 月当选为罗马尼亚社会主义共和国总统。执政后期因大搞个人崇拜和家族统治,加上决策失误和拒绝改革,造成国内经济崩溃并最终导致政权垮台。1989 年 12 月,罗马尼亚国内爆发革命,齐奥塞斯库的统治被推翻,齐奥塞斯库被处决身亡。

本大地震"。他还指出："在新时代的第一天太阳落山之前，半个多世纪以来没有受到严重内部挑战而存在的政权的整个大厦已经倾倒，就好像它根本就没有存在过一样。"

更改街道名称也是在为那段令人厌恶的历史拉上帷幕。在里斯本，原本名为"五月二十八日"的街道改称"四月二十五日大道"（Avenida 25 de Abril），这个日期指的是1926年预示萨拉查登台的军事政变。一项市政法令解释说，必须删除"被冒犯的"人们的名字。例如，一个城市广场获得了新名称"马雷查尔·温贝托·德尔加多广场"（Praça Marechal Humberto Delgado），以纪念"无畏将军"。前反法西斯政治犯协会（Association of Former Anti-Fascist Political Prisoners）还提议考虑将秘密警察总部所在的安东尼奥·玛丽亚·卡多佐街改为莱瓦达莫特街（Rua da Leva da Morte，意思差不多类似于"拖到你的死亡街"），令人毛骨悚然。另一个被拒绝的提议是将商业广场更名为人民广场（Praça do Povo）。

曾被新国家体制驱逐出境的那些有鼓舞力量的政治领导人又重返祖国。他们中的二人由于充满魅力、口才出众且拥有卓越反法西斯背景而尤为突出。其中，社会党领袖苏亚雷斯是里斯本大学法学院的毕业生，专门为萨拉查统治的批评者进行辩护；共产党总书记阿尔瓦罗·库尼亚尔（Álvaro Cunhal）则是不折不扣的斯大林主义者。苏亚雷斯以及其他流亡者是最早一批回国的，从巴黎乘坐所谓的"自由列车"，到达圣塔阿波罗尼娅车站——秘密警察曾在这里殴打温贝托·德尔加多的支持者。苏亚雷斯走上阳台向聚集在那里欢迎他的人群发表讲话，然后在车站候车室召开了一场临

第七章 双桥记

时新闻发布会。两天后,库尼亚尔从苏联流亡 14 年后乘坐法国航空公司的航班抵达里斯本机场。他站在一辆蔡米特式装甲输送车(*chaimite*)[①]上发表了讲话——这种车辆和红色康乃馨一样,是革命的象征之一。库尼亚尔是一位精明的政治家。

苏亚雷斯和库尼亚尔曾一同参加革命后几周最令人难忘的活动。每年 5 月 1 日,数以百万计的人们聚集在一起庆祝劳动节。这是第一个在自由之下度过的庆祝日,人们尽情享受着这美好的一天。清晨前,人们已经开始聚集在阿拉梅达·多姆·阿方索·恩里克斯(Alameda Dom Afonso Henriques)[②],这是一大片草地,位于里斯本高等理工学院和卢米诺萨喷泉之间,游行活动预定于下午 3 点 30 分开始。这是一场令人热血沸腾的庆典,长期被束缚的人们欢呼雀跃地庆祝他们的解放。自由令他们的声音更为嘹亮。他们高呼着关于自由和民主的口号,一同欢呼、唱歌,甚至与素未谋面的陌生人拥抱,有些人更是喜极而泣。

大批民众沿着城市大道游行了两个小时,苏亚雷斯和库尼亚尔并排走在最前方,海军人员将他们围住,以阻挡涌上前来的许多支持者。人声鼎沸的游行队伍来到阿尔瓦拉迪街区的一个体育场馆,该体育场馆隶属国家欢乐工作基金会,现已更名为五一体育场

---

① 葡萄牙 BRAVIA 公司仿照美国 1964 年生产的康曼多(4×4)多用途装甲车系列而研制的一种轮式装甲人员输送车。自 2008 年以来,蔡米特式装甲输送车逐渐被葡萄牙军队淘汰。

② 里斯本的一条街道和花园,为纪念葡萄牙王国的第一位国王阿方索一世建造,占地面积仅 3 公顷多一点,由东端的小花园和雷斯上将大道分割开的两块草坪组成,卢米诺萨喷泉将花园和草坪隔开。西端是里斯本高等理工学院。

（Estádio Primeiro de Maio）。然而，许多人没能进场。苏亚雷斯和库尼亚尔发表了振奋人心的演讲。"同志们，"苏亚雷斯说，"能来参加这样的盛会，这么多年的艰辛是值得的。"

然而，两党领导人之间的关系很快就会恶化，因为他们会在民主追求权力的过程中成为竞争对手。奉行温和政策的苏亚雷斯是命运之子。在接下来的 20 年里，他在不同时期担任过外交部部长、总理和两届总统。在任何其他时间、任何其他地方，苏亚雷斯可能仍然只是一名成功的城市律师、一个有艺术品位的美食家。但时代注定他会成为欧洲的政治家。库尼亚尔有一头浓密的白发和乌黑的眉毛，炭火般闪亮的眼睛暗示着他强硬的性格。库纳尔领导葡萄牙共产党长达 31 年之久，直到 1992 年才下台。他思想褊狭古板，这就是他的败笔所在——尽管他自己并不这么看。他仍然陷在勃列日涅夫时期，而葡萄牙继续前进了。2005 年，91 岁的库尼亚尔去世，据透露，库尼亚尔还是一位匿名小说家，化名曼努埃尔·蒂亚戈（Manuel Tiago）出版过多部书籍。

一年多后的决定性时刻，即 1975 年所谓的"热夏"（Verão Quente），也就是葡萄牙第一次自由选举到制宪议会成立的几个月，两党之间关系的紧张程度达到了顶点。星期六，苏亚雷斯在卢米诺萨喷泉山顶，向着挤在下面长满草的阿拉梅达·多姆·阿方索·恩里克斯草地上的约 10 万人发表了讲话。尽管有些人被胁迫，甚至被人身阻止参加活动，但这场社会党集会仍然盛况空前。在一次著名的演讲中，苏亚雷斯将共产党领导层描述为偏执狂，并指责武装部队运动的高级成员支持共产党领导层的政治策略。尽管受到威胁和恐吓，但大量人群还是出现在集会上，这有助于证明葡萄牙人无

第七章 双桥记

意于采取激进路线——这一点从次年第一次议会选举的投票结果上得到证实：社会党赢得了选举，而共产党则名列第三。

终结备受厌恶的殖民战争，给予5个非洲殖民地独立，是葡萄牙新领袖们的当务之急。然而，这个问题如此紧迫，以至于许多重要方面的工作推进仓促，而几乎同时，在非洲殖民地生活的数十万葡萄牙人也纷纷响应，渴望离开那里。最大规模的人口流失发生在安哥拉，这是葡萄牙在非洲的明珠，殖民战争期间在这里发生了双方都备受煎熬的恐怖暴力事件，葡萄牙人担忧因此遭受报复。

为了帮助不堪重负的葡萄牙航空公司，美国和苏联提供了飞机和机组人员，一条空中通道在里斯本和安哥拉首都罗安达之间建立起来。1975年5月13日，第一架航班抵达里斯本，而最后一架航班则在11月13日到达。与此同时，载着"归国者"（retornados）的船只停靠在阿尔坎塔拉。码头上堆放着板条箱和行李箱，侧面用粉笔潦草地写上名字，高高地堆过头顶，令人想起1807年王室飞往巴西的壮观场景。

根据政府设立的回国国民支持研究所（Institute for the Support of Returning Nationals）记录，超过50.5万人从殖民地返回本国家园，其中一些人身无分文、无家可归。政府征用了里斯本的所有酒店以提供临时住宿，就连里斯本第一家欧洲标准的大型豪华酒店里茨（Ritz）也参与其中。虽然萨拉查本人并不热衷于奢华、排场和现代性，但他允许里茨酒店成为20世纪50年代的地标。它位于爱德华七世公园旁边的高处，采用尖端建筑技术，使用1.5万吨大理石，高达15层楼，至今仍然拥有许多值得纪念的现代艺术作品，包括德阿尔马达·内格雷罗斯的挂毯和壁画。

在革命后的狂热中,葡萄牙几近解体。权威分崩离析。政党分裂成多个派系,这些派系又像变形虫一样分裂成更小的派系。分裂团体支离破碎。有一段时间,有 32 个政党注册成立。其中许多政党有共产主义倾向,并试图"成为最左派"。在这场战斗中,里斯本街头的墙壁成为承载大型政治壁画的阵地。例如,以缩写 FEC(m-1)著称的"马列主义共产主义选举阵线"[Frente Eleitoral de Comunistas(Marxista-Leninista)],占领了圣若昂山公墓的高墙。白色墙壁上用红字赫然写着"打倒资本主义剥削"和"我们支持农民工反对法西斯重组的正义斗争"等口号,壁画上还配有苏联国旗和一个赤膊挥舞铁锤的男子的图案。

在"热夏"的 8 个月里,紧张局势不断升级,将葡萄牙推向了内战的边缘。在那种易燃的气氛中,一切似乎都有可能,又似乎都不可能。人们自由地大声喊出他们的不满。在里斯本,罢工和抗议游行是家常便饭,要求更广泛的合法权利或大幅实质性加薪的声音不绝于耳。罢工者有时会在通往首都的道路上设置路障。政权更替频繁,只能持续数周或数月。甚至有一届政府罢工了整整 10 天。该政府表示,人民对新领导人的要求过高、过快。身穿工装的工人们在圣本图议会大楼围住了被选出起草新宪法的立法者们 48 个小时,那些工人们懒散地躺在议会大楼走廊上宽敞的软垫沙发上。有些人机智地评论说,这一幕与发生在 1917 年冬宫中的布尔什维克的场景有几分相似。

不确定性一直延续到下一个 10 年,暴力死亡事件接连发生,给这个国家的社会稳定带来了极大的考验。第一次考验发生在 1980 年 12 月 4 日,当晚,一架载有总理弗朗西斯科·萨·卡内罗

第七章 双桥记

（Francisco Sá Carneiro）和国防部部长阿德利诺·阿马罗·达科斯塔（Adelino Amaro da Costa）的双引擎塞斯纳飞机从首都机场起飞后仅仅43秒便坠毁在里斯本的卡马拉特（Camarate）郊区。他们当场死亡。随行的两位夫人、总理的幕僚长、机长和副机长也在事故中遇难。尽管葡萄牙警方和事故调查人员的联合调查确定，这是一起由发动机故障引起的事故，然而，许多专家提出令人信服的理由，对官方的解释表示怀疑。官方调查结果中的矛盾之处加剧了人们对掩盖破坏活动、险恶和国际阴谋的猜测。事故不透明的情况引发公众关注。

有一种说法认为，阿马罗·达科斯塔的公文包在坠机和随后的火灾中丢失，而该公文包里有能证明葡萄牙军队高层参与了从美国经葡萄牙向中东和非洲走私军火的秘密证据。根据这一说法，当局掩盖真相是为了在革命后的风雨岁月中保证最低限度的政治稳定。1979年，广受尊重的温和派社民主党领袖萨·卡内罗当选右翼联合政府领袖，人们认为他在一定程度上恢复了秩序。一些人认为，当局已经就对飞机失事的真正原因保持沉默达成一致，因为他们担心泄露真相会使这个国家重新陷入政治混乱，甚至内战。

其他麻烦也浮出水面。1982年6月，土耳其大使馆行政专员在里斯本某郊区被一支亚美尼亚突击队枪杀。次年，另一支亚美尼亚突击队攻占了土耳其驻贝伦大使馆。在那次袭击中，5名袭击者被炸死，1名葡萄牙警察和1名土耳其外交官的妻子也遇害，这显然是因为袭击者错误地引爆了他们的爆炸装置。

与此同时，一个本土恐怖组织兴起。被称为"FP-25"的"四月二十五日人民武装组织"（Forças Populares 25 de Abril），是一个极左翼恐怖组织，从 1980 年到 1987 年活跃在葡萄牙各地，广受诟病。该组织已造成十多人死亡，其中大部分是公司高管和警察。它通过抢劫和绑架富有的企业家勒索赎金来敛财。

1981 年，该组织向上城区的英国皇家俱乐部场地发射了一枚火箭弹，据称这是在表示对爱尔兰共和军（IRA）的支持。人们指责 FP-25 是 1982 年在里斯本引爆两枚夜间炸弹的罪魁祸首，这些炸弹摧毁了法航和汉莎航空在自由大道的办事处。恐怖活动一直持续到 1984 年和 1985 年，其间该组织在里斯本市中心劫持了一辆装甲车，试图对停泊在塔古斯河的北约船只发动迫击炮攻击，但未能成功。1985 年 9 月，其 10 名被捕成员从里斯本监狱越狱。该监狱位于爱德华七世公园附近，看起来像一座中世纪的堡垒。该恐怖组织的最后 1 名受害者是 1 名警察督察，他在里斯本追捕 3 名 FP-25 成员时被枪杀。

从葡萄牙前殖民地到来的并不只有"归国者"，非洲移民也开始抵达里斯本。他们来时没有带任何东西，几乎一无所有，在这个大都市投靠已经定居下来的亲戚或朋友。但最大的问题是，他们没有地方可住。所以他们就像在自己家乡那样——建造简陋的棚屋。棚户区在里斯本边缘地区兴起。它们呈现了一些来自非洲的场景：简陋的小屋由木材建造而成，带有波纹铁皮屋顶，地面由坚硬的泥土铺成。其中一些贫民窟成为因犯罪和贫困而臭名昭著的禁区，例如位于阿尔坎塔拉上方山坡上的卡萨尔–文托索（Casal Ventoso）或最大的匈牙利人采石场（Pedreira dos Húngaros）——据估计，这里有 3 万间棚屋。

葡萄牙于 1986 年 1 月 1 日加入欧洲经济共同体（现为欧盟），

第七章 双桥记

欧共体慷慨提供的发展资金使得在20世纪90年代通过贫民窟清理计划扫除棚户区成为可能。事实上,生活水平提高的葡萄牙正象征着欧洲统一的利益。不幸的是,棚户区的居民被转移到由议会所有的高大公寓楼(特点是没有阳台)中,而这些公寓楼往往会堕落为满是涂鸦的污秽之地。

1985年6月12日,不出所料,葡萄牙正式加入欧洲经济共同体的签字仪式在贝伦举行。那是一个阳光明媚的星期三早晨,10个欧洲国家的领导人以及新成员葡萄牙和西班牙的领导人在贝伦塔前合影,他们身后是塔古斯河上高大的"萨格里什"号(Sagres)。约700名宾客参加了随后在热罗尼莫斯修道院精致的回廊里举行的露天签字仪式。"在这些拥有400年历史的回廊中,葡萄牙的过去和未来相遇。"苏亚雷斯总理在演讲中说。之后,各国领导人一行继续前往贝伦宫,埃亚内斯(António Ramalho Eanes)[①]总统在那里发表了讲话。葡萄牙填补了欧共体的大西洋边界,而欧洲大陆向葡萄牙人张开了双臂——长期以来,葡萄牙人久久站立于塔古斯河河畔,只是凝望着那海平线。

在外国人看来,20世纪80年代中期的里斯本似乎沉溺于一种过时的复古风格。无论是汽车、服装还是咖啡馆,都带着浓郁的20世纪60年代的氛围。这也是新国家体制留下来的文化影响。但这座城市拥有一种破旧的魅力,引人倾倒。其中一颗尘封的宝石差点在1988年消失。8月25日凌晨5点左右,位于传统波希米亚社

---

① 1976—1986年任葡萄牙总统。主张实行多党制议会民主政体,对外加强与西欧、美国的关系。——编者注

区希亚多的大阿马曾斯百货公司（Armazéns Grandella）发生火灾。火势迅速蔓延，几乎要吞噬老城区的大片区域。电视直播报道了这场火灾，引起首都居民的关切。城市各处都可以看到火灾现场冒出的橙色火光和像火山喷发一样的浓烟。消防员很难让他们的消防车驶过狭窄的街道，就像1974年康乃馨革命中的革命者开着他们的坦克行进一样困难重重。狭窄的楼梯和走廊使他们很难带着呼吸器通过。爆炸的煤气罐和摇摇欲坠的墙壁将老建筑变成了死亡陷阱。不过到中午火势被控制住了。

回忆起那个星期四，消防员们仍然感到不寒而栗。这场火灾造成一名居民和一名消防员丧生，大约70人受伤，300人无家可归，数十栋建筑物被毁。但起火原因一直未查明。在这座城市的记忆中，那是黑暗的一天。希亚多是里斯本中一处备受喜爱和珍视的区域。"这是一场灾难，"当时担任葡萄牙总统的苏亚雷斯谈到这场火灾时说，"这是一场国家灾难。"重建项目由屡获殊荣的建筑师阿尔瓦罗·西扎·维埃拉（Álvaro Siza Vieira）策划，历时20年才完成。

丰厚的欧洲发展资金为里斯本带来了神奇的变化。与全国其他地区相比，这座城市经历了弹弓式的飞速发展。贝伦文化中心（Belém Cultural Centre）的创建是为了纪念葡萄牙在1992年首次担任欧洲经济共同体主席国的6个月[①]——这是国家发展中的一个重要里程碑。然而，虽然该建筑旨在成为新时代的国家象征，但是最

---

① 自1957年欧洲经济共同体成立以来，各成员国轮流担任主席国，每个主席国的轮值期为6个月。葡萄牙在1992年上半年（1月1日至6月30日）担任轮值主席国。

终并没有达到预期的效果。而它之所以失败，是因为它试图既要看起来朴素谦逊又要显得重要显赫，结果却落得两者兼不得的下场。它太过庞大，难称低调，又平平无奇，不够庄重。此外，贝伦文化中心建在热罗尼莫斯修道院附近，意在提醒欧洲经济共同体葡萄牙辉煌的过去，但对比之下，贝伦文化中心反而显得黯然失色。这座混凝土建筑外观低矮、四四方方，采用石板覆层，毫不起眼，让展示葡萄牙现代形象的机会白白流失。

1998年的世博会象征着那段令人难忘的富足日子。击败了竞争对手多伦多，20世纪的最后一届世界博览会得以在葡萄牙首都里斯本举行。这也为随后的里斯本"大爆炸"奠定了基调：包括欧洲最长的桥梁——瓦斯科·达·伽马大桥在内的一系列大型公共工程，一条设有7个车站的新地铁线路，以及由西班牙建筑师圣地亚哥·卡拉特拉瓦（Santiago Calatrava）设计的优雅的"东方车站"（Gare do Oriente）国际火车站。1998年世博会成为葡萄牙渴望全面转型的象征。在加入欧元区后，葡萄牙充满信心，决心向世界展示自己的实力。

1998年世界博览会举办时恰逢达·伽马发现通往印度的海路500周年。该届世博会以海洋及其保护为主题。一项大规模的城市重建工程启动，将里斯本东部的一个破旧工业区变成现代建筑的展示窗口。整片地区被夷为平地并重建，只留下葡萄牙石油公司（Petrogal）炼油厂的一座高塔作为对过去的纪念。这片重建区域大致位于鲁伊武角海事机场的旧址上——该机场在20世纪40年代接待水上飞机的乘客。

世博会于1998年5月22日开幕，历时4个月，它的河畔展馆和宽敞坚硬的葡萄牙式白色路面长廊迎来了大约 1100 万名游客。闭幕式当晚,展会吸引了 21.5 万人参加,创下历史新高。很多人都是自驾前往会场,这导致交通堵塞,从城东一直堵到城西。之后,世博会举办地演变成万国公园(Parque das Nações),这是一个宜居的住宅区,这里还有海洋馆——世界上最大的海洋馆之一,拥有 30 多家水族馆、蓄有 7500 立方米的水[1],还有里斯本市最大的音乐厅和里斯本赌场(Lisbon Casino)。

瓦斯科·达·伽马大桥是对这场盛会最引人注目和持久的纪念。这座桥梁的名字不会引起城市老桥[2]所引发的争议和问题。没有人会反对这个名字,因为达·伽马的壮举是葡萄牙在世界历史书卷上留下的荣耀之一。这座桥横跨稻草海,连接塔古斯河北岸的萨卡文和南岸的蒙蒂霍。选址大致就在前公共工程部部长杜阿尔特·帕谢科提议建造的地方。这座跨海大桥全长 17 千米,耗时 3 年建成。桥梁的地基设计能够承受一艘 3 万吨重、以每小时 12 节的速度行驶的船舶冲撞带来的巨大冲击力[3]。

瓦斯科·达·伽马大桥的落成典礼办得相当葡萄牙:典礼为 1.7 万人免费提供炖豆[4]。人们乘坐巴士来到桥面上,坐在一张"蜿

---

[1] 相当于 12 个标准游泳池(25 米长、12.5 米宽、2 米深)的总容积。

[2] 指四月二十五日大桥(萨拉查大桥)。该桥在萨拉查政权时期建造,花费巨大,并将原本贫穷的工人阶层迁移,该桥的建造过程引发了许多争议和社会问题。

[3] 相当于数百辆汽车以极高速度同时撞击到同一点,或者数百吨的炸药爆炸所造成的冲击力。

[4] 在葡萄牙文化中,豆子是一种常见的食材,常用于制作各种传统菜肴。在这种情况下,这种免费提供的炖豆也可以被视为一种象征,代表着对社会中较为贫穷的人们的关心和照顾,同时也体现了葡萄牙文化中的团结和热情。

第七章 双桥记

蜓的"长桌旁——这张桌子贯穿整座崭新的桥梁。炖菜共有8吨的量,人们用塑料盘子和餐盘享用。然而,这个量还是不太够,有些人对此非常不满。

人们很难不去赞叹这座桥的优雅和它造就的奇观。不过,这座桥的背后故事也有更为阴暗的一面。1999年的葡萄牙电影《为时已晚》(*Tarde Demais*)捕捉了这一点。这部电影是在瓦斯科·达·伽马大桥建造期间拍摄的,讲述了来自南岸一个贫穷的河边小镇的4位渔民的悲惨遭遇。他们的船只装备老旧,在塔古斯河上航行时,旧船破了洞,他们被困在沙洲上,里斯本和它的新桥明明就在眼前了,但他们无法脱身,不幸身亡。他们难逃一死,沉默地看着城市的灯光在日落时分诱人地闪烁。里斯本对他们来说,离得那么近,又那么远。与首都之外的许多其他人一样,他们没有享受到集中在首都里斯本的经济繁荣和福利。自从迁都700余年以来,这种特大都市集中权力和资源、过度中心化的城市病仍然存在。

致　谢

在葡萄牙首都，我曾做了 30 年的驻外记者，一直渴望发自内心地讲述里斯本的故事，以富有启发性与娱乐性的方式串联过去和现在之间一个个的历史节点。这不是一个从尘土飞扬的档案中挑拣拼凑形成的线性的历史叙事。不过，尽管我这么说，葡萄牙历史学家们的研究还是为本书提供了不可或缺的背景和细节，我在文中也多次引用它们。

其中之一是由劳尔·普罗恩萨（Raul Proença）策划的《葡萄牙指南》。我在普罗恩萨身上发现，他对自己的研究主题亦是兴趣盎然，在尼古劳斯·佩夫斯纳（Nikolaus Pevsner）关于不列颠群岛的建筑指导著述中我也看到了同样的严谨。《葡萄牙指南》出版于 1924—1969 年，共 8 卷，其中几乎没有插图，但其文字描述却有令人称羡的文学性。当时一些伟大的作家和学者，如阿基利诺·里贝罗（Aquilino Ribeiro）、雅伊梅·科尔特桑和奥兰多·里贝罗（Orlando Ribeiro）都是该指南的作者。该指南采用墨绿色封面，精装，尺寸比手稍大一些，书页薄如纸巾，这样一来，便有无数详尽的细节可以被塞进去。关于里斯本及其周围环境的那一卷本有 696 页之多。许多葡萄牙专家关于里斯本历史的研究也是重要的资料来源。这些专家之所以被冠以"Olisipógrafos"[①] 这个绕口的称号，是

[①] 即 Olisipo graphers，意为研究或记录奥利希波的人或专家。

因为 Olisipo 是里斯本的古罗马名称。20 世纪的诺尔贝托·阿劳若（Norberto Araújo）和如今的若泽·萨尔门托·德马托斯就位列其中。我还必须称赞那些热情讲述里斯本历史的杰出博客资源，如 aps-ruasdelisboacomhistria.blogspot.pt 和 restosdecoleccao.blogspot.pt。

感谢我的妻子卡尔莫的热情，感谢我的女儿玛丽亚（Maria）的严谨。对于桑迪·斯卢普（Sandy Sloop）、贡萨洛·科塞罗·费奥（Gonçalo Couceiro Feio）和弗雷德里科·梅洛·佛朗哥（Frederico Melo Franco）在专业上的慷慨相助，我同样感激不尽。